Exercises in Microeconomics

ミクロ経済学演習

奥野正寛——[編] 猪野弘明/井上朋紀/加藤　晋——[著]
　　　　　　　川森智彦/矢野智彦/山口和男

第 2 版

東京大学出版会

EXERCISES IN MICROECONOMICS, 2nd Ed.:
WORKBOOK TO ACCOMPANY THE TEXTBOOK "MICROECONOMICS"
Masahiro Okuno-Fujiwara, editor;
exercises written by Hiroaki Ino, Tomoki Inoue, Susumu Cato,
Tomohiko Kawamori, Tomohiko Yano, and Kazuo Yamaguchi
University of Tokyo Press, 2018
ISBN978-4-13-042150-8

第2版はしがき

　この問題集の初版が刊行されたのは 10 年も前の 2008 年のことである．当時，著者全員が大学院生あるいは博士研究員だったが，現在では教員として教壇でミクロ経済学を教え，あるいはミクロ経済学を実務に応用する仕事に取り組むようになった．こうした新たな経験をもとにして，よりよい問題集を作成したいということで完成したのがこの第 2 版である．

　今回の改訂によって，51 問が新たに加わっている．頁数にして約 1.5 倍の分量になっているので，大幅増と言える．基礎的知識を問う「基本的事項の確認」にはほとんど変更を加えず，計算問題から成る「問題」の部分に新たなものが加えられている．しかし，本問題集の基本的方針は初版から変わっていない．つまり，初版と同じく，第 2 版でも，解答が正しいか否かということが確認できるというだけでなく，丁寧な解説を読みながら独習できるということを重視している．

　一方で，今回の改訂によって新たに加わった特徴が二つある．一つ目は，問題を何度も解くことで，問題に慣れることが重要であると考え，類似問題を増やした点である．初版では，最小の問題数で多くのことを学ぶということを方針としていたため，類似する問題を入れることは避けていた．しかし，分量をこなすことで学ぶことが多くあるということを教壇に立つなかで痛感し，今回の改訂ではむしろ積極的に類似問題も加えた．同時に，初版の方針に沿った利用もできるように注意してある（「本書の使い方」★マークを参照）．二つ目は，経済政策への理解が深まるような問題を積極的に作成した．結局，経済学を使って何が実際にできるかということが重要である．問題を解き，その解説を理解することで，現実に対する経済学的意味や，政策的含意が分かるように，追加問題においてもその内容を工夫してある．

　本書の対象は，中級以上のミクロ経済学を学ぶ大学生，大学院生である．本書の後半部分の各章は，ゲーム理論，産業組織論，情報の経済学，公共経済学

といった分野の理解を深めるためにも役立つだろう．さらに，政策的含意を重視する問題という性質から，公共政策系の大学院の副読書としても利用できる．読者が本書をうまく活用し，経済学に対する関心を広げてくれることは，われわれにとってこの上ない喜びである．

　本書を改訂するに至った経緯について触れておきたい．本書では，初版から著者が一人増えている．本書の新しい著者（井上）は，初版の著者の一人（加藤）の友人であり，2017 年のある日，授業のために作成した演習問題のファイルを共有する機会があった．その授業では奥野正寛編著『ミクロ経済学』を教科書としていたため，初版に含まれる問題と補完的な内容となっていると気付いた初版の著者は，これらの問題を加えるかたちで問題集を改訂することを思い立った．しかし，この新しい著者によるファイルは第 1 章から第 3 章までのものが中心だったため，初版からの著者も加わって，第 4 章以降の新たな問題を作成することによって問題量のバランスを整え，改訂版を作成することとなった．

　今回の改訂は，初版の問題を残しつつ，新しく問題を付け加えていくという作業の性質から，編集という観点からはかなり複雑な作業となった．また，もともと多かった共著者の人数がさらに多くなってしまうことで，修正作業の調整は想像していた以上に難しいものになってしまった．このような困難があったにもかかわらず，初版に引き続き，多数の著者をまとめて完成に導くという面倒な作業を的確に行っていただいた東京大学出版会の大矢宗樹さんには，大きな負担をかけてしまったことをお詫びするとともに，改めて，深く謝意を表したい．

　時折，読者の方から問題集の誤りをご指摘いただくことがある．著者としては誤植などが残されてしまっていることについて大変申し訳なく思うが，初版はこうした指摘のおかげでかなり改善した．当然のことながら，これらの改善は第 2 版にも反映されている．ここでは一人一人のお名前を挙げないが，ご指摘いただいた方々には，深く謝意を表したい．

2018 年 8 月初旬

執筆者一同

初版はしがき

　ミクロ経済学は，その学問体系が標準化されていることに特色がある．もちろん，実験経済学や行動経済学がポピュラーになるにつれて，伝統的なトピックやその取り扱い方は変更され，かつて標準的だった教え方に変更が生まれていることは事実である．とはいえ，ミクロ経済学の兄弟ともいえるマクロ経済学の教科書が，一冊ごとに全く異なる分野の教科書ではないかと思われるほど内容や説明が不統一なのに比べて，ミクロ経済学では，消費者行動，生産者行動，市場均衡など，扱う順番や内容はどの教科書でも大差がない．

　しかし標準化されているということは必ずしも，その学問体系が容易に理解できるということにつながらない．標準化されているからこそ，いったん一つの概念の理解を誤ると，それを踏まえた次のトピックが理解できなくなり，往々にして，ミクロ経済学全体の理解に行き詰まってしまう．それを助けてくれるのが，練習問題集である．特に，教科書の鍵となる概念ごとに適切な問題が用意され，単に正答を与えるだけでなく，なぜそれが正しい解答になるかを丁寧に説明した問題集があって初めて，標準化されたミクロ経済学を正しく理解することができるようになる．

　本書は，すでに刊行した奥野正寛編著『ミクロ経済学』（東京大学出版会）とセットとして作成された，ミクロ経済学の演習問題集である．しかしこの書物の本質は，単なるミクロ経済学の練習問題集にとどまるものではない．むしろ，教科書として作られた『ミクロ経済学』と，同じ共著者によって演習問題集として準備された本書を併せて通読することで，ミクロ経済学の全体を体系的に見通し，標準化されたミクロ経済学を正しく理解することが可能になる．なぜなら，教科書である『ミクロ経済学』と演習問題集である本書は高い補完性をもっており，両者を合わせて読み比べることで，ミクロ経済学という学問領域全体を統一的に理解できるよう設計・作成されているからである．

　本書の練習問題の水準は教科書同様に中級レベルであり，教科書執筆の方針

である，「読んで楽しくミクロの考え方が身に付く」という特徴を大切にした．そのため，解答とそこに至る過程がしっかりと説明されており，特に，各練習問題の経済学的意味に対する解説をできるだけ多く加えてある．問題集を使う際には，単に解答を試み，その正誤をチェックするだけでなく，なぜそれが正答なのかを解説を通じて理解することが不可欠である．教科書である『ミクロ経済学』に加えて，その練習問題集である本書を通じて，読者がミクロ経済学の理解を一層深めていただけるなら，編著者一同にとってこれほど嬉しいことはない．

とはいえ，本書はあくまでも，標準化されたミクロ経済学を深く理解するための一つの独立した教材としても作成されている．したがって本書は，他の同レベルのミクロ経済学教科書の補助教材としても有用であり，独立した高い価値を持つと考えている．

本書は，1990年代末から東京大学経済学部の2年次の学生を対象として行ってきた，中級ミクロ経済学の講義をまとめた教科書，奥野正寛編著『ミクロ経済学』を執筆担当したのと全く同一のメンバーによって，執筆・作成された演習問題集である．内容も，東京大学での講義で宿題として出題された問題群を中心に，独習にも耐えうるように大幅な加筆修正を行い，教科書の標準的な内容の基礎固めはもちろんのこと，教科書を理解した読者が次にチャレンジすべきトピックなども含めて，練習問題集として作成した．

そもそもの経緯からいえば，実は教科書と演習問題は一冊の書物として出版を予定していた．ところが用意した問題が多数・多岐にわたり，教科書の中に問題を収めるとスペースの都合上，一部しか載せられない上に，解答も略解にならざるを得ないことが分かった．他方，ゲーム理論や情報の経済学などの分野は，自学自習に耐えうる中級の問題集自体が数少ない．それなら，独習書としても機能するチャレンジングな教材を作成するということで，別途問題集として出版することとなった．

本書を作成する過程で多くの方のお世話になった．特に，問題の一部をチェックして頂いた東京大学大学院経済学研究科博士課程の花田真一君と同修士課程の平田大祐君に，深く感謝したい．また，本書の一部では，東京大学での講義で使った宿題（過去問）を使っているが，これらの問題作成は各年度のティーチング・アシスタント（TA）に負うところが大きい．2006年度の奴田原健悟，

山根達弘，2002 年度の金谷信，近藤絢子，馬場千佳子，1998 年度の吾郷貴紀，慶田昌之，渡邊泰典の諸君に厚くお礼を申し上げたい．最後に，しかしもとより最少ではなく，東京大学出版会の大矢宗樹さんには，多数の著者をまとめて完成に導いてくださるという，面倒な作業を的確に行っていただいた．深く謝意を表したい．

　2008 年 8 月末

編著者を代表して

奥 野 正 寛

目　　次

★は重要度の高い問題を表す.「本書の使い方」参照.

第2版はしがき　*i*
初版はしがき　*iii*
本書の使い方　*xii*

第I部　経済主体の行動と価格理論

第1章　消費者行動 *3*

基本的事項の確認 *4*

問題 *7*

1.1 ★数学準備　*7*

1.2 　選好関係　*7*

1.3 ★効用関数　*8*

1.4 ★限界代替率　*9*

1.5 　単調変換の限界代替率　*9*

1.6 ★ラグランジュ乗数法　*9*

1.7 ★効用最大化　*10*

1.8 　限界代替率と最適消費計画　*10*

1.9 ★需要の所得弾力性　*10*

1.10 ★需要の価格弾力性　*11*

1.11 　需要の価格弾力性と売上げ額　*12*

1.12 　需要の価格弾力性と売上げ額　*12*

1.13 　下級財　*12*

1.14 　必需財と奢侈財　*13*

1.15 　通常財とギッフェン財，粗代替財と粗補完財　*13*

1.16 　需要曲線のシフト　*14*

1.17 ★代替効果と所得効果　*14*

目　次　vii

　1.18　代替効果と所得効果　*15*

　1.19　ギッフェン財　*16*

　1.20　労働供給の決定　*17*

　1.21　貯蓄の決定　*17*

解答 *18*

　1.1 の解答 *18*　　1.2 の解答 *19*　　1.3 の解答 *20*　　1.4 の解答 *22*

　1.5 の解答 *23*　　1.6 の解答 *23*　　1.7 の解答 *25*　　1.8 の解答 *26*

　1.9 の解答 *26*　　1.10 の解答 *27*　　1.11 の解答 *28*

　1.12 の解答 *28*　　1.13 の解答 *28*　　1.14 の解答 *29*

　1.15 の解答 *29*　　1.16 の解答 *30*　　1.17 の解答 *30*

　1.18 の解答 *32*　　1.19 の解答 *32*　　1.20 の解答 *33*

　1.21 の解答 *35*

第2章　生産者行動 *39*

基本的事項の確認 *40*

問題 *41*

　2.1　★生産関数の性質　*41*

　2.2　★直接的な利潤最大化，長期と短期の関係　*42*

　2.3　★費用最小化と利潤最大化，長期と短期の関係　*42*

　2.4　資本の費用　*43*

　2.5　短期の費用関数　*44*

　2.6　★損益分岐価格と生産中止価格　*44*

　2.7　短期の供給曲線　*45*

　2.8　1 次同次生産関数の性質　*45*

　2.9　短期と長期の関係，平均費用曲線と限界費用曲線　*47*

解答 *48*

　2.1 の解答 *48*　　2.2 の解答 *48*　　2.3 の解答 *50*　　2.4 の解答 *54*

　2.5 の解答 *55*　　2.6 の解答 *55*　　2.7 の解答 *57*　　2.8 の解答 *58*

　2.9 の解答 *63*

第3章　市場均衡 *65*

基本的事項の確認 *66*

問題 *68*

　3.1　★部分均衡分析　*68*

viii 目 次

3.2 ★消費者余剰　69

3.3 ★生産者余剰　69

3.4 ★部分均衡　69

3.5 　部分均衡の応用：輸入規制　70

3.6 　部分均衡の応用：物品税　71

3.7 ★長期の市場均衡　71

3.8 ★パレート効率性　72

3.9 ★交換経済の一般均衡　73

3.10 　交換経済の一般均衡　74

3.11 　交換経済の一般均衡　74

3.12 　交換経済の一般均衡　74

3.13 　代表的消費者，交換経済の一般均衡　75

3.14 ★生産経済の一般均衡　76

3.15 　生産経済の一般均衡　76

3.16 　ロビンソン・クルーソー経済の一般均衡　77

3.17 　厚生経済学の第 2 基本定理　78

解答 79

3.1 の解答 79　　3.2 の解答 80　　3.3 の解答 81　　3.4 の解答 82

3.5 の解答 83　　3.6 の解答 84　　3.7 の解答 85　　3.8 の解答 86

3.9 の解答 87　　3.10 の解答 92　　3.11 の解答 92

3.12 の解答 93　　3.13 の解答 93　　3.14 の解答 95

3.15 の解答 96　　3.16 の解答 100　　3.17 の解答 102

第 II 部　ゲーム理論と情報・インセンティヴ

第4章　ゲーム理論の基礎 107

基本的事項の確認 108

問題 110

4.1 ★戦略型ゲーム　110

4.2 　ナッシュ均衡　111

4.3 　食事客のジレンマ　112

4.4 　ホテリング・ゲーム　112

4.5 　要求ゲーム　113

目　次　ix

4.6 ★展開型ゲーム　*113*

4.7　部分ゲーム完全均衡　*114*

4.8 ★繰り返しゲーム　*116*

4.9　2段階ゲームの繰り返しゲーム　*116*

4.10　交互提案ゲーム　*117*

解答 *118*

4.1の解答 *118*　　4.2の解答 *120*　　4.3の解答 *120*　　4.4の解答 *121*

4.5の解答 *122*　　4.6の解答 *125*　　4.7の解答 *128*　　4.8の解答 *128*

4.9の解答 *131*　　　4.10の解答 *132*

第5章　不完全競争 *135*

基本的事項の確認 *136*

問題 *137*

5.1 ★独占　*137*

5.2 ★クールノー・ゲーム　*138*

5.3 ★技術水準の異なる企業によるクールノー・ゲーム　*138*

5.4　逓増する限界費用の下でのクールノー・ゲーム　*139*

5.5 ★シュタッケルベルク・ゲーム　*139*

5.6　国際寡占　*139*

5.7　参入阻止　*139*

5.8 ★ベルトラン・ゲーム　*140*

5.9　技術水準の異なる企業によるベルトラン・ゲーム　*140*

5.10　カルテル　*141*

5.11　企業の合併（水平的合併）　*141*

5.12　最終財生産者と中間財生産者の合併（垂直的合併）　*142*

5.13　研究開発　*143*

解答 *144*

5.1の解答 *144*　　5.2の解答 *146*　　5.3の解答 *147*　　5.4の解答 *148*

5.5の解答 *148*　　5.6の解答 *149*　　5.7の解答 *150*　　5.8の解答 *151*

5.9の解答 *153*　　5.10の解答 *154*　　5.11の解答 *155*

5.12の解答 *156*　　5.13の解答 *159*

第6章　不確実性と情報の非対称性 *161*

基本的事項の確認 *162*

x 目 次

問題 164

6.1 ★期待効用　*164*

6.2 　サンクト・ペテルブルクのパラドックス　*165*

6.3 　スーパー・サンクト・ペテルブルクのパラドックス　*166*

6.4 ★ポートフォリオ選択　*167*

6.5 　ポートフォリオ選択　*168*

6.6 ★保険　*169*

6.7 　市場取引とリスク・シェアリング　*169*

6.8 　公共投資とシンジケート　*170*

6.9 　情報の非対称性の下での数量競争　*170*

6.10 　情報の非対称性の下での価格競争　*171*

6.11 ★逆選択　*171*

6.12 　逆選択，レモンの原理　*173*

6.13 ★モラル・ハザード　*174*

6.14 　マイクロ・クレジット　*175*

6.15 　オークション　*176*

解答 177

6.1 の解答 *177*　　6.2 の解答 *178*　　6.3 の解答 *179*　　6.4 の解答 *180*

6.5 の解答 *182*　　6.6 の解答 *185*　　6.7 の解答 *185*　　6.8 の解答 *186*

6.9 の解答 *187*　　6.10 の解答 *188*　　6.11 の解答 *189*

6.12 の解答 *192*　　6.13 の解答 *193*　　6.14 の解答 *196*

6.15 の解答 *197*

第7章　外部性と公共財 201

基本的事項の確認 *202*

問題 *204*

7.1 ★コースの定理　*204*

7.2 　排出割り当て・排出権取引　*204*

7.3 ★ピグー税・補助金　*205*

7.4 　排出割り当てとピグー税　*205*

7.5 ★ピグー税・補助金の長期的効果　*206*

7.6 　複雑な状況下のピグー税　*206*

7.7 ★公共財の私的供給　*207*

7.8 　双方向の外部性　*207*

7.9 生産補助の下での公共財の私的供給　*208*

7.10 公共財の私的供給と人口　*209*

7.11 逐次手番の公共財の私的供給　*209*

7.12 ★リンダール均衡　*209*

7.13 クラーク・メカニズム　*210*

解答 *211*

7.1 の解答 *211*　　7.2 の解答 *212*　　7.3 の解答 *213*　　7.4 の解答 *213*

7.5 の解答 *214*　　7.6 の解答 *215*　　7.7 の解答 *217*　　7.8 の解答 *218*

7.9 の解答 *219*　　7.10 の解答 *221*　　7.11 の解答 *222*

7.12 の解答 *223*　　7.13 の解答 *225*

索　引　*227*

編者・執筆者紹介

本書の使い方

　各章は「概要」「基本的事項の確認」そして「問題」の三つのパートから構成される．「概要」では，問題を解き始める前にその章の内容が概観できるように，簡単な概要とキーワードを掲載している．「基本的事項の確認」は穴埋め問題・一問一答問題から構成されており，問題を解くことでその章の内容がひととおり把握できる．「問題」では，トピックごとに大問が準備されており，各問題番号の右には教科書の関連箇所を示してある．各章は 9 問から 21 問の大問で構成されている．

　速習したい，あるいは早めに後半の章の応用的トピックに移りたい，といった場合は，「基本的事項の確認」に目を通した上で★マークの付いた問題を先に解くことが望ましい．★マークの付いた問題は，特に重要性が高く，それ以降の章の問題に取り組む上で必須の知識を問うものであり，重点的に解いて欲しい問題である．

　本書はミクロ経済学の独習者を主な対象として書かれており，一部の数学的内容を除き，本書を通じて沸いた疑問は，奥野正寛編著『ミクロ経済学』（以下，「教科書」と呼ぶ）と本書の 2 冊で解決するように配慮してある．どういった学習方法であれ，最終的にはこの 2 冊だけで一定の理解に到達できるような配慮をしている．しかしながら，以下のような方法を学習方法の一例として紹介しておきたい．

　まず，教科書を一読する．その上で「基本的事項の確認」と「問題」に取り組もう．各章では「基本的事項の確認」が「問題」の前にあるが，必ずしもこの順番に解く必要はない．重要なキーワードが基本的事項として挙げられているため，「基本的事項の確認」は各章の問題全体のヒントのような役割をもっているし，逆に問題を解くことでキーワードが頭の中に定着しやすくなる．したがって，「基本的事項の確認」をある程度把握したら，早めに問題に取り組み始めるのがいい．ただし問題には，可能な限り，焦らず時間をかけて取り組んで欲し

い．その後に「解説」を読めば，解答の導出方法のみならず，問題や解答の経済学的な意味を深く理解できる．そして，「問題」パートの問題をすべて解き終わったあとに，再度「基本的事項の確認」に取り組んでみよう．このときには，最初に見たときには知らない用語の羅列であった「基本的事項の確認」が，簡単な問題に見えているはずである．

　最後に 2 点，付け加えておきたい．まず，本書は教科書と密に対応させており，したがって教科書の補助教材として利用することで最大限の効果が発揮される．しかし，本書はあくまで一つの独立した教材であり，他のミクロ経済学の教科書を読む際にも有用である．その場合，本書の「問題」すべてに取り組むのであれば，標準的なミクロ経済学の中級教科書と，ゲーム理論の入門教科書との併用が望ましい．また，ミクロ経済学の入門教科書の確認問題として「基本的事項の確認」を活用し，「問題」の中から興味のあるものをピックアップしてチャレンジしていくのも良いだろう．

　もう 1 点は数学についてである．本書は教科書と同じように高校文系レベルの数学知識を前提としており，それ以上の内容については，本書・教科書のいずれかに数学準備，ヒント，脚注のいずれかの形で説明を加えている．特に問題 1.1 と問題 1.6 は，高校文系レベルを超えるが，本書を解いていくにあたって必須の数学知識が確認できる場となっているため，是非ともチェックして欲しい．これらのいずれにも記載されていない場合には，神谷和也・浦井憲著『経済学のための数学入門』東京大学出版会（1996 年）を参照して欲しい．本書を理解する上で十分な数学が解説されている．

　なお，本書ならびに教科書には，学習の利便性を向上させるため，ウェブサイト https://sites.google.com/view/microeconomics-okuno/ を設けている．このウェブサイトには，双対性等について教科書に準拠して書かれた 1 章分の解説，教材作成用のダウンロード可能な図表集，各刷りの正誤表，よくある質問などを掲載している．読者においては学習に，本書ならびに教科書を指定教科書・参考書として利用する大学教員等においては授業で使用する際の教材作成等に，活用していただければ幸いである．

第 I 部

経済主体の行動と価格理論

第 1 章

消費者行動

　消費者行動の理論では，消費者の行動について分析し，その行動から需要関数を導出し，さらに需要関数の性質を調べる．まず，消費者の嗜好を選好関係，効用関数，無差別曲線で表す．消費者の行動は，予算制約の範囲内で効用関数の値を最大化するという効用最大化問題として定式化される．限界代替率が価格比に等しくなるというのが，効用最大化の条件である．効用最大化問題を解くことで，各財の需要関数が導出される．さらに，所得や価格の変化が各財の需要量に与える影響について考察する．所得変化の影響は，所得消費曲線とエンゲル曲線として図に表され，需要の所得弾力性によって影響の大きさを測ることができる．また，所得変化の影響の大きさに応じて，財を正常財と下級財に分類し，正常財をさらに奢侈財と必需財に分類する．価格変化の影響は，価格消費曲線と需要曲線として図に表され，需要の価格弾力性によって影響の大きさを測ることができる．また，価格変化の影響の大きさに応じて，財を通常財とギッフェン財に分類する．また，価格変化の影響は，代替効果と所得効果に分解することができる．

【キーワード】

選好関係　効用関数　無差別曲線　限界代替率　予算制約式
効用最大化問題　需要関数　所得消費曲線　エンゲル曲線　正常財　下級財
需要の所得弾力性　奢侈財　必需財　価格消費曲線　需要曲線　通常財
ギッフェン財　需要の価格弾力性　所得効果　代替効果

4　第 I 部　経済主体の行動と価格理論

【基本的事項の確認】

■**問題**　以下の各問いに答えよ．空欄のあるものについては，適切な語句を補充せよ．

(1) 複数の財が存在するときの財の消費量の組み合わせのことを　(a)　と呼ぶ．異なる二つの　(a)　に対する個人の　(b)　とは，その個人の消費に対する嗜好を表現している．この　(b)　とに対して経済学で通常課される仮定がいくつかある．まず，その個人が自分の消費計画のみを考慮にいれるという　(c)　の仮定である．さらに，選好の完備性，推移性，連続性，単調性，凸性の条件が課される．

(2) 選好の完備性・推移性・単調性の定義を記述せよ．

(3) 選好関係を表現する効用関数の定義を述べよ．

(4) 消費計画 (x_1, x_2) における第 1 財の第 2 財で測った限界代替率とは，(x_1, x_2) を通る　(a)　の (x_1, x_2) における傾きの絶対値のことを言う．第 1 財の第 2 財で測った限界代替率は，消費者にとって　(b)　1 単位が　(c)　何単位の価値を持つかを表している．第 1 財の第 2 財で測った限界代替率は，第 1 財の　(d)　を第 2 財の　(d)　で除したものと等しい．限界代替率逓減の法則とは，一つの無差別曲線上で第 1 財の消費量を増やすにつれて，第 1 財の第 2 財で測った限界代替率が　(e)　ことを言う．

(5) 等号制約条件付最大化問題

$$\max_{(x_1, \ldots, x_n)} \quad f(x_1, \ldots, x_n)$$

$$\text{subject to} \quad g^k(x_1, \ldots, x_n) = 0,\ k = 1, \ldots, m$$

は，　(a)　を満たす　(b)　の中から　(c)　を最大にするものを選択するという問題である．この最大化問題は，ラグランジュ乗数法と呼ばれる以下の方法で解くことができる．

1. m 個の変数 $\lambda_1, \ldots, \lambda_m$ を導入し，ラグランジュ関数

$$\mathcal{L}(x_1, \ldots, x_n, \lambda_1, \ldots, \lambda_m) = \boxed{\text{(d)}}$$

を設定する．

2. ラグランジュ関数を $\boxed{\text{(e)}}$ のそれぞれについて偏微分したものを $\boxed{\text{(f)}}$ とおく．

3. 2 で得られた連立方程式を解く．

(6) 効用最大化問題は，$\boxed{\text{(a)}}$ を満たす $\boxed{\text{(b)}}$ の中から $\boxed{\text{(c)}}$ を最大にするものを選択するという問題である．この最大化問題を解くことで得られる，ある財の任意の価格と所得における最適消費量を表す関数を，この財の $\boxed{\text{(d)}}$ と言う．

(7) 需要の価格弾力性の定義と意味を述べよ．

(8) ギッフェン財とは何かを述べよ．

(9) 第 2 財は第 1 財の粗代替財（粗補完財）であるとはどういうことか．

(10) 価格上昇が与える需要量への総効果，価格効果は，

$$価格効果 = \boxed{\text{(a)}} + \boxed{\text{(b)}}$$

の形で二つの効果に分解される．自己の価格変化に対する価格効果の場合，$\boxed{\text{(a)}}$ は常に負であるが，$\boxed{\text{(b)}}$ は当該財が $\boxed{\text{(c)}}$ 財ならば負で $\boxed{\text{(d)}}$ 財ならば正である．したがって，正の $\boxed{\text{(b)}}$ が負の $\boxed{\text{(a)}}$ を超える場合，当該財は自己価格の上昇にも関わらず需要が増加する $\boxed{\text{(e)}}$ 財となる．他財の価格変化に対する価格効果の場合，$\boxed{\text{(a)}}$ は正負いずれの場合もあり，$\boxed{\text{(a)}}$ が正の場合には二つの財は $\boxed{\text{(f)}}$ の関係にあり，負の場合には $\boxed{\text{(g)}}$ の関係にあると定義される．

6   第 I 部　経済主体の行動と価格理論

●解答

(1) (a) 消費計画　(b) 選好関係　(c) 利己性

(2) 選好関係 $\succsim$ が次を満たすとき完備性が成り立つ：すべての二つの消費計画 $\boldsymbol{x}$, $\boldsymbol{y}$ に対して，$\boldsymbol{x} \succsim \boldsymbol{y}$ または $\boldsymbol{y} \succsim \boldsymbol{x}$ が成り立つ．選好関係 $\succsim$ が次を満たすとき推移性が成り立つ：すべての三つの消費計画 $\boldsymbol{x}$, $\boldsymbol{y}$, $\boldsymbol{z}$ に対して，$\boldsymbol{x} \succsim \boldsymbol{y}$ かつ $\boldsymbol{y} \succsim \boldsymbol{z}$ であれば，$\boldsymbol{x} \succsim \boldsymbol{z}$ が成り立つ．選好関係 $\succsim$ が次を満たすとき単調性が成り立つ：すべての二つの消費計画 $\boldsymbol{x} = (x_1, x_2), \boldsymbol{y} = (y_1, y_2)$ に対して，$x_1 > y_1$ かつ $x_2 > y_2$ であれば，$\boldsymbol{x} \succ \boldsymbol{y}$ が成り立つ．

(3) 選好関係 $\succsim$ を表現する効用関数とは，任意の消費計画 $\boldsymbol{x}$, $\boldsymbol{y}$ に対して，$u(\boldsymbol{x}) \geq u(\boldsymbol{y}) \Leftrightarrow \boldsymbol{x} \succsim \boldsymbol{y}$ を満たす，消費計画について定義された実数値関数 u のことを言う．

(4) (a) 無差別曲線　(b) 第 1 財　(c) 第 2 財　(d) 限界効用　(e) 低下する

(5) (a) $g^k(x_1, \ldots, x_n) = 0 \, (k = 1, \ldots, m)$　(b) $(x_1, \ldots, x_n)$　(c) $f(x_1, \ldots, x_n)$
　　(d) $f(x_1, \ldots, x_n) + \sum_{k=1}^{m} \lambda_k g^k(x_1, \ldots, x_n)$　(e) $x_1, \ldots, x_n, \lambda_1, \ldots, \lambda_m$
　　(f) 0

(6) (a) 予算制約　(b) 消費計画　(c) 効用　(d) 需要関数

(7) 需要の価格弾力性は，需要関数を $x^D(p)$ とすると（p は当該財の価格），

$$\epsilon(p) = \frac{dx^D(p)/dp}{x^D(p)/p}$$

と定義される．これは，価格の変化が 1%あったときに需要量の変化が何%かを表している．

(8) ギッフェン財とは，ある価格の範囲において，価格の上昇に伴って需要量が増える財である．

(9) 第 1 財の価格上昇に伴って，第 2 財の需要が増加する（減少する）場合，第 2 財は第 1 財の粗代替財（粗補完財）であると言う．

(10) (a) 代替効果 (b) 所得効果 (c) 正常 (d) 下級 (e) ギッフェン (f) 代替財
　　　(g) 補完財

【問題】

■問題 1.1（★数学準備）

次の関数を微分せよ．

(1) $f(x) = \log x$

(2) $f(x) = \beta x^\alpha \quad (\alpha, \beta \neq 0)$

(3) $f(x) = \sqrt{x}$

(4) $f(x) = e^{\alpha x} \quad (\alpha \neq 0)$

次の2変数の関数 $f(x, y)$ の，各変数についての偏微分を求めよ．

(5) $f(x, y) = xy$

(6) $f(x, y) = x^\alpha y^{1-\alpha}$

(7) $f(x, y) = \log x + \log y$ 　　　　　　　　　　　　　　　　　　　解答→ 18 頁

■問題 1.2（選好関係） 　　　　　　　　　　　教科書の関連箇所→ 1.2.3 項

二つの財の消費計画に対する選好関係 $\succsim$ を考える．この選好関係は完備性と推移性を満たすものとする．図 1.1 から図 1.4 の I, I' で示された集合（図 1.2 のアミ部分，図 1.1, 1.3, 1.4 の曲線）は無差別曲線を表している．このとき以

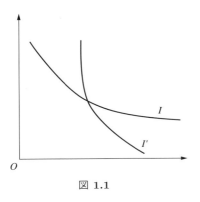

図 1.1

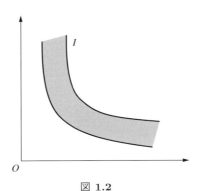

図 1.2

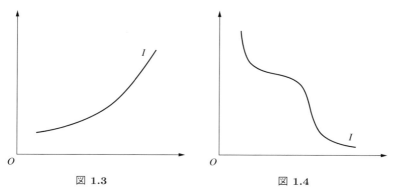

図 1.3　　　　　　　　　　図 1.4

下の問いに答えよ．ただし，推移性は無差別な選好 $\sim$，厳密な選好 $\succ$ についても満たされることを利用してよい．

(1) 図 1.1 が矛盾していることを示せ．

(2) 図 1.2 が単調性に矛盾することを示せ．

(3) 図 1.3 が単調性に矛盾することを示せ．

(4) 図 1.4 が単調性かつ凸性に矛盾することを示せ．　　　　　解答→ 19 頁

■**問題 1.3**（★効用関数）　　　　　　　　　教科書の関連箇所→ 1.2.4 項

次のような選好関係を表す効用関数を一つ挙げよ．さらに，その効用関数について，ある効用水準での無差別曲線を描け．

(1) 李白は酒が大好きである．彼の酒に対する選好は，摂取するアルコールの量が多ければ多いほど好ましいというものである．いま紹興酒と青島ビールの消費を考える．ただし，紹興酒，青島ビールのアルコール度数はそれぞれ 16%，4% である．

(2) 賢治は蕎麦が大好きである．彼は蕎麦 120 g に対して蕎麦つゆ 80 g の比率で食べるのが気に入っている．この比率より蕎麦だけ多くても，また蕎麦つゆだけ多くてもうれしさは変わらない．

(3) シャルルマーニュはワインとチーズが大好きである．彼はワインのグラム数がチーズのグラム数以上のときはワインに飽きてしまうので，チーズ 1 g

第 1 章　消費者行動　　9

の減少を補うにはにワインが 2 g 増えないといけない．逆に，チーズのグラム数がワインのグラム数より大きいときはチーズに飽きてしまうので，ワイン 1 g の減少を補うにはチーズが 2 g 必要である．　　　　　　解答→ 20 頁

■問題 1.4（★限界代替率）　　　　　　　　　教科書の関連箇所→ 1.2.5 項
4 種類の効用関数

(a)　$u(x_1, x_2) = x_1^{\alpha_1} x_2^{\alpha_2}$　　$(\alpha_1, \alpha_2 > 0)$

(b)　$u(x_1, x_2) = \alpha_1 \log x_1 + \alpha_2 \log x_2$　$(\alpha_1, \alpha_2 > 0)$

(c)　$u(x_1, x_2) = x_1^{\alpha} + x_2$　　$(0 < \alpha < 1)$

(d)　$u(x_1, x_2) = \min\{x_1, x_2\}$

について，以下の問いに答えよ．

(1) (a)(c) について，任意の点 $(\bar{x}_1, \bar{x}_2)$ における第 1 財の第 2 財で測った限界代替率 $MRS_{12}(\bar{x}_1, \bar{x}_2)$ を定義にしたがって求めよ．

(2) (a)(b)(c) について，限界効用を計算して限界代替率を求めよ．

(3) (d) の選好を表す無差別曲線を図示し，図から任意の点 $(\bar{x}_1, \bar{x}_2)$ における限界代替率を推測せよ．（Hint：限界代替率が定まらない点がある．）

解答→ 22 頁

■問題 1.5（単調変換の限界代替率）　　　教科書の関連箇所→ 1.2.4，1.2.5 項
効用関数を $u(x_1, x_2)$ とし，$v(y)$ を任意の y に対して $v'(y) > 0$ となる関数であるとする．このとき，関数 $w(x_1, x_2) = v(u(x_1, x_2))$ は $u(x_1, x_2)$ の単調変換であり，同じ選好関係を表現する効用関数である．それぞれの効用関数について，第 1 財の第 2 財で測った限界代替率を $MRS_{12}^u(x_1, x_2)$ と $MRS_{12}^w(x_1, x_2)$ としたとき，両者は等しくなることを示せ．　　　　　　解答→ 23 頁

■問題 1.6（★ラグランジュ乗数法）　　　　　　教科書の関連箇所→ 1.3 節
次の問題をラグランジュ乗数法を用いて解け．ただし，x_1 などの変数はすべて 0 以上であるものとする．

(1) $\max_{(x_1, x_2)}$　$\log x_1 + \log x_2$　subject to　$x_1 + 3x_2 = 6$

10   第 I 部　経済主体の行動と価格理論

(2) $\max_{(x_1,x_2)}$　$x_1 x_2$　subject to　$x_1 + 3x_2 = 6$

(3) $\min_{(x_1,x_2)}$　$6x_1 + 3x_2$　subject to　$x_1^{\frac{1}{3}} x_2^{\frac{1}{3}} = 1$

(4) $\max_{(x_1,x_2,y_1,y_2)}$　$x_1 y_1$　subject to　$x_2 y_2 = 4,\, x_1 + x_2 = 4,\, y_1 + y_2 = 4$

解答→ 23 頁

■**問題 1.7**（★効用最大化）　　　　　　　　　　　教科書の関連箇所→ 1.3 節
　予算制約 $p_1 x_1 + p_2 x_2 = M$ の下で，効用関数 $u(x_1, x_2) = x_1^{\alpha_1} x_2^{\alpha_2}$ を最大化することを考える．ただし，$\alpha_1, \alpha_2 > 0$ とする．

(1) 効用最大化問題を定式化せよ．

(2) 効用最大化問題をラグランジュ乗数法を用いて解き，最適消費計画 $(x_1^D(p_1, p_2, M), x_2^D(p_1, p_2, M))$ を求めよ．　　　　　　　解答→ 25 頁

■**問題 1.8**（限界代替率と最適消費計画）　教科書の関連箇所→ 1.2.5 項, 1.3 節
$(1)〜(3)$ のそれぞれの効用関数について，以下の問いに答えよ．
(a) 第 1 財の第 2 財で測った限界代替率 $MRS_{12}(x_1, x_2)$ を求めよ．
(b) 価格が p_1, p_2, 所得が M であるときの最適消費計画 $(x_1^D(p_1, p_2, M), x_2^D(p_1, p_2, M))$ を求めよ．ただし，最適消費計画が内点解になることを認めてよい．（Hint：限界代替率と価格比率が等しいことと予算制約式から連立方程式を立てればよい．）
(1) $u(x_1, x_2) = (2x_1 + 1)^3 x_2$
(2) $u(x_1, x_2) = \log(3x_1 + 2)^2 + \log(4x_2 + 1)^6$
(3) $u(x_1, x_2) = 2\sqrt{x_1} + x_2$　　　　　　　　　　　　解答→ 26 頁

■**問題 1.9**（★需要の所得弾力性）　　　　　　　教科書の関連箇所→ 1.4.3 項
　需要の所得弾力性が財の数量の単位や金額の単位に依存しないことを確認する．

(1) 数量の単位をキログラムとしたときの第 1 財の需要関数を $x_1^D(p_1, p_2, M)$ とする．つまり，第 i 財 1 キログラムの価格が p_i，所得が M であるときの第 1 財の需要量は $x_1^D(p_1, p_2, M)$ キログラムである．また，数量の単位をト

ンとしたときの第 1 財の需要関数を $y_1^D(q_1, q_2, M)$ とする．つまり，第 i 財 1 トンの価格が q_i，所得が M であるときの第 1 財の需要量は $y_1^D(q_1, q_2, M)$ トンである．1 トンは 1000 キログラムに等しいから，$q_i = 1000\,p_i$ $(i = 1, 2)$ ならば，$x_1^D(p_1, p_2, M) = 1000 y_1^D(q_1, q_2, M)$ が成立する．このとき，需要関数 $x_1^D(p_1, p_2, M)$ と $y_1^D(q_1, q_2, M)$ について，第 1 財の需要の所得弾力性が等しいことを示せ．

(2) 価格や所得の単位を円としたとき，つまり，第 i 財 1 単位の価格が p_i 円，所得が M 円であるときの第 1 財の需要関数を $x_1^D(p_1, p_2, M)$ とする．また，価格や所得の単位をユーロとしたとき，つまり，第 i 財 1 単位の価格が r_i ユーロ，所得が N ユーロであるときの需要関数を $z_1^D(r_1, r_2, N)$ とする．このとき，需要関数 $x_1^D(p_1, p_2, M)$ と $z_1^D(r_1, r_2, N)$ について，需要の所得弾力性が等しいことを示せ．（Hint：1 ユーロを e 円とする．） 　　　　解答→ 26 頁

■**問題 1.10**（★需要の価格弾力性）　　　　教科書の関連箇所→ 1.5.2 項
需要の価格弾力性に関する以下の問いに答えよ．

(1) 需要関数 $x^D(p) = \dfrac{a}{p}$ について考える．ただし，$a > 0$ とする．

　(a) 価格が p から p' に変化したときの価格弾力性を $\dfrac{\Delta x^D / x^D(p)}{\Delta p / p}$ とする．ただし，$\Delta p = p' - p$，$\Delta x^D = x^D(p') - x^D(p)$ である．$p = 1$，$p' = 2, \frac{3}{2}, \frac{5}{4}, \frac{9}{8}$ のときの価格弾力性をそれぞれ求めよ．

　(b) （通常の）価格弾力性 $\epsilon(p) = \dfrac{dx^D(p)/dp}{x^D(p)/p}$ を求め，$p = 1$ のときの価格弾力性を計算せよ．

(2) 需要関数 $x^D(p) = a - bp$ について考える．ただし，$a, b > 0$ とする．

　(a) この需要関数の傾きは一定であるが，価格弾力性は一定ではない．価格弾力性 $\epsilon(p) = \dfrac{dx^D(p)/dp}{x^D(p)/p}$ を求め，$p = \frac{a}{4b}, \frac{2a}{4b}, \frac{3a}{4b}$ のときの価格弾力性を計算し，このことを確認せよ．

　(b) 支出額が最大になるときの p の値を求め，このときの価格弾力性を計算せよ．

(3) 一般に，需要関数 $x^D(p)$ が微分可能であるとき，価格弾力性と支出額の間にはどのような関係があるのか論ぜよ． 　　　　解答→ 27 頁

■**問題 1.11**（需要の価格弾力性と売上げ額）　　教科書の関連箇所→ 1.5.2 項

現在，乗車区間によらず運賃が一律 210 円で運行しているバスの利用者は 400 人である．いま，図 1.5 のように，運賃が 210 円のときのバスの需要曲線の接線の傾きが $-\frac{1}{2}$ とする．このとき，このバス会社が売上を増やすには，料金を上げるのがよいか，下げるのがよいか答えよ．　　　　　　　解答→ 28 頁

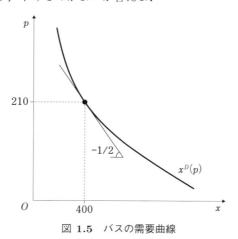

図 1.5 バスの需要曲線

■**問題 1.12**（需要の価格弾力性と売上げ額）　　教科書の関連箇所→ 1.5.2 項

1 種類のラーメンを提供するラーメン屋があり，ラーメンの 10% の値上げは需要を 7% 減らすとする．このとき，以下の問いに答えよ．ただし本問は，問題 1.10 の (1) の (a) で定義した微分によらない価格弾力性を用いて，簡便に答えて構わない．

(1) ラーメンの需要の価格弾力性を求めよ．

(2) ラーメンを値上げしたときに，ラーメン屋の売上は増加するか，それとも減少するか．(1) との関連を述べつつ平易に論ぜよ．　　　　解答→ 28 頁

■**問題 1.13**（下級財）　　　　　　　　　　　　教科書の関連箇所→ 1.4.2 項

消費者の最適消費計画を $(x_1^D(p_1, p_2, M), x_2^D(p_1, p_2, M))$ とする．このとき，第 1 財と第 2 財が同時に下級財とならないことを示せ．ただし，最適消費計画では予算制約式が等号で満たされる．　　　　　　　　　　　　解答→ 28 頁

第 1 章　消費者行動　　13

■**問題 1.14**（必需財と奢侈財）　　　　　　　　教科書の関連箇所→ 1.4.3 項

(1) 商の微分の公式 $\frac{d}{dx}\left(\frac{f(x)}{g(x)}\right) = \frac{f'(x)g(x)-f(x)g'(x)}{(g(x))^2}$ を用いて，第 1 財のエンゲル係数 $\frac{p_1 x_1^D(p_1,p_2,M)}{M}$ の所得 M についての偏微分 $\frac{\partial}{\partial M}\left(\frac{p_1 x_1^D(p_1,p_2,M)}{M}\right)$ を，第 1 財の需要の所得弾力性

$$\epsilon_{1M}(p_1,p_2,M) = \frac{\partial x_1^D(p_1,p_2,M)/\partial M}{x_1^D(p_1,p_2,M)/M}$$

を用いて表せ.

(2) 次の (a) と (b) が同値であること（(a) が成立するならば (b) が成立し，(b) が成立するならば (a) が成立すること）を示せ.

　(a) 第 1 財は必需財，すなわち，$\epsilon_{1M}(p_1,p_2,M) < 1$ なる正常財である.

　(b) 第 1 財は，所得が増加するとそのエンゲル係数が減少する正常財である.

(3) 次の (a) と (b) が同値であることを示せ.

　(a) 第 1 財は奢侈財，すなわち，$\epsilon_{1M}(p_1,p_2,M) > 1$ なる財である.

　(b) 第 1 財は，所得が増加するとそのエンゲル係数が増加する財である.

解答→ 29 頁

■**問題 1.15**（通常財とギッフェン財，粗代替財と粗補完財）

教科書の関連箇所→ 1.5.1, 1.5.3 項

消費者の効用関数を $u(x_1,x_2) = (x_1+1)^2 x_2$ とする．このとき，第 1 財および第 2 財に関する以下の問いに答えよ.

(1) 価格 p_1, p_2 と所得 M が $2M > p_1$ を満たす範囲で，最適消費計画が，

$$(x_1^D(p_1,p_2,M), x_2^D(p_1,p_2,M)) = \left(\frac{2M - p_1}{3p_1},\ \frac{M + p_1}{3p_2}\right)$$

であることを確認せよ.

(2) 第 1 財は，通常財であるか，ギッフェン財であるか，どちらでもないか答えよ.

(3) 第 1 財は，第 2 財の粗代替財であるか，粗補完財であるか，どちらでもないか答えよ.

(4) 第 2 財は，第 1 財の粗代替財であるか，粗補完財であるか，どちらでもないか答えよ.

解答→ 29 頁

■問題 1.16（需要曲線のシフト）　　　教科書の関連箇所→ 1.5.3, 1.5.4 項
第 1 財の需要曲線のシフトに関する以下の問いに答えよ．

(1) 第 1 財が下級財であり，所得が M から M' へ減少したとき，第 1 財の需要曲線は左右どちらにシフトするか答えよ．

(2) 第 1 財が第 2 財の粗代替財であり，第 2 財の価格が p_2 から p_2' へ上昇したとき，第 1 財の需要曲線は左右どちらにシフトするか答えよ．解答→ 30 頁

■問題 1.17（★代替効果と所得効果）
　　　　　　　　　　　　　教科書の関連箇所→ 1.6.1, 1.6.4 項, 1.8 節
代替効果と所得効果に関し，以下の問いに答えよ．図中の M_0, M_1, M_2 は予算線，u_0, u_1 は無差別曲線，点線は価格消費曲線を表している．

(1) 一定の所得の下で二つの財の消費計画をたてる問題を考える．図 1.6 の点 A から点 B への変化は，第 1 財の価格上昇による消費の変化を図示している．ただし，x_1, x_2 は第 1 財，第 2 財の消費量である．第 2 財の需要量の変化を代替効果と所得効果に分解して図示せよ．この価格変化の下で，第 2 財は第 1 財の代替財か，それとも補完財か．また，この価格変化の下で，第 2 財は第 1 財の粗代替財か，それとも粗補完財か．

(2) 第 1 期，第 2 期の所得が (y_1, y_2) の下での，2 期間の貯蓄の決定問題を考える．図 1.7 の点 A から点 B への変化は，金利の上昇による消費の変化を図示している．ただし，c_1, c_2 は第 1 期，第 2 期の消費量である．この変

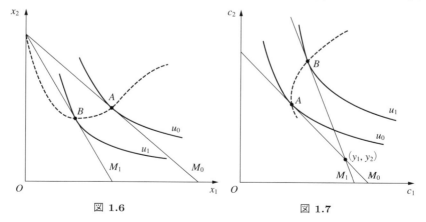

図 1.6　　　　　　　　　図 1.7

化では金利の上昇にもかかわらず，貯蓄が減少している．この理由を代替効果，所得効果に着目して経済学的に論ぜよ．

(3) 利用可能な総時間が T の下での労働供給決定問題について考える．図 1.8 の点 A から点 B, C への変化は，賃金の上昇による余暇と消費の変化を図示している．ただし，h は余暇，c は消費量である．A から B への変化では賃金の上昇に対し，労働供給が増加しているが，B から C への変化では減少している．この理由を代替効果，所得効果に着目して経済学的に論ぜよ．

解答→ 30 頁

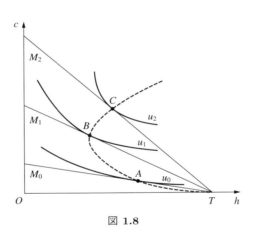

図 **1.8**

■問題 **1.18**（代替効果と所得効果） 教科書の関連箇所→ 1.6.1 項

2 財の消費計画を考える．第 2 財の価格 p_2 と所得 M は一定で，第 1 財の価格が p_1 から p_1' へ上昇したとする．さらに，第 1 財は下級財で，代替効果の大きさは所得効果の大きさを上回っているとする．このとき，以下の問いに答えよ．

(1) 第 1 財の需要量は増えるか，それとも減るか答えよ．

(2) この状況を図 1.9 に描け．ただし，二つの財について，限界効用は正で，限界代替率逓減の法則を満たすように無差別曲線を描くこと．

（Hint：スルツキー方程式

$$\frac{\partial x_1^D(p_1, p_2, M)}{\partial p_1} = \frac{\partial x_1^c(p_1, p_2, u^0)}{\partial p_1} - x_1^D(p_1, p_2, M) \cdot \frac{\partial x_1^D(p_1, p_2, M)}{\partial M}$$

を用いて考えるとよい．ここで，$x_1^c(p_1, p_2, u^0)$ は価格が p_1, p_2，効用水準が最適消費計画 $(x_1^D(p_1, p_2, M), x_2^D(p_1, p_2, M))$ での効用水準 u^0 であるときの第1財の補償需要量である．）

解答→ 32 頁

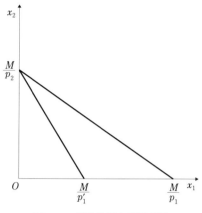

図 1.9 代替効果と所得効果

■問題 1.19（ギッフェン財） 　　　　教科書の関連箇所→ 1.6.3, 1.6.4 項

ある人が，食費をフレンチ・レストランのコース料理（第1財）とファミリー・レストランの定食（第2財）でどのように分けるか考えている．この人の無差別曲線は図 1.10 の実線で表されており（右上にある無差別曲線ほどより高い効用水準），消費計画が点線 l より左下の場合（合計の食事量が比較的少ない場合）には，どちらの消費量を増やしても効用が増加するが，消費計画が点線 l より

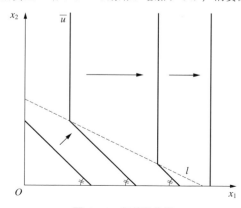

図 1.10 無差別曲線

右上の場合（合計の食事量が比較的多い場合）には，もはやコース料理の消費量を増やすことでしか効用が増加しない．このとき，定食がギッフェン財である場合があることを示せ． 　　　　　　　　　　　　　　　　解答→ 32 頁

■**問題 1.20**（労働供給の決定） 　　　　　　教科書の関連箇所→ 1.8.1 項

労働者であり，かつ消費者である人を考える．この人は，余暇 h と消費財 c から効用を得ており，その効用関数は $u(h, c) = h^{\frac{1}{2}} + c^{\frac{1}{2}}$ とする．この人は，利用可能な総時間である T 時間のうち，$\ell = T - h$ 時間を労働時間として割くことで，所得 $w\ell$（ただし，w は時間あたりの賃金）を獲得し，それを用いて消費財を買うことができる．消費財 c の価格を 1 とするとき，以下の問いに答えよ．

(1) この人の直面する予算制約式を求めよ．

(2) 効用最大化問題を定式化し，最適消費計画 (h^*, c^*) を求めよ．

(3) 賃金が変化すると消費者の労働量はどのように変化するのだろうか．労働の供給関数 $\ell^*(w)$ を求め，$\ell - w$ 平面上に描け． 　　　　解答→ 33 頁

■**問題 1.21**（貯蓄の決定） 　　　　　　　　教科書の関連箇所→ 1.8.2 項

グリム国に住むアリとキリギリスは，若年期と老年期の 2 期を生き，各期に消費をしながら生活している．若年期に c_1 だけ消費し，老年期に c_2 だけ消費したときの効用は，アリについては $\log c_1 + \frac{3}{5}\log c_2$，キリギリスについては $\log c_1 + \frac{1}{7}\log c_2$ である．アリ，キリギリスとも，若年期には y_1 円，老年期には y_2 円の所得がある．グリム国では，消費財 1 単位を 1 円で買うことができる．また，この国では，銀行に預金ができ，また借金もできる．ただし，預金，借金ともに，金利は r である．

(1) 貯蓄額を s として，アリとキリギリスの，若年期の予算制約および老年期の予算制約を求めよ．

(2) (1) の二つの式から s を消去して，生涯を通じた予算制約を書き下せ．

(3) 所得が $y_1 = 480$ 円，$y_2 = 96$ 円，金利が $r = 0.2$（20%）であるとする．アリとキリギリスの最適消費貯蓄計画を求めよ．（Hint：log の微分について

18   第 I 部 経済主体の行動と価格理論

は問題 1.1 参照.）

(4) もし，グリム国に銀行がなく，預金も借金もできなければ（この国の治安
は悪く，たんす預金もできないと仮定する），アリの効用はどうなるか．ただ
し，所得は (3) と同じとする．また，(3) で求めた最適消費貯蓄計画の下での
効用と比較せよ．（Hint：ただし，$\log 480 \approx 6.2$，$\log 96 \approx 4.5$，$\log 350 \approx 5.9$，
$\log 252 \approx 5.5$ で計算してよいものとする．）

(5) アリが高齢者雇用の進んでいる海老国の住人であった場合を考える．海
老国では，グリム国より高齢者が重宝されており，老年期にグリム国より多い
120 円の所得を得ることができる．若年期の所得はグリム国より少なく 460
円である．この場合のアリの最適消費貯蓄計画を求めよ．ただし，海老国で
も金利は $r = 0.2$ であるとする．

(6) (3) における所得と (5) における所得の割引現在価値の合計をそれぞれ
求め，所得の割引現在価値と消費の関係について論ぜよ．   解答→ 35 頁

【解　答】

●問題 1.1 の解答   問題→ 7 頁

(1) $\frac{d\log x}{dx} = \frac{1}{x}$

(2) $\frac{d\beta x^{\alpha}}{dx} = \alpha\beta x^{\alpha-1}$

(3) $\frac{d\sqrt{x}}{dx} = \frac{1}{2\sqrt{x}}$ （(2) の結果より $\frac{dx^{\frac{1}{2}}}{dx} = \frac{1}{2}x^{-\frac{1}{2}}$ となる．）

(4) $\frac{de^{\alpha x}}{dx} = \alpha e^{\alpha x}$

(5) $\frac{\partial f(x,y)}{\partial x} = y$, $\frac{\partial f(x,y)}{\partial y} = x$

(6) $\frac{\partial f(x,y)}{\partial x} = \alpha x^{\alpha-1}y^{1-\alpha}$, $\frac{\partial f(x,y)}{\partial y} = (1-\alpha)x^{\alpha}y^{-\alpha}$

(7) $\frac{\partial f(x,y)}{\partial x} = \frac{1}{x}$, $\frac{\partial f(x,y)}{\partial y} = \frac{1}{y}$

《コメント》

経済学でよく利用される関数を以下にまとめておく（ただし $a, b > 0$）．

- 線形：$f(x,y) = ax + by$
- 対数型：$f(x,y) = a \log x + b \log y$
- コブ・ダグラス関数：$f(x,y) = x^a y^b$
- レオンチェフ関数：$f(x,y) = \min\{ax, by\}$
- CES 関数：$f(x,y) = \{ax^b + (1-a)y^b\}^{\frac{1}{b}}$

CES 関数は $b=1$ のときは線形，$b \to \infty$ のときはレオンチェフ関数，$b \to 0$ のときはコブ・ダグラス関数になることが知られている．

●問題 1.2 の解答　　　　　　　　　　　　　　　　　　　　　問題 → 7 頁

(1) I 上の消費計画 $\boldsymbol{x}$，I' 上の消費計画 $\boldsymbol{y}$，I と I' の交点 $\boldsymbol{z}$ という三つの消費計画をとる（図 1.11 参照）．このとき，$\boldsymbol{x}$ と $\boldsymbol{z}$ は同じ I 上にあるので $\boldsymbol{x} \sim \boldsymbol{z}$，$\boldsymbol{z}$ と $\boldsymbol{y}$ も同じ理由で $\boldsymbol{z} \sim \boldsymbol{y}$．したがって，推移性により $\boldsymbol{x} \sim \boldsymbol{y}$．しかし消費計画 $\boldsymbol{x}$ は $\boldsymbol{y}$ の属する無差別曲線上にないので，$\boldsymbol{x} \sim \boldsymbol{y}$ ではない．これは矛盾である．

(2) I 上の消費計画 $\boldsymbol{x}$ と，I の中で $\boldsymbol{x}$ よりも右上にある消費計画 $\boldsymbol{y}$ をとる（図 1.12 参照）．$\boldsymbol{y}$ は $\boldsymbol{x}$ よりも両財について消費量が（厳密に）多いので，単調性により $\boldsymbol{y} \succ \boldsymbol{x}$．ところが $\boldsymbol{x}$ と $\boldsymbol{y}$ は無差別曲線 I の中に入っているので $\boldsymbol{y} \sim \boldsymbol{x}$ であり，矛盾する．

(3) (2) と全く同じ方法で無差別曲線が右上がりにならないことを示すことができる．I 上の消費計画 $\boldsymbol{x}$ と，I の中で $\boldsymbol{x}$ よりも右上にある消費計画 $\boldsymbol{y}$ をとる（図 1.13 参照）．単調性から $\boldsymbol{y} \succ \boldsymbol{x}$．しかし両者は同じ I に含まれるので $\boldsymbol{y} \sim \boldsymbol{x}$ であり矛盾する．

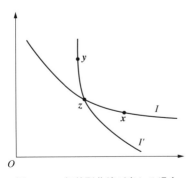
図 1.11　無差別曲線が交わる場合

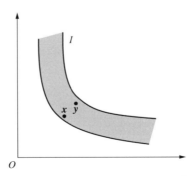
図 1.12　無差別曲線が厚みを持つ場合

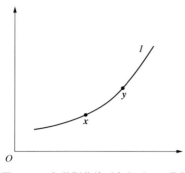
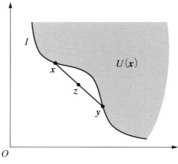

図 1.13　無差別曲線が右上がりの場合　　図 1.14　無差別曲線が右上に凹んでいる場合

(4) 図 1.14 のように I 上の $\boldsymbol{x}$, $\boldsymbol{y}$ をとってくる．単調性と $\sim$, $\succ$ の推移性より，$\boldsymbol{x}$ よりも弱い意味で好まれる消費計画の集合は，図 1.14 の（境界 I を含む）アミ部分で表される[1]．$\boldsymbol{x}$ と $\boldsymbol{y}$ は $U(x)$ に含まれており，凸性より，$\boldsymbol{x}$ と $\boldsymbol{y}$ を結ぶ線分の中にある $\boldsymbol{z}$ は $U(x)$ に含まれねばならないが，図ではそうなっていない．これは矛盾である．

●問題 1.3 の解答　　　　　　　　　　　　　　　　　　　　　　　　　問題→8頁

(1) 問題の選好関係を表す効用関数の一つに[2]，紹興酒の消費量を x_1，青島ビールの消費量を x_2 として，

$$u(x_1, x_2) \equiv 4x_1 + x_2$$

なる u が挙げられる．無差別曲線については，図 1.15 のように図示される．

(2) 問題の選好関係を表す効用関数の一つに，蕎麦の消費量を x_1，蕎麦つゆの消費量を x_2 として，

$$u(x_1, x_2) \equiv \min\{2x_1, 3x_2\} \equiv \begin{cases} 2x_1 & 2x_1 \leq 3x_2 \text{ の場合} \\ 3x_2 & 2x_1 > 3x_2 \text{ の場合} \end{cases}$$

なる u が挙げられる．無差別曲線については，図 1.16 のように図示される．

(3) 問題の選好関係を表す効用関数の一つに，ワインの消費量を x_1，チーズの消費量を x_2 として，

---
1) 読者はこのことを厳密に検証せよ．
2) ある選好関係を表す効用関数は無数に存在するため，この解答は一つの例にすぎない．この解答に挙げた関数の単調変換ならば，すべて同一の選好関係を表している．

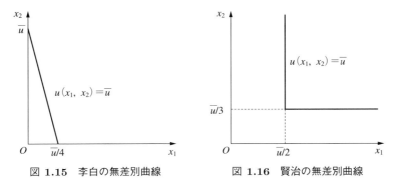

図 1.15 李白の無差別曲線　　図 1.16 賢治の無差別曲線

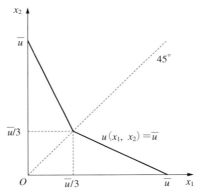

図 1.17 シャルルマーニュの無差別曲線

$$u(x_1, x_2) \equiv \begin{cases} x_1 + 2x_2 & x_1 \geq x_2 \text{ の場合} \\ 2x_1 + x_2 & x_1 < x_2 \text{ の場合} \end{cases}$$

なる u が挙げられる．無差別曲線については，図 1.17 のように図示される．

《コメント》

(1) のような完全代替的な（一方の財があれば交換が利く）選好は線形の関数で表され，無差別曲線の凸具合は最低となり直線となる．(2) のような完全補完的な（両者の財がなければならない）選好はレオンチェフ関数で表され，無差別曲線の凸具合は最大となり L 字型となる．多くの選好は (3) のように，中間の（ある程度交換が利くが両者が揃っているほうが好ましい）ケースであり，無差別曲線の凸具合も中間となる（コブ・ダグラス関数もこの中間のケースである）．

22 　第 I 部　経済主体の行動と価格理論

●問題 1.4 の解答　　　　　　　　　　　　　　　　　　　　　　　　問題→9 頁

(1) (a) $\bar{u} = u(\bar{x}_1, \bar{x}_2) = \bar{x}_1^{\alpha_1} \bar{x}_2^{\alpha_2}$ とおく. 効用水準 $\bar{u}$ に対応する無差別曲線は, $x_1^{\alpha_1} x_2^{\alpha_2} = \bar{u}$ で表される. これを x_2 について解くと, $x_2 = \bar{u}^{\frac{1}{\alpha_2}} x_1^{-\frac{\alpha_1}{\alpha_2}}$ が得られる. これを x_1 について微分すると, $\frac{dx_2}{dx_1} = -\frac{\alpha_1}{\alpha_2} \bar{u}^{\frac{1}{\alpha_2}} x_1^{-\frac{\alpha_1}{\alpha_2} - 1}$ となる. この絶対値をとり, $x_1 = \bar{x}_1$ で評価し, $\bar{u} = \bar{x}_1^{\alpha_1} \bar{x}_2^{\alpha_2}$ を代入すると, 限界代替率 $MRS_{12}(\bar{x}_1, \bar{x}_2) = \frac{\alpha_1}{\alpha_2} (\bar{x}_1^{\alpha_1} \bar{x}_2^{\alpha_2})^{\frac{1}{\alpha_2}} \bar{x}_1^{-\frac{\alpha_1}{\alpha_2} - 1} = \frac{\alpha_1 \bar{x}_2}{\alpha_2 \bar{x}_1}$ となる.

(c) $\bar{u} = u(\bar{x}_1, \bar{x}_2) = \bar{x}_1^{\alpha} + \bar{x}_2$ とおくと, $\bar{u}$ に対応する無差別曲線は, $x_1^{\alpha} + x_2 = \bar{u}$ で表される. これを x_2 について解くと, $x_2 = \bar{u} - x_1^{\alpha}$ である. これを x_1 について微分すると, $\frac{dx_2}{dx_1} = -\alpha x_1^{\alpha - 1}$ となる. この絶対値をとり, $x_1 = \bar{x}_1$ で評価し, $MRS_{12}(\bar{x}_1, \bar{x}_2) = \alpha \bar{x}_1^{\alpha - 1}$ が得られる.

(2) (a) 第 1 財の限界効用は, $\frac{\partial u(x_1, x_2)}{\partial x_1} = \alpha_1 x_1^{\alpha_1 - 1} x_2^{\alpha_2}$, 第 2 財の限界効用は, $\frac{\partial u(x_1, x_2)}{\partial x_2} = \alpha_2 x_1^{\alpha_1} x_2^{\alpha_2 - 1}$ である. これらを $(x_1, x_2) = (\bar{x}_1, \bar{x}_2)$ で評価し, 第 1 財の限界効用を第 2 財の限界効用で除すと, 限界代替率 $MRS_{12}(\bar{x}_1, \bar{x}_2) = \frac{\partial u(\bar{x}_1, \bar{x}_2)/\partial x_1}{\partial u(\bar{x}_1, \bar{x}_2)/\partial x_2} = \frac{\alpha_1 \bar{x}_1^{\alpha_1 - 1} \bar{x}_2^{\alpha_2}}{\alpha_2 \bar{x}_1^{\alpha_1} \bar{x}_2^{\alpha_2 - 1}} = \frac{\alpha_1 \bar{x}_2}{\alpha_2 \bar{x}_1}$ が得られる.

(b) 第 i 財 $(i = 1, 2)$ の限界効用は, $\frac{\partial u(x_1, x_2)}{\partial x_i} = \frac{\alpha_i}{x_i}$ である. よって限界代替率 $MRS_{12}(\bar{x}_1, \bar{x}_2) = \frac{\alpha_1/\bar{x}_1}{\alpha_2/\bar{x}_2} = \frac{\alpha_1 \bar{x}_2}{\alpha_2 \bar{x}_1}$ が得られる.

《コメント》

(a) と (b) では, 効用関数は違えども, 限界代替率は等しいことが確認できる. (b) の効用関数は, $\log(x_1^{\alpha_1} x_2^{\alpha_2})$ と書き換えられ, (a) の効用関数の増加関数 $\log$ による単調変換に他ならないことがわかる. したがって, (a) の効用関数と (b) の効用関数は, 同一の選好関係を表現している. そうした場合, 限界代替率も同一となる (一般的な証明については, 問題 1.5 を参照のこと).

(c) 第 1 財の限界効用は, $\frac{\partial u(x_1, x_2)}{\partial x_1} = \alpha x_1^{\alpha - 1}$, 第 2 財の限界効用は, $\frac{\partial u(x_1, x_2)}{\partial x_2} = 1$ である. よって限界代替率 $MRS_{12}(\bar{x}_1, \bar{x}_2) = \frac{\alpha \bar{x}_1^{\alpha - 1}}{1} = \alpha \bar{x}_1^{\alpha - 1}$ が得られる.

(3) (d) のような効用関数 (レオンチェフ効用関数) の場合, 無差別曲線は $x_2 = x_1$ で屈折する L 字型の形状である. 図 1.18 は効用水準 $\bar{u} = \min\{\bar{x}_1, \bar{x}_2\}$ の下での無差別曲線を表している. 点 A では無差別曲線の接線は垂直, 点 B では水平である. したがって, $(\bar{x}_1, \bar{x}_2)$ における限界代替率は, その点における無差別曲線の接線の傾きであることを踏まえると,

$$
MRS_{12}(\bar{x}_1, \bar{x}_2) = \begin{cases} \infty & \bar{x}_2 > \bar{x}_1 \text{ の場合} \\ 0 & \bar{x}_2 < \bar{x}_1 \text{ の場合} \end{cases}
$$

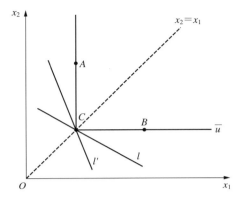

図 1.18 レオンチェフ効用関数の無差別曲線

であることがわかる．

ところが，点 C を見てみると，l や l' のようにいくらでも「接線」を書くことができてしまう．これはこの点，つまり $x_2 = x_1$ を満たす点では限界代替率が定義できないことを意味している．

●問題 1.5 の解答 　　　　　　　　　　　　　　　　　　　　　　　問題→9頁

合成関数の微分の公式より，効用関数 $w(x_1, x_2)$ についての第 i 財の限界効用は，

$$\frac{\partial w(x_1, x_2)}{\partial x_i} = v'(u(x_1, x_2)) \cdot \frac{\partial u(x_1, x_2)}{\partial x_i}$$

となる．したがって，限界代替率が限界効用の比率と等しいことより，

$$MRS_{12}^w(x_1, x_2) = \frac{\partial w(x_1, x_2)/\partial x_1}{\partial w(x_1, x_2)/\partial x_2} = \frac{v'(u(x_1, x_2)) \cdot \partial u(x_1, x_2)/\partial x_1}{v'(u(x_1, x_2)) \cdot \partial u(x_1, x_2)/\partial x_2}$$
$$= \frac{\partial u(x_1, x_2)/\partial x_1}{\partial u(x_1, x_2)/\partial x_2} = MRS_{12}^u(x_1, x_2)$$

を得る．

●問題 1.6 の解答 　　　　　　　　　　　　　　　　　　　　　　　問題→9頁

(1) ラグランジュ乗数を λ とし，ラグランジュ関数を $\mathcal{L} = \log x_1 + \log x_2 + \lambda(6 - x_1 - 3x_2)$ とおく．1 階条件は，

$$\frac{\partial \mathcal{L}}{\partial x_1} = \frac{1}{x_1} - \lambda = 0$$
$$\frac{\partial \mathcal{L}}{\partial x_2} = \frac{1}{x_2} - 3\lambda = 0$$
$$\frac{\partial \mathcal{L}}{\partial \lambda} = 6 - x_1 - 3x_2 = 0$$

24   第 I 部　経済主体の行動と価格理論

である．第 1 式，第 2 式より，$x_1 = 1/\lambda$，$x_2 = 1/(3\lambda)$ がそれぞれ得られる．これを第 3 式に代入すると，$6 - 1/\lambda - 3 \cdot 1/(3\lambda) = 0$ となり，$\lambda = 1/3$ が得られる．これを先に得た $x_1 = 1/\lambda$，$x_2 = 1/(3\lambda)$ に代入することで，最大化問題の解 $(x_1, x_2) = (3, 1)$ を得る．

(2) $\log x_1 + \log x_2 = \log x_1 x_2$ より，(1) の目的関数は，(2) の目的関数の log による単調変換であることがわかる．また，両問題の制約条件は同じである．したがって，(1) の最大化問題の解と (2) の最大化問題の解は一致する．したがって，(2) の最大化問題の解は $(x_1, x_2) = (3, 1)$ である．

《コメント》

　一般に，同じ制約に従う二つの最大化問題 (A) と (B) において，問題 (A) の目的関数が問題 (B) の目的関数の単調変換であるならば，両問題の解は一致する．

(3) 最小化問題を解くには，目的関数にマイナスをつけた最大化問題

$$\max_{(x_1, x_2)} \quad -(6x_1 + 3x_2) \quad \text{subject to} \quad x_1^{\frac{1}{3}} x_2^{\frac{1}{3}} = 1$$

を解けばよい．ラグランジュ関数を $\mathcal{L} = -(6x_1 + 3x_2) + \lambda(x_1^{\frac{1}{3}} x_2^{\frac{1}{3}} - 1)$ とおく．1 階条件は，

$$\frac{\partial \mathcal{L}}{\partial x_1} = -6 + \frac{\lambda}{3} x_1^{-\frac{2}{3}} x_2^{\frac{1}{3}} = 0$$

$$\frac{\partial \mathcal{L}}{\partial x_2} = -3 + \frac{\lambda}{3} x_1^{\frac{1}{3}} x_2^{-\frac{2}{3}} = 0$$

$$\frac{\partial \mathcal{L}}{\partial \lambda} = x_1^{\frac{1}{3}} x_2^{\frac{1}{3}} - 1 = 0$$

である．第 1 式，第 2 式より λ を消去して $x_2 = 2x_1$ を得る．これを第 3 式に代入すると，$2^{\frac{1}{3}} x_1^{\frac{2}{3}} = 1$ となり，$x_1 = 1/\sqrt{2}$ が得られる．これを先に得た $x_2 = 2x_1$ に代入することで，最大化問題の解 $(x_1, x_2) = (1/\sqrt{2}, \sqrt{2})$ を得る．

(4) ラグランジュ乗数を λ，μ，ν，ラグランジュ関数を $\mathcal{L} = x_1 y_1 + \lambda(x_2 y_2 - 4) + \mu(4 - x_1 - x_2) + \nu(4 - y_1 - y_2)$ とおく．1 階条件は，

$$\frac{\partial \mathcal{L}}{\partial x_1} = y_1 - \mu = 0$$

$$\frac{\partial \mathcal{L}}{\partial x_2} = \lambda y_2 - \mu = 0$$

$$\frac{\partial \mathcal{L}}{\partial y_1} = x_1 - \nu = 0$$

$$\frac{\partial \mathcal{L}}{\partial y_2} = \lambda x_2 - \nu = 0$$

および 3 本の制約式である．第 1 式，第 2 式より μ を消去して $y_1 = \lambda y_2$ を得る．これと制約式 $y_1 + y_2 = 4$ から $y_1 = 4\lambda/(\lambda + 1)$，$y_2 = 4/(\lambda + 1)$ を得る．同じように第 3 式，第 4 式から ν を消去した関係式 $x_1 = \lambda x_2$ と $x_1 + x_2 = 4$ から $x_1 = 4\lambda/(\lambda + 1)$，$x_2 = 4/(\lambda + 1)$ を得る．この x_2, y_2 を制約 $x_2 y_2 = 4$ に代入して λ について解くと，$\lambda = 1, -3$ の二つの候補を得る．しかし $\lambda = -3$ を $x_2 = 4/(\lambda + 1)$ に代入すると負になることから，本問の条件を満たさない．したがって $\lambda = 1$ である．これを x_1, x_2, y_1, y_2 に代入することにより，最大化問題の解 $(x_1, x_2, y_1, y_2) = (2, 2, 2, 2)$ を得る．

《コメント》

(1)(2) は効用最大化問題，(3) は費用最小化問題，(4) はパレート効率的な配分を求める問題に対応している．

● 問題 1.7 の解答   問題→ 10 頁

(1) 効用最大化問題は，

$$\max_{(x_1, x_2)} \quad x_1^{\alpha_1} x_2^{\alpha_2}$$

$$\text{subject to} \quad p_1 x_1 + p_2 x_2 = M$$

と定式化できる．

(2) ラグランジュ関数 $\mathcal{L}$ は，ラグランジュ乗数を λ として，

$$\mathcal{L} = x_1^{\alpha_1} x_2^{\alpha_2} + \lambda(M - p_1 x_1 - p_2 x_2)$$

となる．ラグランジュ乗数法の 1 階条件は，

$$\frac{\partial \mathcal{L}}{\partial x_1} = \alpha_1 x_1^{\alpha_1 - 1} x_2^{\alpha_2} - \lambda p_1 = 0$$

$$\frac{\partial \mathcal{L}}{\partial x_2} = \alpha_2 x_1^{\alpha_1} x_2^{\alpha_2 - 1} - \lambda p_2 = 0$$

$$\frac{\partial \mathcal{L}}{\partial \lambda} = M - p_1 x_1 - p_2 x_2 = 0$$

となる．第 1 式，第 2 式から λ を消去して x_1, x_2 の関係式 $\alpha_1 x_2/\alpha_2 x_1 = p_1/p_2$ を得る．これを第 3 式に代入して解くことにより，最適消費計画は，

26   第 I 部　経済主体の行動と価格理論

$$(x_1^D(p_1, p_2, M), x_2^D(p_1, p_2, M)) = \left(\frac{\alpha_1 M}{(\alpha_1 + \alpha_2)p_1}, \frac{\alpha_2 M}{(\alpha_1 + \alpha_2)p_2} \right)$$

となる.

《コメント》

　本問題の結果より，$p_i x_i^D = \alpha_i M/(\alpha_1 + \alpha_2)$，すなわち，第 i 財への支出額は所得の $\alpha_i/(\alpha_1 + \alpha_2)$ の割合（コブ・ダグラス効用関数の当該財消費量の指数の割合）で一定であることがわかる．これは，コブ・ダグラス効用関数から導かれる性質であり，覚えておくと便利である．

●問題 1.8 の解答　　　　　　　　　　　　　　　　　　　　　　問題→ 10 頁

(1) (a) $MRS_{12}(x_1, x_2) = \frac{6x_2}{2x_1 + 1}$

　　(b) $(x_1^D(p_1, p_2, M), x_2^D(p_1, p_2, M)) = \left(\frac{6M - p_1}{8p_1}, \frac{2M + p_1}{8p_2} \right)$

(2) (a) $MRS_{12}(x_1, x_2) = \frac{4x_2 + 1}{4(3x_1 + 2)}$

　　(b) $(x_1^D(p_1, p_2, M), x_2^D(p_1, p_2, M)) = \left(\frac{4M - 8p_1 + p_2}{16p_1}, \frac{12M + 8p_1 - p_2}{16p_2} \right)$

(3) (a) $MRS_{12}(x_1, x_2) = \frac{1}{\sqrt{x_1}}$

　　(b) $(x_1^D(p_1, p_2, M), x_2^D(p_1, p_2, M)) = \left(\frac{p_2^2}{p_1^2}, \frac{M}{p_2} - \frac{p_2}{p_1} \right)$

●問題 1.9 の解答　　　　　　　　　　　　　　　　　　　　　　問題→ 10 頁

第 1 財の需要の所得弾力性は，需要関数 $x_1^D(p_1, p_2, M)$ を使うと，

$$\frac{\partial x_1^D(p_1, p_2, M)/\partial M}{x_1^D(p_1, p_2, M)/M}$$

である.

(1) $x_1^D(p_1, p_2, M) = 1000\, y_1^D(q_1, q_2, M)$ より，

$$\frac{\partial x_1^D(p_1, p_2, M)}{\partial M} = 1000 \cdot \frac{\partial y_1^D(q_1, q_2, M)}{\partial M}$$

となる．よって，

$$\frac{\partial x_1^D(p_1, p_2, M)/\partial M}{x_1^D(p_1, p_2, M)/M} = \frac{1000 \cdot \partial y_1^D(q_1, q_2, M)/\partial M}{1000\, y_1^D(q_1, q_2, M)/M} = \frac{\partial y_1^D(q_1, q_2, M)/\partial M}{y_1^D(q_1, q_2, M)/M}$$

を得る.

(2) 1 ユーロを e 円とおくと，$p_i = er_i$ $(i = 1, 2)$，$M = eN$ である．このとき，$x_1^D(p_1, p_2, M) = z_1^D(r_1, r_2, M/e)$ であるから，合成関数の微分の公式より，

$$\frac{\partial x_1^D(p_1, p_2, M)}{\partial M} = \frac{\partial z_1^D(r_1, r_2, M/e)}{\partial N} \cdot \frac{1}{e}$$

となる．よって，

$$\frac{\partial x_1^D(p_1, p_2, M)/\partial M}{x_1^D(p_1, p_2, M)/M} = \frac{1/e \cdot \partial z_1^D(r_1, r_2, N)/\partial N}{z_1^D(r_1, r_2, N)/(eN)} = \frac{\partial z_1^D(r_1, r_2, N)/\partial N}{z_1^D(r_1, r_2, N)/N}$$

を得る.

●問題 1.10 の解答 問題→ 11 頁

(1) (a) $p = 1$, $p' = 2, \frac{3}{2}, \frac{5}{4}, \frac{9}{8}$ のときの価格弾力性は以下の表の通りである.

	Δp	Δx^D	$\frac{\Delta x^D / x^D(p)}{\Delta p / p}$
$p' = 2$	1	$-\frac{a}{2}$	$-\frac{1}{2}$
$p' = \frac{3}{2}$	$\frac{1}{2}$	$-\frac{a}{3}$	$-\frac{2}{3}$
$p' = \frac{5}{4}$	$\frac{1}{4}$	$-\frac{a}{5}$	$-\frac{4}{5}$
$p' = \frac{9}{8}$	$\frac{1}{8}$	$-\frac{a}{9}$	$-\frac{8}{9}$

(b) $dx^D(p)/dp = -\frac{a}{p^2}$ より,

$$\epsilon(p) = \frac{dx^D(p)/dp}{x^D(p)/p} = -\frac{a}{p^2}\frac{p^2}{a} = -1$$

となる. したがって, $p = 1$ のとき価格弾力性は -1 である.

《コメント》

(a) では, 価格の変化 Δp が微小になるにつれて, 微分で定義した (b) の価格弾力性 -1 に値が近づいていくことが見てとれる.

(2) (a) $dx^D(p)/dp = -b$ より,

$$\epsilon(p) = \frac{dx^D(p)/dp}{x^D(p)/p} = -\frac{bp}{a - bp}$$

となる. したがって, $p = \frac{a}{4b}$ のとき価格弾力性は $-\frac{1}{3}$, $p = \frac{2a}{4b}$ のとき価格弾力性は -1, $p = \frac{3a}{4b}$ のとき価格弾力性は -3 である.

(b) 支出額 $px^D(p) = ap - bp^2$ を最大にするような p は, 1 階条件 $a - 2bp = 0$ [3]から, $p = \frac{a}{2b}$. (a) より, このときの価格弾力性は -1 である.

《コメント》

価格弾力性が一定の需要曲線は (1) のような双曲線となる. 一方 (2) で扱ったような直線の需要では, ちょうどその中点 $p = \frac{a}{2b}$ で弾力性が -1 となり, 需要曲線上を左上に行くほど弾力性は高く, 右下に行くほど低い.

---

[3] 上に凸の 2 次関数なので最大化のための十分条件も満たされる.

(3) 一般に，価格弾力性の絶対値が 1 より大きい（小さい）ときに価格の微小な上昇に対し支出が減り（増え），1 と等しいときに支出は最大化される．すなわち，

$$\frac{dx^D(p)/dp}{x^D(p)/p} \gtreqless -1 \Leftrightarrow \frac{d(px^D(p))}{dp} \gtreqless 0$$

が成立する．なぜならば，

$$\frac{d(px^D(p))}{dp} = x^D(p) + p\frac{dx^D(p)}{dp}$$

$$= x^D(p)\left(\frac{dx^D(p)/dp}{x^D(p)/p} + 1\right)$$

が成り立つからである．

● 問題 1.11 の解答 　　　　　　　　　　　　　　　　　　　　　問題→ 12 頁

バス会社の直面する市場需要関数を $x^D(p)$ とする．価格を縦軸にとっているため，需要曲線の接線の傾きは，需要関数の微分係数の逆数になることに注意すると，$\frac{1}{dx^D(210)/dp} = -\frac{1}{2}$ となる．したがって，$p = 210$ における需要の価格弾力性は，

$$\frac{dx^D(p)/dp}{x^D(p)/p} = \frac{-2}{400/210} < -1$$

となる．よって，バス運賃の値上げは，その割合以上にバスの利用者を減らすから，売上（消費者にとっての支出額）を減らす．逆に，バス運賃の値下げは，その割合以上にバスの利用者を増やすから，売上を増やす．したがって，このバス会社が売上を増やすためには，運賃を下げればよい．

● 問題 1.12 の解答 　　　　　　　　　　　　　　　　　　　　　問題→ 12 頁

(1) 需要の価格弾力性は，価格が 1%上昇したときに需要量が何%変化するかを表している．$-7/10 = -0.7$ より，ラーメンの需要の価格弾力性は，-0.7 である．

(2) 10%の価格上昇で，7%の需要減少が起こるとき，売上は，$1.1 \times 0.93 = 1.023$ より，2.3%増加する．これは (1) より，需要の価格弾力性の絶対値が 1 より小さいので，価格の上昇は，その割合ほどにはラーメンの需要を減少させないためである．

● 問題 1.13 の解答 　　　　　　　　　　　　　　　　　　　　　問題→ 12 頁

予算制約式 $p_1 x_1^D(p_1, p_2, M) + p_2 x_2^D(p_1, p_2, M) = M$ の両辺を M で微分して，

$$p_1 \cdot \frac{\partial x_1^D(p_1, p_2, M)}{\partial M} + p_2 \cdot \frac{\partial x_2^D(p_1, p_2, M)}{\partial M} = 1$$

を得る．この等号が成立するためには，$\frac{\partial x_1^D(p_1, p_2, M)}{\partial M} > 0$，あるいは $\frac{\partial x_2^D(p_1, p_2, M)}{\partial M} > 0$ の少なくとも一方が成立していなければならない．すなわち，第 1 財と第 2 財の少なくとも一方は下級財ではない．

第 1 章　消費者行動　　29

《コメント》

　価格が不変の下で，もし所得が増加してもすべての財の需要が減るのなら，所得が余ってしまうことになる．したがって，少なくとも一つの財は下級財ではないことが予算制約より示せるのである．

●問題 1.14 の解答　　　　　　　　　　　　　　　　　　　　問題→ 13 頁

(1) $\dfrac{\partial}{\partial M}\left(\dfrac{p_1 x_1^D(p_1,p_2,M)}{M}\right) = \dfrac{1}{M^2}\left(p_1 \cdot \dfrac{\partial x_1^D}{\partial M}\cdot M - p_1 x_1^D\right)$

$$= \frac{p_1 x_1^D}{M^2}\left(\frac{\partial x_1^D/\partial M}{x_1^D/M} - 1\right) = \frac{p_1 x_1^D}{M^2}(\epsilon_{1M}-1)$$

(2) $(a)\Rightarrow(b)$ の証明: $\epsilon_{1M}<1$ より，$\frac{\partial}{\partial M}\left(\frac{p_1 x_1^D}{M}\right)=\frac{p_1 x_1^D}{M^2}(\epsilon_{1M}-1)<0$ となり，エンゲル係数は所得の減少関数である．正常財（$\epsilon_{1M}>0$）であることは，(a) の定義より明らか．

　$(b)\Rightarrow(a)$ の証明: エンゲル係数が所得の減少関数であることより，$0>\frac{\partial}{\partial M}\left(\frac{p_1 x_1^D}{M}\right)$ $=\frac{p_1 x_1^D}{M^2}(\epsilon_{1M}-1)$ となり，$\epsilon_{1M}<1$ を得る．正常財（$\epsilon_{1M}>0$）であることは，(b) の定義より明らか．

(3) 同様に，$\epsilon_{1M}>1$ $\Leftrightarrow$ $\frac{\partial}{\partial M}\left(\frac{p_1 x_1^D}{M}\right)=\frac{p_1 x_1^D}{M^2}(\epsilon_{1M}-1)>0$ となるので，$(a)\Leftrightarrow(b)$ を得る．

《コメント》

　「(a) と (b) が同値である」ことを厳密に示すには，(2) の解答でみたように，「(a) ならば (b)」と「(b) ならば (a)」を証明するのが論理学の定石なので覚えておくこと．

●問題 1.15 の解答　　　　　　　　　　　　　　　　　　　　問題→ 13 頁

(1) 内点解となる最適消費計画では，限界代替率と価格比率が等しく，予算制約式を等号で満たすので，連立方程式

$$\frac{2(x_1+1)x_2}{(x_1+1)^2} = MRS_{12}(x_1,x_2) = \frac{p_1}{p_2}$$

$$p_1 x_1 + p_2 x_2 = M$$

を解けばよい．$2M>p_1$ は得られた解が内点解となることを保証する（第 1 財が正になることに注目せよ）．

(2) $\frac{\partial x_1^D}{\partial p_1}=-\frac{2M}{3p_1^2}<0$ より，第 1 財は通常財である．

(3) 第 1 財の需要関数 x_1^D は第 2 財の価格 p_2 に依存しないので，$\frac{\partial x_1^D}{\partial p_2}=0$ となる．よって，第 1 財は第 2 財の粗代替財でも粗補完財でもない．

(4) $\frac{\partial x_2^D}{\partial p_1} = \frac{1}{3p_2} > 0$ より，第 2 財は第 1 財の粗代替財である．

《コメント》

(3) と (4) より，第 i 財が第 j 財の粗代替財であっても，第 j 財が第 i 財の粗代替財であるとは限らない．したがって，「二つの財は粗代替財の関係にある」と言うことはできない．この点は，代替効果のみで定義される代替財や補完財（教科書 1.6.4 節参照）と異なるので注意が必要である．

●問題 1.16 の解答   問題→ 14 頁

(1) 第 1 財が下級財であることより，$\frac{\partial x_1^D}{\partial M} < 0$ が成り立つ．よって，所得が減少したとき，第 1 財の需要量は増加する．したがって，需要曲線は右へシフトする．

(2) 第 1 財が第 2 財の粗代替財であることより，$\frac{\partial x_1^D}{\partial p_2} > 0$ が成り立つ．よって，第 2 財の価格が上昇したとき，第 1 財の需要量は増加する．したがって，需要曲線は右へシフトする．

●問題 1.17 の解答   問題→ 14 頁

(1) 第 1 財の価格上昇による，第 2 財の需要量の変化を代替効果（SE）と所得効果（IE）に分解すると図 1.19 のようになる．この価格変化の下で，代替効果は正であり，第 2 財は第 1 財の代替財である．しかし，第 2 財は第 1 財の粗補完財である．これは負の所得効果が正の代替効果を上回るためである．

(2) 金利上昇による，第 1 期の消費量の変化を代替効果（SE）と所得効果（IE）に分解すると図 1.20 のようになる．負の代替効果を正の所得効果が上回るため，第 1 期の消費量は増えている．貯蓄量は第 1 期の所得から第 1 期の消費を引いたもの，

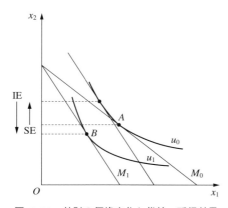

図 1.19 他財の価格変化と代替・所得効果

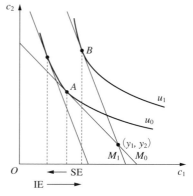

図 1.20 金利の変化と代替・所得効果

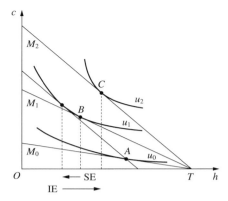

図 1.21 賃金の変化と代替・所得効果

つまり $y_1 - c_1$ である．したがって，貯蓄に対する正の代替効果を負の所得効果が上回るため，貯蓄が減る．

これは，直観的に言うと以下の通りである．貯蓄をするということは，今期の楽しみを犠牲にして将来の楽しみを増やすということに他ならない．金利が上昇すると，より少ない今の犠牲に対しより多くの将来の楽しみを得られる．したがって，同じ効用を得るためには，今の犠牲を増やして将来の楽しみを得るほうが，必要な生涯所得が浮く．つまり，貯蓄を増やす効果が働く（代替効果）．一方，この家計は貯蓄主体であったため，利子所得が増加し，これは各期の消費に分配される．したがって，今期の消費が増加する効果があるため，貯蓄は減少する（所得効果）．

(3) まず，$A \to B$ の変化については負の代替効果が正の所得効果を上回っているため，賃金の上昇によって余暇消費（労働供給）は減少（増加）している（図は割愛）．

次に $B \to C$ の変化における，余暇の消費量の変化を代替効果（SE）と所得効果（IE）に分解すると図 1.21 のようになる．負の代替効果を正の所得効果が上回るため，余暇消費（労働供給）は増えている（減っている）．

このことは，以下のように直観的に説明できる．賃金が上昇すると，余暇の価格（機会費用）が消費財の価格に対して相対的に上昇する．したがって，同じ効用を得るためには，余暇の消費を減らして消費財を増やすほうが所得が浮く．つまり，労働供給を増やす効果が働く（代替効果）．一方，この人は時間を労働に当てることで賃金収入を得ていたので，賃金の上昇は総所得を上昇させる．この総所得の上昇は，余暇と消費財に分配される．したがって，余暇が増加する効果があるため，労働は

32 　第 I 部　経済主体の行動と価格理論

減少する（所得効果）[4].

《コメント》

　図では，賃金の低いあいだは代替効果が所得効果を上回っていたが，賃金が高くなると代替効果と所得効果が逆転するために，賃金が上昇しているにもかかわらず労働供給は減少した（これを労働供給曲線の後方屈曲という）．このことは，「十分な賃金が得られると人々は余暇を求めて働かなくなる」というしばしば観察される事実に合致している．

●問題 1.18 の解答 　　　　　　　　　　　　　　　　　　　問題→ 15 頁

(1) 第 1 財が下級財であることから，所得効果は正となる．実際，$\frac{\partial x_1^D}{\partial M} < 0$ より，

$$-x_1^D(p_1, p_2, M) \cdot \frac{\partial x_1^D(p_1, p_2, M)}{\partial M} > 0$$

を得る．また，代替効果は負であるので，$\frac{\partial x_1^c}{\partial p_1} < 0$ となる．よって，代替効果と所得効果の向きは反対であるが，代替効果の大きさが所得効果の大きさを上回っているので，$\frac{\partial x_1^D(p_1, p_2, M)}{\partial p_1} < 0$ となる．したがって，第 1 財の価格の上昇は第 1 財の需要量を減らす．

(2) この状況を描いたのが図 1.22 である．$A \to B$ の変化が代替効果（SE）であり，$B \to C$ の変化が所得効果（IE）である．

●問題 1.19 の解答 　　　　　　　　　　　　　　　　　　　問題→ 16 頁

いま，予算線が図 1.23 の破線 l' で表されているものとする．このとき，最適消費計画は図の点 E' で表される．ここで，定食の価格が上昇し，予算線が破線 l'' に変化

---

4) この問題は図によって経済学的説明を導いたが，式によってこれらの説明を確認したいという人のために，以下のような注を設けるので，興味のある方は読んでほしい．

　　(2) と (3) のように所得が，最初に自分が持つ資源（初期保有）とその価格によって決定されるモデルでは，教科書 1.6.1 項のような所得 M が一定の場合とスルツキー方程式が多少異なった式になる．第 1 財，第 2 財の初期保有を $\bar{x}_1$, $\bar{x}_2$ とすると，所得は $p_1 \bar{x}_1 + p_2 \bar{x}_2$ なので，これを M に代入すると，需要関数は $x_i^D(p_1, p_2, p_1 \bar{x}_1 + p_2 \bar{x}_2)$ と書ける．価格 p_i が変化したときの需要への変化を p_i で微分して調べると，

$$\frac{\partial x_i^D(p_1, p_2, p_1 \bar{x}_1 + p_2 \bar{x}_2)}{\partial p_i} = \frac{\partial x_i^D(p_1, p_2, M)}{\partial p_i} + \bar{x}_i \frac{\partial x_i^D(p_1, p_2, M)}{\partial M}$$

となる．第 1 項に，所得 M が一定の場合のスルツキー方程式を代入すると，

$$\frac{\partial x_i^D(p_1, p_2, p_1 \bar{x}_1 + p_2 \bar{x}_2)}{\partial p_i} = \frac{\partial x_i^c}{\partial p_i} + (\bar{x}_i - x_i^D) \frac{\partial x_i^D}{\partial M}$$

となる．これがこの場合のスルツキー方程式で，右辺第 1 項が代替効果，第 2 項が所得効果である．所得効果に，価格変化による初期保有の価値の変化分が加えられていることがわかる．(2) の場合は，$\bar{x}_1 - x_1^D = y_1 - c_1^*$ は貯蓄，(3) の場合は，$\bar{x}_1 - x_1^D = T - h^*$ は労働に対応することを確認すると，所得効果が貯蓄や労働に依存して説明されていた解答例がより正確に理解できる．

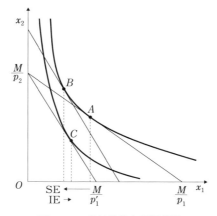

図 1.22 代替効果と所得効果

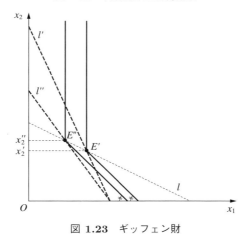

図 1.23 ギッフェン財

したものとする（横軸の切片を中心に反時計回りに回転することに注意せよ）．このとき，最適消費計画は図の点 E'' で表される．明らかに，定食の価格が上昇しているのに，定食の需要量が増加していることがわかる（特に，代替効果はゼロ，所得効果は正であることに注意せよ）．したがって，定食はギッフェン財である．

●問題 1.20 の解答　　　　　　　　　　　　　　　　　　　　　　　問題→ 17 頁

(1) 消費者の直面する予算制約式は $c = w(T - h)$ である．つまり，$c + wh = wT$ となる．

(2) 消費者の最適化問題は，

$$\max_{(h,c)} \quad h^{\frac{1}{2}} + c^{\frac{1}{2}}$$

$$\text{subject to} \quad c + wh = wT$$

と定式化できる．ここで，

$$\mathcal{L} = h^{\frac{1}{2}} + c^{\frac{1}{2}} + \lambda(wT - c - wh)$$

とラグランジュ関数を設定する（λ はラグランジュ乗数）．最大化の 1 階条件は，

$$\frac{\partial \mathcal{L}}{\partial h} = \frac{1}{2}h^{-\frac{1}{2}} - \lambda w = 0$$

$$\frac{\partial \mathcal{L}}{\partial c} = \frac{1}{2}c^{-\frac{1}{2}} - \lambda = 0$$

$$\frac{\partial \mathcal{L}}{\partial \lambda} = wT - c - wh = 0$$

となる．上の 2 本の式から λ を消去し，h と c の関係式 $c = w^2 h$ を得る．これを予算制約に代入し，$(h^*, c^*) = (\frac{T}{w+1}, \frac{w^2 T}{w+1})$ を得る．

(3) 労働の供給関数 $\ell^*(w)$ は，(2) の結果から，

$$\ell^*(w) = T - h^* = T - \frac{T}{w+1} = \frac{wT}{w+1}$$

である．また，$\ell^*(w)$ のグラフは図 1.24 のような右上がりの供給曲線となる．つまり，時間あたりの賃金が増加すると，労働供給は増加する．

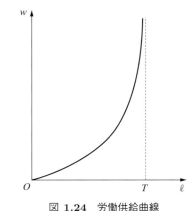

図 1.24　労働供給曲線

《コメント》

このように，余暇という「負の労働サービス」の概念を用いると，労働の供給決定の問題も通常の消費者問題と対応させて解くことができる．予算制約式 $wh + c = wT$ を

第 1 章　消費者行動　　35

一般的な予算制約式 $p_1 x_1 + p_2 x_2 = M$ と見比べてみると，(x_1, x_2) が (h, c)，(p_1, p_2) が $(w, 1)$，M が wT に対応していることがわかる．つまり，利用可能な総時間をすべて労働に振り分けたときに得られる賃金収入 wT が総所得とみなせる．また，第 1 財である余暇 h の価格は，余暇を 1 単位増やしたら失うであろう賃金収入（機会費用）w だと解釈できる．したがって，消費者はこの総所得の下で，$(w, 1)$ を価格ベクトルとし，2 財の組み合わせ (h, c) を選択するのである．

●問題 1.21 の解答　　　　　　　　　　　　　　　　　　　　　　問題→ 17 頁

(1) 若年期の予算制約式は $c_1 + s = y_1$，老年期の予算制約式は $c_2 = y_2 + (1 + r)s$ である．

(2) (1) の二つの式から s を消去すると，予算制約式 $c_1 + \dfrac{1}{1+r}c_2 = y_1 + \dfrac{1}{1+r}y_2$ を得る．

《コメント》

この予算制約式は，割引現在価値で表した消費と所得が一致するという条件を表していることになる（割引現在価値については (6) を見よ）．

(3) 最大化問題は，

$$\max_{(c_1, c_2)} \quad \log c_1 + \delta \log c_2$$
$$\text{subject to} \quad c_1 + \frac{1}{1+r}c_2 = y_1 + \frac{1}{1+r}y_2$$

と書ける．ただし，アリの場合には $\delta = \dfrac{3}{5}$，キリギリスの場合には $\delta = \dfrac{1}{7}$ である．ここで，

$$\mathcal{L} = \log c_1 + \delta \log c_2 + \lambda \left(y_1 + \frac{1}{1+r}y_2 - c_1 - \frac{1}{1+r}c_2 \right)$$

とラグランジュ関数を設定する（λ はラグランジュ乗数）．1 階条件は，

$$\frac{\partial \mathcal{L}}{\partial c_1} = \frac{1}{c_1} - \lambda = 0$$
$$\frac{\partial \mathcal{L}}{\partial c_2} = \delta \frac{1}{c_2} - \lambda \frac{1}{1+r} = 0$$
$$\frac{\partial \mathcal{L}}{\partial \lambda} = y_1 + \frac{1}{1+r}y_2 - c_1 - \frac{1}{1+r}c_2 = 0$$

となる．上の 2 本の式から λ を消去したものと予算制約式（一番下の式）より，最適消費計画 (c_1^*, c_2^*) は，

36　第 I 部　経済主体の行動と価格理論

$$(c_1^*, c_2^*) = \left(\frac{1}{1+\delta} \left(y_1 + \frac{1}{1+r} y_2 \right), \frac{\delta}{1+\delta} (1+r) \left(y_1 + \frac{1}{1+r} y_2 \right) \right) \tag{1.1}$$

であることがわかる．さらに，(1) の若年期の予算制約より，最適貯蓄額 s^* は，

$$s^* = \frac{\delta}{1+\delta} y_1 - \frac{1}{1+\delta} \frac{1}{1+r} y_2 \tag{1.2}$$

となる．これらに，$y_1 = 480$, $y_2 = 96$, $r = 0.2$, および，アリの場合には $\delta = \frac{3}{5}$, キリギリスの場合には $\delta = \frac{1}{7}$ を代入することで，アリの最適消費貯蓄計画 (c_1^A, c_2^A, s^A), キリギリスの最適消費貯蓄計画 (c_1^G, c_2^G, s^G) は，

$$(c_1^A, c_2^A, s^A) = (350, 252, 130)$$
$$(c_1^G, c_2^G, s^G) = (490, 84, -10)$$

であることがわかる．

《コメント》

　ここで導入した変数 δ は割引因子と呼ばれ，δ が大きいほど，将来の消費を重視していることになる．本問では，アリに比べてキリギリスは現在を重視し将来を軽視する嗜好を持っており，借金をして現在の消費を増やしている．

---

(4) 銀行がない場合，各期の消費は各期の所得のみでまかなわねばならない．よって，効用水準は，

$$\log 480 + \frac{3}{5} \log 96 \approx 8.9$$

となる．(3) の最適消費貯蓄計画の下では，すなわち，銀行がある場合の最適消費貯蓄計画の下では，効用水準は，

$$\log 350 + \frac{3}{5} \log 252 \approx 9.2$$

となる．よって，銀行がある場合の方が高い効用が得られる．

《コメント》

　金融業は異時点間の財の交換を可能にすることで，人々の効用を高めるという機能を果たしている．

---

(5) (3) の式 (1.1), (1.2) に $y_1 = 460$, $y_2 = 120$, $r = 0.2$, $\delta = \frac{3}{5}$ を代入することで，この場合の最適消費貯蓄計画 $(c_1^{AA}, c_2^{AA}, s^{AA})$ は，

$$(c_1^{AA}, c_2^{AA}, s^{AA}) = (350, 252, 110)$$

と求められる．

(6) 利子率 r の下では，現在の 1 円は，将来 $1+r$ 円になる．したがって，将来の消費の価格や所得は利子率で割り引いた $1/(1+r)$ 倍の値で評価されるべきであり，このように評価された値を割引現在価値という．(3), (5) の所得の割引現在価値の和（つまり現在の財の価値で測った生涯所得）は $480+96/1.2=560=460+120/1.2$ よりグリム国と海老国で同じである．(5) の結果を (3) の結果と見比べると，アリの消費計画は変わっておらず，若年期の所得減少分と同じだけ貯蓄が減るのみである．すなわち，貯蓄も借金も自由にできる金融業が完全な世界では，生涯所得と利子率が同じなら，人々は自らの嗜好に合わせて同じように現在と将来の消費の平準化（消費のスムージング）をすることになる．

第 2 章

生産者行動

　生産者行動の理論では，生産者が価格を所与としてどのように行動するかを調べる．特に，生産者の利潤最大化問題を解くことによって，財の供給関数を求め，他方で生産要素の需要関数を導出する．生産要素の性質により，期間内には一部の生産要素を調整できない場合を短期，すべての生産要素を調整できる場合を長期と呼ぶ．生産者の生産技術は生産関数によって表され，限界生産性，技術的限界代替率，規模に関する収穫などによって特徴付けられる．利潤最大化問題を解くには，生産量と生産要素投入量をすべて直接的に選ぶ方法と，2段階に分けて，(1) 生産要素投入量を選ぶことで，ある生産量を生産するときの費用最小化問題を解き，(2) この最小化費用の下で，生産量を選び利潤最大化問題を解くという方法がある．(1) から生産量条件付要素需要関数と費用関数が得られ，(2) から供給関数が得られ，ここから間接的に要素需要関数が得られる．完全競争の下では価格が限界費用に等しくなるように生産量が決定されるが，価格が損益分岐価格より低い場合には利潤が負となり，さらに生産中止価格より低い場合には生産者は生産を行わない．また，供給関数と要素需要関数は，短期よりも長期のほうがより弾力的であることが証明できる．

【キーワード】

短期　長期　生産関数　限界生産性　技術的限界代替率　規模に関する収穫
費用関数　限界費用　平均費用　可変費用　固定費用　サンク費用
損益分岐価格　生産中止価格　供給関数　要素需要関数

40　第 I 部　経済主体の行動と価格理論

【基本的事項の確認】

■**問題**　以下の各問いに答えよ．なお，空欄補充問題の各文章は，問題番号は
異なるがつながりのある文章であることに注意すること．アルファベットの空
欄には言葉を，数字の空欄には数字や数式を入れること．

(1) 企業のような生産者は，様々な生産要素を投入して財を生産する．この
様々な生産要素の投入量と財の生産量の関係，つまり生産者の持つ生産技術
を表しているのが $\boxed{\text{(a)}}$ である．企業は，生産要素のすべてを瞬時に調整
できるわけではない．企業が（ある期間内で）投入量を調整できる場合，その
ような生産要素は $\boxed{\text{(b)}}$ 生産要素と呼ばれ，調整できない場合には $\boxed{\text{(c)}}$
生産要素と呼ばれる．2 生産要素の場合，両方の生産要素が $\boxed{\text{(b)}}$ 的な場
合，$\boxed{\text{(d)}}$ と呼ばれ，片方の生産要素のみが $\boxed{\text{(b)}}$ 的な場合，$\boxed{\text{(e)}}$
と呼ばれる．

(2) 費用最小化問題と費用関数を用いた利潤最大化について説明しよう．費
用最小化問題とは，$\boxed{\text{(f)}}$ を所与として，その下で費用を最小化する生
産要素投入量，つまり $\boxed{\text{(g)}}$ 関数を求める問題である．労働 L と資本 K
の 2 生産要素の投入の場合，賃金率を w，資本価格を r とすると，費用最
小化問題の内点解は $\boxed{\text{(1)}}$ という関係を満たす．この問題を解いた結果，
$\boxed{\text{(h)}}$ 関数が得られる．$\boxed{\text{(h)}}$ の中身は $\boxed{\text{(i)}}$ 費用と $\boxed{\text{(j)}}$ 費用が
あり，$\boxed{\text{(h)}} = \boxed{\text{(i)}}$ 費用 $+ \boxed{\text{(j)}}$ 費用が成立する．これらの三つの
費用に関しては，それぞれ平均概念と限界概念を考えることができ，限界的
な $\boxed{\text{(j)}}$ 費用はゼロであることに留意すると，「限界費用 $= \boxed{\text{(k)}}$」「平
均費用 $= \boxed{\text{(l)}} + \boxed{\text{(m)}}$」が成立する．

　この $\boxed{\text{(h)}}$ 関数を用いて利潤最大化問題を解いたとき，市場価格がある
価格を下回ると利潤がマイナスになってしまう場合，このような価格のこと
を $\boxed{\text{(n)}}$ と呼ぶ．また，市場価格がある価格を下回ると生産を中止した方
が利潤を多く得られる場合（損失を減らせる場合），このような価格のことを
$\boxed{\text{(o)}}$ と呼ぶ．$\boxed{\text{(j)}}$ 費用が存在しない場合，もしくは存在しても回収

不可能な費用，すなわち $\boxed{\text{(p)}}$ でない場合には，$\boxed{\text{(n)}}$ と $\boxed{\text{(o)}}$ は一致する．

(3) 費用関数を用いて利潤最大化問題を解くとき，生産物の生産量が x，市場価格が p とすると，$\boxed{\text{(2)}}$ が内点解で成立する．価格や生産要素価格と最適な生産量の関係を表す関数を $\boxed{\text{(q)}}$ 関数と呼ぶ．また，$\boxed{\text{(q)}}$ 関数を，費用最小化問題で得た $\boxed{\text{(g)}}$ 関数に代入すると，$\boxed{\text{(r)}}$ 関数が得られる．$\boxed{\text{(r)}}$ 関数は価格や生産要素価格と最適な要素投入量の関係を表している．

また，$\boxed{\text{(q)}}$ 関数や $\boxed{\text{(r)}}$ 関数は，費用関数の導出を経ずとも，直接，生産量と生産要素について利潤最大化問題を解くことによっても得られる．各生産要素に対して内点解では，$\boxed{\text{(3)}}$ が成立する．

●解答

(a) 生産関数 (b) 可変 (c) 固定 (d) 長期 (e) 短期 (f) 生産量

(g) 生産量条件付要素需要 (h) （総）費用 (i) 可変 (j) 固定

(k) 限界可変費用 (l),(m) 平均可変費用，平均固定費用（順不同）

(n) 損益分岐価格 (o) 生産中止価格 (p) サンク費用 (q) 供給 (r) 要素需要

(1) $MRTS_{LK}(L,K) = w/r$（$MRTS_{LK}(L,K)$ は技術的限界代替率を表す）

(2) $MC(x) = p$（$MC(x)$ は限界費用を表す）

(3) $MP_L(L,K) = w/p$, $MP_K(L,K) = r/p$（$MP_L(L,K)$, $MP_K(L,K)$ は限界生産性を表す）

【問　題】

■**問題 2.1**（★生産関数の性質）　　　　　　　　　教科書の関連箇所→ 2.3 節

コブ・ダグラス生産関数 $f(L,K) = L^\alpha K^\beta$（$\alpha > 0$, $\beta > 0$）について，以下が成立するためにはそれぞれ係数 α, β がどのような条件を満たせばよいか．

(1) 各々の生産要素についての限界生産性逓減．

42　第 I 部　経済主体の行動と価格理論

(2) 規模に関する収穫逓減・一定・逓増.　　　　　　　　　　解答→ 48 頁

■**問題 2.2**（★直接的な利潤最大化，長期と短期の関係）

教科書の関連箇所→ 2.4，2.7，2.10 節

労働と資本を用いて生産を行う企業が存在する．この企業の生産関数が $x = f(L, K) = L^{\frac{1}{3}} K^{\frac{1}{3}}$ であるとする．ただし，x は生産量であり，L，K はそれぞれ，労働投入量，資本投入量である．名目賃金率（労働の価格）は $w > 0$，資本価格は $r > 0$ であり，また，生産物価格は $p > 0$ であるとする．

(1) 資本が $\bar{K}$ で固定されている短期の場合について，「直接 (x, L) についての利潤最大化問題を解くアプローチ」を用いて短期要素需要関数 $L^D(p, w, r, \bar{K})$，短期供給関数 $x^S(p, w, r, \bar{K})$ を求めよ．

(2) 資本も調整可能となる長期の場合について，「直接 (x, L, K) についての利潤最大化問題を解くアプローチ」を用いて長期要素需要関数 $L^{LD}(p, w, r)$，$K^{LD}(p, w, r)$，長期供給関数 $x^{LS}(p, w, r)$ を求めよ．

(3) 短期と長期の労働需要曲線 $L^D(3, w, 1, 1)$ と $L^{LD}(3, w, 1)$ を $L - w$ 平面上に，短期と長期の供給曲線 $x^S(p, 1, 1, 1)$ と $x^{LS}(p, 1, 1)$ を $x - p$ 平面上に，それぞれ短期曲線と長期曲線が交わる点での傾きに注意しつつ描け．

解答→ 48 頁

■**問題 2.3**（★費用最小化と利潤最大化，長期と短期の関係）

教科書の関連箇所→ 2.5，2.6，2.8，2.9，2.10 節

問題 2.2 と同じ設定の下で，名目賃金率と資本価格はともに 1 であるとする．このとき以下に答えよ．

(1) 資本が $\bar{K}$ で固定されている短期の場合を考える．

　(a) 短期費用関数 $C(x, \bar{K})$ を求めよ．このときの固定費用を求めよ．以下，固定費用はすべてサンク費用であるとする．

　(b) 短期限界費用関数 $MC(x, \bar{K})$，短期平均費用関数 $AC(x, \bar{K})$，短期平均可変費用関数 $AVC(x, \bar{K})$ を求めよ．

　(c) $AC(x, \bar{K})$ を最小化する生産量 $x_0(\bar{K})$ を求め，

第 2 章　生産者行動　　43

$$x \gtrless x_0(\bar{K}) \Leftrightarrow MC(x, \bar{K}) \gtrless AC(x, \bar{K})$$

という関係を確認せよ.

(d) (c) で得られた関係を考慮すると,短期限界費用曲線と短期平均費用曲線はどのような形状となるか. 図示せよ.

(e) 短期の供給関数 $x^S(p, \bar{K})$ を求めよ.

(2) 資本も調整可能である長期の場合を考える.

(a) 資本の生産量条件付要素需要関数 $\hat{K}^{LD}(x)$ を求め,長期費用関数 $C^L(x)$ を求めよ.

(b) 長期限界費用関数 $MC^L(x)$,長期平均費用関数 $AC^L(x)$ を求めよ.

(c) $MC^L(x) = MC(x, \hat{K}^{LD}(x))$, $AC^L(x) = AC(x, \hat{K}^{LD}(x))$ を示せ.

(d) (a) の導出過程,(c) で得られた関係を考慮して,$\bar{K} = \hat{K}^{LD}\left(\frac{1}{4}\right)$, $\hat{K}^{LD}\left(\frac{3}{4}\right)$ のときの短期費用曲線と長期費用曲線,短期平均費用曲線と長期平均費用曲線,および短期限界費用曲線と長期限界費用曲線の関係を図示せよ.

(e) 長期の供給関数 $x^{LS}(p)$ を求めよ.　　　　　解答→ 50 頁

■**問題 2.4**（資本の費用）　　　　　教科書の関連箇所→ 2.5.2 項

　ある製造業者が,自らが $a.\underline{5000}$ 万円で購入した産業用ロボットを用いて財を生産している. ロボットを本来の性能で稼働させるには,1 年間で $b.\underline{100}$ 万円の維持・修繕費用が製造業者に発生する. このメンテナンスを適切に続けてもロボットは使用に伴って減耗し,その市場価値は毎年 $c.\underline{400}$ 万円相当分ずつ低下し,10 年後には使えなくなる. ロボットには希少な金属が用いられており,使えなくなったロボットの処分価値は $d.\underline{1000}$ 万円である. これらを前提に,以下の各問に答えよ.

(1) 下線部 $a \sim d$ の金額は,それぞれストックとフローの概念のどちらか.

(2) ロボットの生産以外の唯一の用途として他社への貸し出しがあり,最も高い金額を支払う意思のある他社に貸し出すと,この製造業者は 1 年間で 800 万円の利益を得ることができる. 一方,自己資金を金融市場で 1 年間投資すると 10% の利子を得ることができる. これら外部運用の機会に関し,ロボットを 1 年

44   第 I 部　経済主体の行動と価格理論

間自社で使用することの機会費用はいくらか.

(3) ロボットに関する減価償却費用は何かを説明した上で，1 年間の減価償却費用の金額を求めよ.

(4) ロボット（資本）の使用にかかる費用は 1 年あたり合計でいくらか.

解答→ 54 頁

■問題 **2.5**（短期の費用関数）　　　　　　　　　教科書の関連箇所→ 2.5.3 項
　短期の費用関数について，生産量が 5 であるとき，平均費用が 11，平均可変費用が 5 であった．固定費用はいくらか求めよ.　　　　　解答→ 55 頁

■問題 **2.6**（★損益分岐価格と生産中止価格）

教科書の関連箇所→ 2.5.2 項，2.6 節
　短期の費用関数が $C(x) = x^3 - 30x^2 + 400x + 4000$ であるような企業を考える．ただし，$x \geq 0$ は生産量を表し，市場で p の価格で売ることができる．また，固定費用はすべてサンク費用であるとする.

(1) 費用関数から固定費用を求めよ.

(2) 平均費用 $AC(x)$，平均可変費用 $AVC(x)$，限界費用 $MC(x)$ を求めて，横軸に生産量 x，縦軸にこれらをとった平面に図示せよ.

(3) (a) 端点（$x = 0$）での利潤を求めよ.

(b) 内点（$x > 0$）のときの極大点とそのときの利潤を求めよ.

(c) 企業の利潤最大化問題を (a)(b) を比較することで解き，供給関数 $x^S(p)$ を求め，(2) で求めた図に加えて図示せよ.

(d) 生産中止点での価格と生産量の組み合わせ (p^{SD}, x^{SD}) を求めよ.

(e) 損益分岐点での価格と生産量の組み合わせ (p^{BE}, x^{BE}) を (b) を用いて求めよ.

(4) 固定費用がすべてサンク費用でない場合を考える.

(a) 端点（$x = 0$）での費用と利潤はどのように変わるか.

(b) 損益分岐点，生産中止点はどこになるか.

(c) 供給関数 $x^{SS}(p)$ を求め，(2) の図に描き加えよ.　　　解答→ 55 頁

■問題 2.7（短期の供給曲線）　　　　　　教科書の関連箇所→ 2.5，2.6 節

図 2.1 に短期の費用曲線 $C(x)$ と可変費用曲線 $VC(x)$ が描かれている．ただし，固定費用 FC はすべてサンク費用である．

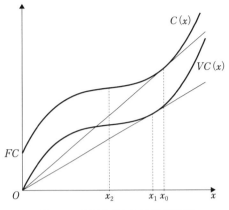

図 2.1　費用曲線と可変費用曲線

(1) 短期の費用曲線と可変費用曲線から，限界費用曲線 $MC(x)$，平均費用曲線 $AC(x)$，平均可変費用曲線 $AVC(x)$ を描け．その際，曲線の位置関係，交わり方，右上がりか右下がりかなどの特徴を捉えておおよその形を描くこと．ただし，x_2 は $C(x)$ と $VC(x)$ の変曲点，x_0 と x_1 はそれぞれ費用曲線と可変費用曲線が原点を通る直線と接するときの生産量である．

(2) (1) で描いた図の縦軸に，生産中止価格 p^{SD} と損益分岐価格 p^{BE} を書き加えよ．

(3) (1) で描いた図に，短期の供給曲線 $x^S(p)$ を描き加えよ．　解答→ 57 頁

■問題 2.8（1 次同次生産関数の性質）　　　教科書の関連箇所→ 2.8，2.9 節

$t > 0$ に対して $f(tK, tL) = tf(K, L)$ を満たす規模に関する収穫一定な生産関数（1 次同次の生産関数）は，現実にある程度妥当であり，かつその性質が便利なため，応用的な分析（特にマクロ経済学）ではよく使われる．本問では，このような生産関数の性質を確認してみよう．なお，p は生産物価格，w は名目賃金率，r は資本価格である．

46   第 I 部　経済主体の行動と価格理論

(1) 生産関数が規模に関する収穫一定ならば限界費用一定の費用関数，すなわち $C(x, w, r) = cx$（$c > 0$）となることが知られている．以下の規模に関する収穫一定な三つの生産関数

  (a) $f(K, L) = K^{\frac{1}{2}} L^{\frac{1}{2}}$
  (b) $f(K, L) = K + L$
  (c) $f(K, L) = \min\{K, L\}$

について，費用最小化問題を定式化して限界費用 c を求めよ．

(2) 費用関数が限界費用一定で $C(x, w, r) = cx$ のとき，利潤最大化生産量（供給関数）$x^S(p)$ を求めよ．ただし，利潤最大化生産量は通常のラグランジュ乗数法では求まらず，p と c の関係について場合分けをする必要がある．

(3) 生産関数が 1 次同次ならば，等式

$$f(L, K) = MP_L(L, K) \cdot L + MP_K(L, K) \cdot K$$

が成立することを示せ．ただし，$MP_L(L, K)$ は労働の限界生産性，$MP_K(L, K)$ は資本の限界生産性を表す．
（Hint：合成関数の微分公式より，$y = f(x)$，$z = g(x)$ とするとき，$h(y, z)$ に対して，

$$\frac{dh(f(x), g(x))}{dx} = \frac{\partial h(y, z)}{\partial y} \cdot \frac{df(x)}{dx} + \frac{\partial h(y, z)}{\partial z} \cdot \frac{dg(x)}{dx}$$

が成立することを利用する．）

(4) 生産関数が規模に関して収穫一定であり，価格が限界費用と等しくなっているとする．最適生産計画の下では限界生産性と実質要素価格が等しくなっていることと (3) の結果を用いて，利潤が最大化されるとき，収入はすべて労働と資本に分配され，利潤がゼロになることを示せ．

(5) 収入に占める，労働（資本）への分配（すなわち要素投入量に要素価格を乗じたもの）の割合を労働（資本）分配率と呼ぶ．例えば，労働分配率は wL/px と定義されることになる．(4) の結果を利用して，生産関数が $f(L, K) = L^\alpha K^\beta$，（$\alpha > 0$，$\beta > 0$，$\alpha + \beta = 1$）で与えられるとき，資本分配率と労働分配率がそれぞれ α と β になることを示せ．　　　　　　　　　　　解答→ 58 頁

■**問題 2.9**（短期と長期の関係，平均費用曲線と限界費用曲線）

教科書の関連箇所→ 2.9, 2.10 節

図 2.2 のように，長期の費用曲線 $C^L(x)$ と，資本投入量がそれぞれ K_0, K_1, K_2 で固定された短期の費用曲線 $C(x, K_0)$, $C(x, K_1)$, $C(x, K_2)$ が与えられている．資本投入量 K_i は，生産量 x_i を生産するときの費用を最小化する資本投入量である（$i = 0, 1, 2$）．

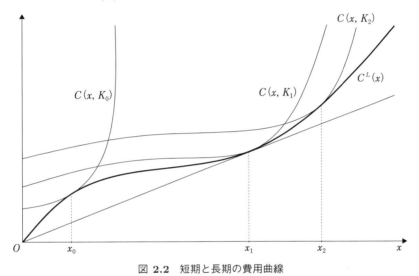

図 **2.2** 短期と長期の費用曲線

(1) 長期の平均費用曲線 $AC^L(x)$ と長期の限界費用曲線 $MC^L(x)$ の概形を描け．

(2) (1) で描いた図に，資本投入量が K_0, K_1, K_2 で固定された短期の平均費用曲線 $AC(x, K_0)$, $AC(x, K_1)$, $AC(x, K_2)$ と短期の限界費用曲線 $MC(x, K_0)$, $MC(x, K_1)$, $MC(x, K_2)$ の概形を描き加えよ．

(3) (1) で描いた図に，長期の供給曲線 $x^{LS}(p)$ を描き加えよ． 解答→ 63 頁

48 　第 I 部　経済主体の行動と価格理論

【解　答】

●問題 2.1 の解答 　　　　　　　　　　　　　　　　　　　問題→ 41 頁

(1) $f(L, K) = L^\alpha K^\beta$ を L, K について微分すると，労働の限界生産性 $MP_L(L, K) = \alpha L^{\alpha-1} K^\beta$ と資本の限界生産性 $MP_K(L, K) = \beta L^\alpha K^{\beta-1}$ が得られる．これらをさらに微分すると，

$$\frac{\partial MP_L(L, K)}{\partial L} = \alpha(\alpha - 1) L^{\alpha-2} K^\beta$$

$$\frac{\partial MP_K(L, K)}{\partial K} = \beta(\beta - 1) L^\alpha K^{\beta-2}$$

が得られる．よって，労働の限界生産性が逓減するための条件は $\alpha(\alpha-1) < 0$, つまり $0 < \alpha < 1$ である．同様に，資本の限界生産性が逓減するための条件は $0 < \beta < 1$ である．

(2) 両生産要素投入量を t 倍すると，

$$f(tL, tK) = (tL)^\alpha (tK)^\beta = t^{\alpha+\beta} L^\alpha K^\beta$$

となるため，この生産関数が規模に対して収穫逓減ならば $f(tL, tK) < tf(L, K)$ より $\alpha + \beta < 1$, 収穫一定ならば $f(tL, tK) = tf(L, K)$ より $\alpha + \beta = 1$, 収穫逓増ならば $f(tL, tK) > tf(L, K)$ より $\alpha + \beta > 1$ となっていなければならない．

●問題 2.2 の解答 　　　　　　　　　　　　　　　　　　　問題→ 42 頁

(1) 解くべき利潤最大化問題は，x と L を同時に選択する

$$\max_{(x, L)} \quad px - (wL + r\bar{K})$$

$$\text{subject to} \quad x = L^{\frac{1}{3}} \bar{K}^{\frac{1}{3}}$$

である．制約条件（生産関数）を代入すると，まず，$pL^{\frac{1}{3}} \bar{K}^{\frac{1}{3}} - (wL + r\bar{K})$ を L について最大化すればよいことがわかる．この 1 階条件は $\frac{1}{3} p L^{-\frac{2}{3}} \bar{K}^{\frac{1}{3}} = w$ であり，これを L について解くと，労働需要関数

$$L^D(p, w, r, \bar{K}) = \left(\frac{p^3 \bar{K}}{27w^3} \right)^{\frac{1}{2}}$$

が得られる．これを制約式に代入すると，供給関数

$$x^S(p, w, r, \bar{K}) = L^D(p, w, r, \bar{K})^{\frac{1}{3}} \bar{K}^{\frac{1}{3}} = \left(\frac{p\bar{K}}{3w} \right)^{\frac{1}{2}} \tag{2.1}$$

が得られる.

(2) 利潤最大化問題は,

$$\max_{(x,L,K)} \quad px - (wL + rK)$$

$$\text{subject to} \quad x = L^{\frac{1}{3}}K^{\frac{1}{3}}$$

で与えられる. ラグランジュ関数 $\mathcal{L}$ は,

$$\mathcal{L}(x,L,K,\lambda) = px - wL - rK + \lambda(L^{\frac{1}{3}}K^{\frac{1}{3}} - x)$$

で与えられ, x についての 1 階条件 $p = \lambda$ を代入した L, K, λ についての 1 階条件は,

$$\frac{1}{3}pL^{-\frac{2}{3}}K^{\frac{1}{3}} = w, \ \frac{1}{3}pL^{\frac{1}{3}}K^{-\frac{2}{3}} = r, \ x = L^{\frac{1}{3}}K^{\frac{1}{3}}$$

となる. 上の 2 本の式に注目すると, 二つの未知変数 L, K に対して 2 本の式があるので, 供給関数を求める前に要素需要関数を先に求めることが可能である. 1 本目の式を 2 乗して 2 本目の式を乗ずることにより, 労働需要関数が,

$$L^{LD}(p,w,r) = \frac{p^3}{27w^2r}$$

であることがわかり, 同様にして資本需要関数が,

$$K^{LD}(p,w,r) = \frac{p^3}{27wr^2}$$

であることがわかる. 最後に, これらの要素需要関数を 3 本目の式 (生産関数) に代入することにより, 供給関数が,

$$x^{LS}(p,w,r) = \frac{p^2}{9wr} \tag{2.2}$$

であることがわかる.

《コメント》

消費者の効用最大化問題における制約式 (予算制約) に比べ, 生産者の利潤最大化問題の制約式 (生産関数) は目的関数に直接代入しやすい形をとっているので, (1) の解答例で示したように代入法による解法が簡便であり, (2) にあるようなラグランジュ乗数法による解法と並んでよく用いられる. (1) をラグランジュ乗数法, (2) を代入法で解くこともできるので, 余力のある読者は挑戦してみて欲しい.

---

(3) (1), (2) で得られた労働需要関数を図示すると, 図 2.3 のような右下がりの曲線となり, (1), (2) で得られた供給関数を図示すると, 図 2.4 のような右上がりの曲線となる. それぞれ短期曲線と長期曲線が交わる点での傾きは短期曲線のほうが勾配がきつくなる. この関係は, ル・シャトリエの原理と呼ばれる.

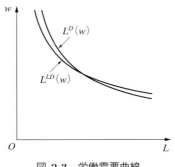

図 2.3　労働需要曲線

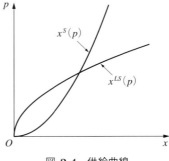

図 2.4　供給曲線

●問題 2.3 の解答　　　　　　　　　　　　　　　　　　　　　　問題→ 42 頁

(1) (a) 費用関数の定義より，

$$C(x,\bar{K}) = \min_L 1\cdot L + 1\cdot \bar{K} \quad \text{subject to} \quad x = L^{\frac{1}{3}}\bar{K}^{\frac{1}{3}}$$

が成り立つ．上式の最小化問題の制約条件を満たす L は，$L = \frac{x^3}{\bar{K}}$ しか存在しない．ゆえに，$L = \frac{x^3}{\bar{K}}$ は，上式の最小化問題の解である．したがって，

$$C(x,\bar{K}) = 1\cdot \frac{x^3}{\bar{K}} + 1\cdot \bar{K} = \frac{x^3}{\bar{K}} + \bar{K} \tag{2.3}$$

を得る．

　固定費用とは，固定生産要素にかかる費用である．したがって，この問題での固定生産要素である資本に対する費用 $1\cdot \bar{K} = \bar{K}$ が固定費用となる．

(b) 式 (2.3) を x で微分することで，

$$MC(x,\bar{K}) = \frac{\partial C(x,\bar{K})}{\partial x} = \frac{\partial \left(\frac{x^3}{\bar{K}} + \bar{K}\right)}{\partial x} = \frac{3x^2}{\bar{K}} \tag{2.4}$$

を得る．また，式 (2.3) を x で割ることで，

$$AC(x,\bar{K}) = \frac{C(x,\bar{K})}{x} = \frac{\frac{x^3}{\bar{K}} + \bar{K}}{x} = \frac{x^2}{\bar{K}} + \frac{\bar{K}}{x} \tag{2.5}$$

を得る．さらに，固定費用は $\bar{K}$ であるので，可変費用関数は $C(x,\bar{K}) - \bar{K}$ である．したがって，式 (2.3) から $\bar{K}$ を引いたものを x で割ることで，

$$AVC(x,\bar{K}) = \frac{C(x,\bar{K}) - \bar{K}}{x} = \frac{\left(\frac{x^3}{\bar{K}} + \bar{K}\right) - \bar{K}}{x} = \frac{x^2}{\bar{K}}$$

を得る．

(c) 短期平均費用関数を最小にする x の満たすべき 1 階条件は,

$$0 = \frac{\partial AC(x, \bar{K})}{\partial x} = \frac{2x}{\bar{K}} - \frac{\bar{K}}{x^2}$$

である[1]. この式を x について解くと,

$$x_0(\bar{K}) = \left(\frac{\bar{K}^2}{2}\right)^{\frac{1}{3}}$$

が得られる.

ところで, 短期限界費用と短期平均費用との差は, $x_0(\bar{K})$ を用いて,

$$MC(x, \bar{K}) - AC(x, \bar{K}) = \frac{3x^2}{\bar{K}} - \left(\frac{x^2}{\bar{K}} + \frac{\bar{K}}{x}\right) = \frac{x^3 - \frac{\bar{K}^2}{2}}{\frac{\bar{K}x}{2}} = \frac{x^3 - x_0(\bar{K})^3}{\frac{\bar{K}x}{2}}$$

と表すことができる. ゆえに,

$$MC(x, \bar{K}) \gtreqless AC(x, \bar{K}) \Leftrightarrow x^3 \gtreqless x_0(\bar{K})^3 \Leftrightarrow x \gtreqless x_0(\bar{K})$$

が言える.

(d) (c) で得た関係は幾何的には, 例えば図 2.5 の $MC(x, \hat{K}_1)$ と $AC(x, \hat{K}_1)$ や $MC(x, \hat{K}_2)$ と $AC(x, \hat{K}_2)$ のように表すことができる. つまり平均費用曲線は, それが最小となる点において限界費用と交わり, 限界費用が平均費用を上回っている場合は右上がりに, 下回っている場合は右下がりになる.

(e) 短期の利潤最大化問題は, 短期費用関数が式 (2.3) で表されることを利用して,

$$\max_x \quad px - \left(\frac{x^3}{\bar{K}} + \bar{K}\right)$$

と定式化できる. 1 階条件は,

$$0 = \frac{\partial}{\partial x}\left\{px - \left(\frac{x^3}{\bar{K}} + \bar{K}\right)\right\} = p - \frac{3x^2}{\bar{K}}$$

である. この式を解くことで, 短期供給関数 $x^S(p, \bar{K})$ が求められる. すなわち,

$$x^S(p, \bar{K}) = \left(\frac{p\bar{K}}{3}\right)^{\frac{1}{2}}$$

である[2].

---

1) 最小化の 2 階条件は,

$$\frac{\partial^2 AC(x, \bar{K})}{\partial x^2} = \frac{2}{\bar{K}} + \frac{2\bar{K}}{x^3} > 0$$

より満たされている.

2) 短期供給関数は問題 2.2 (1) で用いた直接的な最大化問題からも求めることができる. 式 (2.1) に $w = r = 1$ を代入すれば答えが一致していることを確認すること.

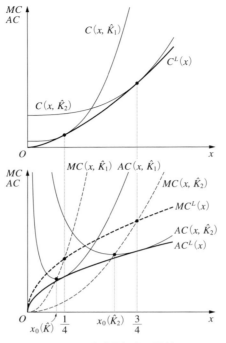

図 2.5 各費用概念の関係

(2) (a) 長期では，資本量を変化させることができる．ゆえに，企業は費用を最小化する資本量を選択する．すなわち，各生産量 x に対して，短期費用関数 $C(x, K)$ を最小にする K を選択する．各生産量に応じた最小費用を記述したものが，長期費用関数である．すなわち，

$$C^L(x) = \min_K C(x, K) = \min_K \frac{x^3}{K} + K$$

である[3]．上式の最小化問題の 1 階条件は，

$$0 = \frac{\partial}{\partial K}\left(\frac{x^3}{K} + K\right) = -\frac{x^3}{K^2} + 1$$

である．これを解くと，x だけの量を生産する上で費用を最小にする資本量，すなわち，生産量条件付資本需要関数 $\hat{K}^{LD}(x)$ が，

---

3) 長期費用関数は，L と K を同時に選択する

$$C^L(x) = \min_{(L,K)} 1 \cdot L + 1 \cdot K \quad \text{subject to} \quad x = L^{\frac{1}{3}} K^{\frac{1}{3}}$$

という関係からも求めることができる．

$$\hat{K}^{LD}(x) = x^{\frac{3}{2}}$$

であることがわかる．したがって，

$$C^L(x) = C(x, x^{\frac{3}{2}}) = \frac{x^3}{x^{\frac{3}{2}}} + x^{\frac{3}{2}} = 2x^{\frac{3}{2}} \tag{2.6}$$

を得る．

(b) 式 (2.6) を x で微分することで，

$$MC^L(x) = \frac{dC^L(x)}{dx} = \frac{d2x^{\frac{3}{2}}}{dx} = 3x^{\frac{1}{2}} \tag{2.7}$$

を得る．また，式 (2.6) を x で割ることで，

$$AC^L(x) = \frac{C^L(x)}{x} = \frac{2x^{\frac{3}{2}}}{x} = 2x^{\frac{1}{2}}$$

を得る．

(c) $\hat{K}^{LD}(x)$ を式 (2.4), (2.5) の $\bar{K}$ に代入すると，

$$MC(x, \hat{K}^{LD}(x)) = \frac{3x^2}{\hat{K}^{LD}(x)} = \frac{3x^2}{x^{\frac{3}{2}}} = 3x^{\frac{1}{2}} = MC^L(x)$$

$$AC(x, \hat{K}^{LD}(x)) = \frac{x^2}{\hat{K}^{LD}(x)} + \frac{\hat{K}^{LD}(x)}{x} = \frac{x^2}{x^{\frac{3}{2}}} + \frac{x^{\frac{3}{2}}}{x} = 2x^{\frac{1}{2}} = AC^L(x)$$

が確認できる[4]．

(d) これらの関係は幾何的には，図 2.5 のように表すことができる．ただし，$\hat{K}_1 = \hat{K}^{LD}\left(\frac{1}{4}\right)$, $\hat{K}_2 = \hat{K}^{LD}\left(\frac{3}{4}\right)$ である．つまり，長期費用曲線・長期平均費用曲線はそれぞれ，各生産量 x ごとに，最適資本水準 $\hat{K}^{LD}(x)$ における短期費用曲線・短期平均費用曲線に下から接する（下方）包絡線となっている．この関係は包絡線定理と呼ばれる．また，長期限界費用曲線は，各生産量 x ごとに，最適資本水準 $\hat{K}^{LD}(x)$ における短期限界費用曲線を結んだ軌跡である．

(e) 長期の利潤最大化問題は，長期費用関数が式 (2.6) で表されることを利用して，

$$\max_x \quad px - 2x^{\frac{3}{2}}$$

---

4) さらに，式 (2.4), (2.7) を x で微分することにより，$\frac{\partial MC(x, \bar{K})}{\partial x} = \frac{6x}{\bar{K}}$, $\frac{dMC^L(x)}{dx} = \frac{3}{2}x^{-\frac{1}{2}}$ が得られ，これに，$\hat{K}^{LD}(x) = x^{\frac{3}{2}}$ を代入して，

$$\frac{\partial MC(x, \hat{K}^{LD}(x))}{\partial x} = \frac{6x}{\hat{K}^{LD}(x)} = \frac{6x}{x^{\frac{3}{2}}} = 6x^{-\frac{1}{2}} \geq \frac{3}{2}x^{-\frac{1}{2}} = \frac{dMC^L(x)}{dx}$$

を得る．したがって，価格と限界費用の均等化より供給曲線は限界費用曲線でもあることを考慮すると，短期供給曲線は長期供給曲線を左下から通過することがわかる．すなわち，問題 2.2 (3) で説明したル・シャトリエの原理が数式の上でも確認できる．

と定式化できる. 1 階条件は,

$$0 = \frac{d}{dx}\left(px - 2x^{\frac{3}{2}}\right) = p - 3x^{\frac{1}{2}}$$

である. この式を解くことで, 最適解 $x^{LS}(p)$ が求められる. すなわち,

$$x^{LS}(p) = \frac{p^2}{9}$$

である[5].

● 問題 2.4 の解答   問題 → 43 頁

(1) ストックは, 購入時点と売却時点のロボットの額を表した a と d である. フローは, 年どれだけの額を失うかを表した b と c である.

(2) ロボットを保有したまま他社に貸し出したときに得られる利益が 800 万円であるのに対し, すぐに売却して保有する自己資金 5000 万円を投資すると得られるのは 10%の 500 万円である. したがって, この製造業者にとって, ロボットを自社で使用しなかったときに外部で得られる最大の利益は, 前者の方法で 800 万円となる. ロボット・自己資金の形にかかわらず 5000 万円は保有する資本額 (ストック) であり, 失う費用 (フロー) ではないことに注意せよ. よって, 求める 1 年間あたりの機会費用は, 800 万円である.

《コメント》

資本を自社で用いる場合, その使用に関して支払いが発生するわけではないが, 外部運用したときに得られたであろう利益の機会を失っていることになる. この失った利益は, 通常の会計上は費用とはみなされないが, 経済学では機会費用と呼んで費用として扱う.

(3) 求める 1 年間の減価償却費用は, ロボットの減耗に伴う価値の低下額に相当する 400 万円である. 10 年後にはロボットの更新に伴う費用が生じ, 毎年 400 万円を積み立てなければ元と同等の事業を続けられない (当初の資本 5000 万円の状態に戻せない). つまり, 1 年あたり 400 万円を失っていることになり, これを減価償却費用と考えるからである. (または, 各年で見ても同様. その年の減耗分を更新するには, 売却額に 400 万円を足した価値のロボットを購入しなければ, 前年度と同等に戻せない. つまり, 1 年あたり 400 万円を失っていると考えられる.)

(4) 維持・修繕費用の 100 万円に, (1) の機会費用と (2) の減価償却費用を合計した $100 + 800 + 400 = 1300$ 万円である.

---

5) 長期供給関数は問題 2.2 の (2) で用いた直接的な最大化問題からも求めることができる. 式 (2.2) に $w = r = 1$ を代入すれば答えが一致していることを確認すること.

●問題 2.5 の解答　　　　　　　　　　　　　　　　　　　　　　　　問題→ 44 頁

生産量を x, 費用関数を $C(x)$, 可変費用関数を $VC(x)$ とすると, 固定費用関数は $C(x) - VC(x)$ と表せる. 生産量 $x = 5$ のとき, 平均費用 $\frac{C(5)}{5}$ が 11, 平均可変費用 $\frac{VC(5)}{5}$ が 5 であるから, 固定費用は $C(5) - VC(5) = 11 \cdot 5 - 5 \cdot 5 = 30$ である.

●問題 2.6 の解答　　　　　　　　　　　　　　　　　　　　　　　　問題→ 44 頁

この問題の費用関数を図示すると, 教科書 p.86 に描かれている S 字型になる (図 2.6 を参照せよ).

(1) 固定費用は 4000 である.

(2) 平均費用は $AC(x) = x^2 - 30x + 400 + \frac{4000}{x}$, 平均可変費用は $AVC(x) = x^2 - 30x + 400$, 限界費用は $MC(x) = 3x^2 - 60x + 400$, これらを図示すると図 2.7 のようになる.

(3) (a) $x = 0$ のときの利潤は, $p \cdot 0 - C(0) = -4000$ である.

　(b) $x > 0$ のときに利潤を極大化するための 1 階条件は,

$$0 = p - (3x^2 - 60x + 400) \tag{2.8}$$

である. この方程式を x について解くと, 2 次方程式の解の判別式 $D = 12(p-100)$ より,

$$\begin{cases} x = 10 \pm \frac{\sqrt{3(p-100)}}{3} & p > 100 \text{ の場合} \\ x = 10 & p = 100 \text{ の場合} \\ 解なし & p < 100 \text{ の場合} \end{cases} \tag{2.9}$$

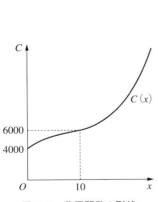

図 2.6　費用関数の形状

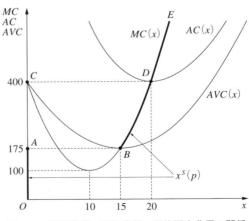

図 2.7　限界費用, 平均費用, 平均可変費用の関係

となる．利潤極大化の 2 階条件は，

$$0 > -6x + 60 \iff x > 10 \tag{2.10}$$

である．式 (2.9)，(2.10) より，$x > 0$ での極大点は，$p > 100$ のとき $x^* = 10 + \frac{\sqrt{3(p-100)}}{3}$ で，このときの利潤は $px^* - C(x^*)$ で与えられる．また，$p \leq 100$ のときは $x > 0$ での極大点は存在しない．

(c) まず $p > 100$ のケースを考える．内点の極大化利潤が端点での利潤を超えるのは，$px^* - C(x^*) \geq -4000$ のときである．これに，1 階条件 (2.8) を代入して p を消去すると，$2(x^*)^3 - 30(x^*)^2 \geq 0$ となる．これを解くと，

$$x^* \geq 15 \iff p \geq 175$$

を得る．ゆえに $p \geq 175$ のとき内点 $x = 10 + \frac{\sqrt{3(p-100)}}{3}$，$p \leq 175$ のとき端点 $x = 0$ で利潤最大となる．次に $p \leq 100$ のケースでは，判別式 $D \leq 0$ より，式 (2.8) の右辺は 0 以下なので，任意の x に対して $MC(x) \geq p$ が成立する．したがって，$x = 0$ のときに最大利潤となる[6]．以上をまとめると利潤最大化問題の解（供給関数）は，

$$x^S(p) = \begin{cases} 0 & p < 175 \text{ の場合} \\ 0, 15 & p = 175 \text{ の場合} \\ 10 + \frac{\sqrt{3(p-100)}}{3} & p > 175 \text{ の場合} \end{cases}$$

で与えられる．これを図示すると図 2.7 の非連続な太線 OA，BE のようになる．

(d) 生産中止とは $x^S(p) = 0$ のことなので，(c) より $(p^{SD}, x^{SD}) = (175, 15)$ となる．

(e) 収入が費用を超える，すなわち利潤が 0 を超えるのは，$px^S(p) - C(x^S(p)) \geq 0$ のときである．端点解のときにはこの条件が満たされないことが明らかなので，内点解のみ考えれば大丈夫である．内点解は 1 階条件式 (2.8) を満たすので，これを代入して p を消去すると，$2(x^S(p))^3 - 30(x^S(p))^2 - 4000 \geq 0$ となる．これを解くと，

$$x^S(p) \geq 20 \iff p \geq 400$$

を得る．したがって，$(p^{BE}, x^{BE}) = (400, 20)$ が得られる．

---

6) $MC(0) = 400 > p$ より，$x = 0$ が唯一の利潤最大化点であることも明らかである．

(4) (a) 固定費用がサンク費用でないので，$x=0$ のとき費用はすべて回収できる．すなわち費用関数は，

$$C(x) = \begin{cases} 0 & x=0 \text{ の場合} \\ x^3 - 30x^2 + 400x + 4000 & x > 0 \text{ の場合} \end{cases}$$

と修正される．したがって，端点 $x=0$ での利潤は $p \cdot 0 - C(0) = 0$ となる．

(b) 内点の極大化利潤が端点での利潤を超える条件は，$px^* - C(x^*) \geq 0$ となり，利潤が 0 を超える条件と一致する．よって，(3) と同様の議論より，$(p^{SD}, x^{SD}) = (p^{BE}, x^{BE}) = (400, 20)$ が得られる．

(c) 固定費用がすべてサンク費用でない場合の供給関数 $x^{SS}(p)$ は，

$$x^{SS}(p) = \begin{cases} 0 & p < 400 \text{ の場合} \\ 0, 20 & p = 400 \text{ の場合} \\ 10 + \frac{\sqrt{3(p-100)}}{3} & p > 400 \text{ の場合} \end{cases}$$

で与えられる．これを図示すると図 2.7 の非連続な曲線 OC, DE のようになる．

●**問題 2.7 の解答**　　　　　　　　　　　　　　　　　　　　　　　問題→ 45 頁

(1) 解答は図 2.8 にある通り．平均費用曲線 $AC(x)$ と平均可変費用曲線 $AVC(x)$ はそれぞれ生産量 x_0 と x_1 で最小値をとり，U 字型で，平均費用曲線は平均可変費用曲線の上方に位置している．また，限界費用曲線 $MC(x)$ は生産量 x_2 で最小値をとり，平均費用曲線と平均可変費用曲線とそれぞれ生産量 x_0 と x_1 で交わる．

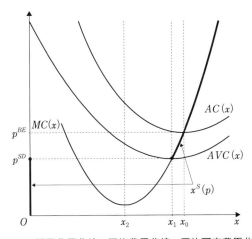

図 **2.8**　限界費用曲線，平均費用曲線，平均可変費用曲線

58   第 I 部　経済主体の行動と価格理論

(2) 解答は図 2.8 にある通り．生産中止価格 p^{SD} は，平均可変費用曲線と限界費用曲線の交点で決まる価格であり，損益分岐価格 p^{BE} は平均費用曲線と限界費用曲線の交点で決まる価格である．

(3) 解答は図 2.8 にある通り．利潤 $\pi(x) = px - C(x)$ を最大にする生産量 $x > 0$ が満たす 1 階条件は，$0 = \frac{d\pi(x)}{dx} = p - MC(x)$ より，$p = MC(x)$ である．また，2 階条件は，$0 > \frac{d^2\pi(x)}{dx^2} = -\frac{dMC(x)}{dx}$ より，$\frac{dMC(x)}{dx} > 0$ である．よって，1 階と 2 階条件を満たす生産量は限界費用曲線 $MC(x)$ の右上がり部分に対応する生産量である．ただし，$p < p^{SD}$ のとき，1 階と 2 階条件を満たす生産量での利潤は，生産量 0 での利潤よりも小さい．したがって，短期の供給曲線 $x^S(p)$ は，$p > p^{SD}$ のときは限界費用曲線の右上がりの部分に対応する生産量となり，$p = p^{SD}$ のときは 0 と x_1（平均可変費用曲線が最小値をとる生産量）となり，$p < p^{SD}$ のときは 0 となる．

●**問題 2.8 の解答**   問題→ 45 頁

(1) 費用最小化問題は一般に，

$$\min_{(L,K)} \quad wL + rK$$

$$\text{subject to} \quad f(L, K) = x$$

で与えられる．よってあとは $f(L, K)$ に与えられた生産関数[7]を代入すれば各生産関数に対する費用最小化問題が得られることになるので，以下では費用最小化問題の定式化は省略する．

(a) ラグランジュ乗数法で解く．ラグランジュ関数は

$$\mathcal{L}(L, K, \lambda) = -(wL + rK) + \lambda(L^{\frac{1}{2}} K^{\frac{1}{2}} - x)$$

で与えられ，この 1 階条件は，

$$w = \frac{1}{2}\lambda L^{-\frac{1}{2}} K^{\frac{1}{2}}, \ r = \frac{1}{2}\lambda L^{\frac{1}{2}} K^{-\frac{1}{2}}, \ x = L^{\frac{1}{2}} K^{\frac{1}{2}}$$

で与えられる．したがって 1 番目の式を 2 番目の式で割ることで $K/L = w/r$ が得られ，これを 3 番目の式（生産関数）に代入し整理すれば，労働と資本の生産量条件付要素需要関数

---

[7] (a)-(c) の生産関数が規模に関して収穫一定であることは，

$$f(tL, tK) = (tL)^{\frac{1}{2}} (tK)^{\frac{1}{2}} = tL^{\frac{1}{2}} K^{\frac{1}{2}} = tf(L, K)$$
$$f(tL, tK) = (tL) + (tK) = t(L + K) = tf(L, K)$$
$$f(tL, tK) = \min\{tL, tK\} = t\min\{L, K\} = tf(L, K)$$

から確認できる．

$$\hat{L}(x,w,r) = w^{-\frac{1}{2}}r^{\frac{1}{2}}x, \ \hat{K}(x,w,r) = w^{\frac{1}{2}}r^{-\frac{1}{2}}x$$

が得られる．生産量条件付要素需要関数を代入することにより，費用関数は，

$$C(x,w,r) = w\hat{L}(x,w,r) + r\hat{K}(x,w,r) = 2w^{\frac{1}{2}}r^{\frac{1}{2}}x$$

であることがわかる．したがって，$c = 2w^{\frac{1}{2}}r^{\frac{1}{2}}$ である．

(b) このような線形の生産関数の場合，費用最小化問題の解は端点解になるため，ラグランジュ乗数法を用いることはできない．そこで図を用いて解く．

まず，$w > r$ であるとする．このとき，図 2.9 の IC のように，等費用曲線つまり $C = wL + rK$ を満たす L, K の軌跡は，等量曲線（図中の $K + L = x$ と書かれている直線）よりも傾きが急である．費用最小化問題は，この等量曲線上で等費用曲線を最も左下にするような L, K を求める問題であり，このような点は $(L, K) = (0, x)$ である[8]．したがって $w > r$ の範囲では，生産量条件付要素需要関数および費用関数は，

$$\hat{L}(x,w,r) = 0, \ \hat{K}(x,w,r) = x, \ C(x,w,r) = rx$$

であることがわかる[9]．したがって $c = r$ である．

他方，$w < r$ ならば状況は逆転し，

$$\hat{L}(x,w,r) = x, \ \hat{K}(x,w,r) = 0, \ C(x,w,r) = wx$$

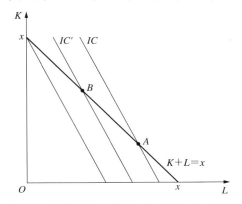

図 **2.9** 等費用曲線と等量曲線（線形の生産関数）

---

8) 点 A のような要素投入の組み合わせでは費用は最小化されていない．というのも，例えば点 B のような要素投入でも同じ x だけの生産が行われ，かつ費用が低くて済むからである．このことは IC' の方が IC よりも左側にあることからわかる．このような推論を繰り返すことにより，$w > r$ の場合，結局，点 $(0, x)$ で費用が最小化されることがわかる．
9) 生産量 1 単位あたりの費用がより安い資本だけで生産されている．

が得られる．したがって $c = w$ である．

最後に $w = r$ の場合，労働で生産しても資本で生産しても生産量1単位あたりの費用は等しいので，$K + L = x$ を満たすどのような要素投入の組み合わせでも費用は最小となり，費用関数は $C(x, w, r) = wx = rx$ になる．したがって，$c = w = r$ である．

以上をまとめると，$C(x, w, r) = \min\{w, r\}x$ となり，$c = \min\{w, r\}$ であることがわかる．

(c) このようなレオンチェフ生産関数は $K = L$ 上で微分可能ではないため，ラグランジュ乗数法を用いて解くことができない．そこで図を用いて解く．

図 2.10 を見てみよう．等量曲線（図中の $\min\{L, K\} = x$ と書かれている折れ線）に，IC 等で表される等費用曲線が最も左下の位置で接するような L, K の組み合わせは点 C であり，この点 $(L, K) = (x, x)$ で[10]費用は最小化されることがわかる[11]．

これより，生産量条件付要素需要関数は，

$$\hat{L}(x, w, r) = \hat{K}(x, w, r) = x$$

であり，そして費用関数は，

$$C(x, w, r) = wx + rx = (w + r)x$$

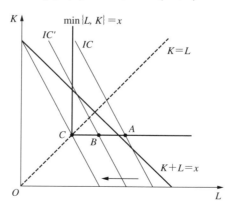

図 **2.10** 等費用曲線と等量曲線（レオンチェフ生産関数）

---

10) 点 C は，等量曲線の屈折点であり $K = L$ が成立し（より一般的に，レオンチェフ生産関数 $\min\{aK, bL\}$（$a, b > 0$）の等量曲線が屈折する点では $aK = bL$ が成立する），これにより $x = \min\{K, L\} = L = K$ が成立するので，$(L, K) = (x, x)$ となる．
11) 点 A と点 B は同じ生産量 x を生産する要素投入の組み合わせであるが，点 B の方が費用は小さくなっている（等費用曲線 IC より IC' の方が左側にあるため）．このように考えていくと，点 C で費用は最小化されることがわかる．

であることがわかる．したがって $c = w + r$ である．

《コメント》

本間では，規模に関する収穫一定の生産関数から，いずれも限界費用一定の費用関数が得られた．なお，生産関数が規模に関する収穫逓減ならば限界費用逓増の費用関数が得られ，規模に関する収穫逓増ならば限界費用逓減の費用関数が得られることが知られている．

---

(2) 限界費用一定の場合，企業の利潤最大化問題は，

$$\max_x \quad px - cx$$

の形で与えられるが，2階条件が0であるため，通常の最大化の1階条件のようにこれを微分するだけでは，求めるべきものは得られない．そこで，次のように場合分けをして考えてみる．

- $p < c$ の場合：1単位生産するごとに $c - p$ ずつ赤字が増加していくため，$x^* = 0$ のときに利潤がゼロで最大化される．
- $p = c$ の場合：1単位生産するごとに得られる収入と費用が等しいため，どのような生産量を選んでも利潤はゼロである．したがって0以上のすべての生産量が利潤を最大化する生産量になる．
- $p > c$ の場合：1単位生産するごとに $p - c$ だけ利潤が増加しつづけるため，どんなに多くの生産を行っても，さらに増産することで利潤を増やすことができ，したがって利潤を最大化する生産量は存在しない．

以上により，利潤を最大化する生産量は，

$$x^S(p) = \begin{cases} 0 & p < c \text{ の場合} \\ \text{非負の実数} & p = c \text{ の場合} \\ \text{なし} & p > c \text{ の場合} \end{cases}$$

であることがわかる．これを供給曲線として表すと，図2.11のようになる．

(3) 任意の (L_0, K_0) について，

$$f(L_0, K_0) = MP_L(L_0, K_0) \cdot L_0 + MP_K(L_0, K_0) \cdot K_0 \tag{2.11}$$

を示す．生産関数の1次同次性により $tf(L_0, K_0) = f(tL_0, tK_0)$ が任意の $t > 0$ について成立するから，両辺を t で微分したものも常に等しくなる．したがって両辺を t で微分して，

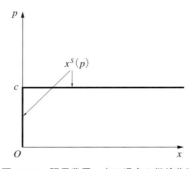

図 **2.11**　限界費用一定の場合の供給曲線

$$f(L_0, K_0) = \frac{\partial f(tL_0, tK_0)}{\partial L} \cdot \frac{d(tL_0)}{dt} + \frac{\partial f(tL_0, tK_0)}{\partial K} \cdot \frac{d(tK_0)}{dt}$$
$$= MP_L(tL_0, tK_0) \cdot L_0 + MP_K(tL_0, tK_0) \cdot K_0$$

が得られる．これは任意の $t > 0$ に対して成立するので，ここで $t = 1$ とおけば，(2.11) が得られる．

(4) 利潤最大化の下での投入計画を (L^D, K^D) とする．$MP_L(L^D, K^D) = w/p$, $MP_K(L^D, K^D) = r/p$ および (3) の結果より，

$$f(L^D, K^D) = MP_L(L^D, K^D)L^D + MP_K(L^D, K^D)K^D = \frac{wL^D + rK^D}{p}$$

を得る．これを整理すると，

$$pf(L^D, K^D) - (wL^D + rK^D) = 0$$

となり，収入がすべて労働と資本に分配され，利潤がゼロになることがわかる．

《コメント》

ここでの利潤とは，経済学上の利潤であり，会計上の「利潤」が全く出ないことを意味しない．例えば通常は，株主配当による資本家（株主）への分配は「利潤」から支払われていると考えるが，経済学では，これは資本費用として差し引かれ利潤には算入しない．つまり経済学上の利潤とは，売り上げから原材料費や設備投資費を差し引くのみならず，資本家や労働者へ（株主配当や賃金支払いなどで）「利潤」を分配した後に残る超過「利潤」を指している．このように考えると，1 次同次の生産関数における（経済学上の）利潤がゼロという性質も，現実妥当性のある性質であることがわかる．

(5) 利潤最大化の 1 階条件である $w/p = \alpha L^{\alpha-1} K^\beta$, $r/p = \beta L^\alpha K^{\beta-1}$ および生産関数 $x = f(L, K) = L^\alpha K^\beta$ により，

$$\frac{wL}{px} = \frac{\alpha L^{\alpha-1}K^\beta \cdot L}{L^\alpha K^\beta} = \alpha$$
$$\frac{rK}{px} = \frac{\beta L^\alpha K^{\beta-1} \cdot K}{L^\alpha K^\beta} = \beta$$

が得られ，労働分配率が α，資本分配率が β となることがわかる．

● 問題 2.9 の解答　　　　　　　　　　　　　　　　　　　　　問題→ 47 頁

(1) 解答は図 2.12 にある通り．長期の費用曲線 $C^L(x)$ の形状から，長期の平均費用曲線 $AC^L(x) = \frac{C^L(x)}{x}$ と長期の限界費用曲線 $MC^L(x) = \frac{dC^L(x)}{dx}$ はともに U 字型である．長期の平均費用曲線は生産量 x_1 で最小値をとり，長期の限界費用曲線は長期の費用曲線の変曲点で最小値をとる．ただし，その変曲点は x_1 より小さい．長期の平均費用が最小となる生産量 x_1 で長期の平均費用と長期の限界費用が等しいことから，長期の限界費用曲線は長期の平均費用曲線と x_1 で交わる．

(2) 解答は図 2.12 にある通り．以下の点に注意して描けばよい．

- 短期の平均費用曲線は長期の平均費用曲線の上側にある．
- 短期の限界費用曲線は短期の平均費用が最小となる生産量で短期の平均費用曲線と交わる．
- $C(x_i, K_i) = C^L(x_i)$ より，$AC(x_i, K_i) = AC^L(x_i)$ であるから，短期の平均費用曲線が長期の平均費用曲線の上側にあることと合わせると，短期の平均費用曲線 $AC(x, K_i)$ は長期の平均費用曲線 $AC^L(x)$ と生産量 x_i で接する．

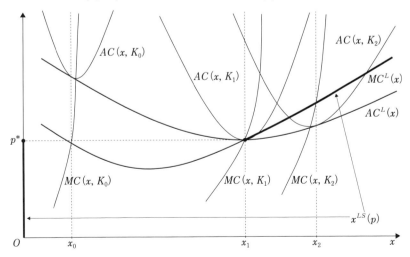

図 2.12　短期と長期の平均費用曲線と限界費用曲線

64   第 I 部　経済主体の行動と価格理論

- 資本投入量が K_i であるときの短期の費用曲線と長期の費用曲線は生産量 x_i で共通の接線をもつので，$MC(x_i, K_i) = MC^L(x_i)$ となる．したがって，生産量 x_i では，短期と長期の平均費用曲線が接するのに加えて，短期と長期の限界費用曲線が交わる．

- 生産量 x_1 において，資本投入量が K_1 であるときの短期の平均費用曲線と長期の平均費用曲線の接点と短期の限界費用曲線と長期の限界費用曲線の交点が一致する．

(3) 解答は図 2.12 にある通り．ただし，p^* は長期の平均費用曲線と長期の限界費用曲線の交点の生産量 x_1 における限界費用である．この p^* が長期の生産中止価格であり，損益分岐価格である．よって，長期の供給曲線 $x^{LS}(p)$ は，

$$
x^{LS}(p) = \begin{cases} 0 & p < p^* \text{ の場合} \\ 0, x_1 & p = p^* \text{ の場合} \\ x(p) & p > p^* \text{ の場合} \end{cases}
$$

となる．ただし，$x(p)$ は $p = MC^L(x)$ を満たし，長期の限界費用曲線の右上がりの部分に対応する生産量 x である．

第 3 章

市場均衡

　市場均衡の理論では，市場において価格や資源配分がどのように決まるのか，また，それらは望ましいものなのかについて検討する．市場均衡の分析は，部分均衡分析と一般均衡分析の二つに分かれる．部分均衡分析では，一つの市場のみを考慮し，その市場における需要と供給が一致した状態である均衡を分析する．均衡において消費者余剰と生産者余剰を合計した総余剰が最大化されることが示される．これに対して，一般均衡分析では，すべての市場を考慮し，すべての市場における需要と供給が一致した状態であるワルラス均衡を分析する．厚生経済学の第 1 基本定理では，ワルラス均衡においてパレート効率的な配分が実現されることが示される．ただし，この定理は市場の普遍性と完全競争が満たされるというかなり限定的な状況で成り立つ．また，厚生経済学の第 2 基本定理では，あらゆるパレート効率的な配分は，一括型の税・補助金を用いれば，ワルラス均衡において実現されることが示される．

【キーワード】
部分均衡分析　一般均衡分析　消費者余剰　生産者余剰　総余剰
マーシャルの外部性　交換経済　生産経済　ワルラス均衡
ワルラスの法則　ニュメレール　パレート効率性　パレート集合
市場の普遍性　完全競争　生産可能性フロンティア　限界変形率
厚生経済学の第 1 基本定理　厚生経済学の第 2 基本定理

66   第 I 部　経済主体の行動と価格理論

【基本的事項の確認】

■**問題**　以下の各問いに答えよ．空欄のあるものについては，適切な語句を補充せよ．

(1) 部分均衡分析と一般均衡分析の方法の違いを説明せよ．

(2) 部分均衡分析においては，消費者の便益の指標である　(a)　と生産者の便益の指標である　(b)　を足した　(c)　によって，その市場の社会厚生をとらえることができる．部分均衡分析における基本定理は，市場均衡において　(c)　が最大となるということを述べている．

(3) 部分均衡分析の短期と長期の違いを説明せよ．

(4) マーシャルの外部性について説明せよ．

(5) ワルラスの法則について説明せよ．

(6) 実行可能な資源配分のうちで，別のいかなる配分に移ろうとも「いかなる人の効用も下げることなく，誰かの効用を改善する」ことができないような配分のことを　(a)　であると言う．　(a)　な配分の集合を　(b)　と言う．効用関数が微分可能なとき，　(a)　な配分であるための条件は，すべての人の 2 財の間の　(c)　が一致することである．これはエッジワース・ボックス上で各人の　(d)　が接していることを意味する．

(7) 2 財（第 1 財，第 2 財），2 消費者（A, B）の交換経済を考える．消費者 h の効用関数を $u^h(x_1^h, x_2^h) = x_1^h \cdot x_2^h$ とする．また，経済全体の初期賦存量は $(\bar{x}_1, \bar{x}_2) = (1, 3)$ とする．このとき，ある消費者が両財のすべてを消費してしまうような配分はパレート効率的であるか述べよ．

(8) 交換経済において，(i) 各消費者の効用最大化と (ii) すべての市場における需給の一致が成立しているような，価格の組と資源配分を　(a)　と呼ぶ．いくつかの前提の下に，　(a)　における配分はパレート効率的であることを示した定理が　(b)　である．あらゆるパレート効率的な配分は，一括型

の所得移転によってワルラス均衡配分となることを示した定理が （c） である.

(9) 厚生経済学の第1基本定理の前提を二つ挙げて説明せよ.

(10) 2消費者の交換経済におけるコアとは何か説明せよ.

(11) 厚生経済学の第2基本定理の問題点について説明せよ.

●解答

(1) 部分均衡分析とは, ある特定の財の市場に注目して需給が一致している状態を分析する方法である. この部分均衡分析では, 余剰分析が可能であり, 経済政策の評価によく利用される. これに対して, 一般均衡分析とは, 経済に存在するすべての財の需要と供給が一致している状態に注目する方法である. この一般均衡分析は, 部分均衡分析では無視されてしまう, 各市場の間の相互関係を考慮に入れることができる.

(2) (a) 消費者余剰　(b) 生産者余剰　(c) 総余剰

(3) 短期とは, 企業の参入・退出を所与として, 企業数を外生的に扱う分析である. すなわち, ある程度「短い期間」であれば, 一部の生産要素は変更できないため, 企業は参入・退出を行えず, 企業数は変化しないとみなすのである. これに対して, 長期とは, 企業の参入・退出を考慮して, 企業数を内生的に扱う分析である. すなわち, ある程度「長い期間」であれば, すべての生産要素を調節可能であるため, 企業は利潤が正になるならば市場へ参入し, 利潤が負になるならば市場から退出することができ, 企業数も変化するとみなすのである.

(4) 産業全体がその産出量を増やすことで, 各企業の平均費用が下方にシフトするような状況をマーシャルの外部性が存在すると言う.

(5) ワルラスの法則とは, どのような価格の下でも, 経済全体の財の需要総額と供給総額が等しくなる, という法則のことである. これは, ある一つの財の市場を除いたすべての市場が均衡すれば, その財の市場も自動的に均衡していなければならないことを意味する.

(6) (a) パレート効率的　(b) パレート集合　(c) 限界代替率　(d) 無差別曲線

68　　第 I 部　経済主体の行動と価格理論

(7) 消費者 A（B）が両財のすべてを消費してしまうような配分では消費者 A（B）の効用は 3 であるが，別の実現可能な配分では消費者 A（B）の効用はそれより低くなる．したがって，消費者 A（B）がすべての財を消費してしまうような配分はパレート効率的である．

(8) (a) ワルラス均衡　(b) 厚生経済学の第 1 基本定理　(c) 厚生経済学の第 2 基本定理

(9) 厚生経済学の第 1 基本定理の前提には市場の普遍性と完全競争がある．市場の普遍性とは，すべての財に市場があり，需要や供給が市場を通じて行われるという仮定である．また，完全競争とは，すべての経済主体（消費者や生産者）が価格を「所与」として行動しているという仮定である．

(10) 2 消費者の交換経済において，個人合理的（各消費者の効用が初期保有よりも低くならないような配分）で，パレート効率的な資源配分の集合をコアと呼ぶ．

(11) どのような所得再分配を行うべきかを知るためには，最終的な予算線を知る必要があり，それには最終的に実現したい資源配分における各消費者の無差別曲線の共通接線の傾きを知る必要がある．このような情報は私的な情報であり，政府や社会計画者にとっては，収集するのは難しい．

【問　題】

■**問題 3.1**（★部分均衡分析）　　　　　　　　　　　教科書の関連箇所→ 3.2 節
　ある財の市場における逆需要関数が $p^D(X) = 12 - X$，逆供給関数が $p^S(X) = \frac{3}{2}X + 2$ であるとする．このとき，以下の問いに答えよ．

(1) 均衡における価格および数量を求めよ．

(2) 均衡における消費者余剰，生産者余剰，総余剰を求めよ．

(3) 均衡における数量において総余剰が最大になることを示せ．

(4) 数量を $\bar{X} = 2$ で規制するような場合を考える．このとき，消費者余剰，生産者余剰，総余剰を求めよ．ただし，価格は需要曲線によって決まるものとする．規制しない場合に比べて，消費者余剰，生産者余剰，総余剰がどのように変化するのか述べよ．　　　　　　　　　　　　　　　　　解答→ 79 頁

第 3 章 市場均衡　69

■**問題 3.2**（★消費者余剰）　　　　　　　　教科書の関連箇所→ 1.3 節，3.2.2 項

　財 x 単位と貨幣 m 単位から得られる効用を $u(x, m) = 20\sqrt{x} + m$ とする．このとき，以下の問いに答えよ．ただし，所得は十分に大きいとして，内点解を仮定する．

(1) 財の貨幣で測った限界代替率 $MRS_{xm}(x, m)$ を求めよ．

(2) 財の価格を p，貨幣の価格を 1 としたとき，財の需要関数 $x^D(p)$ を求めよ．

(3) $p = 5$ で財を 4 単位購入したときの消費者余剰を求めよ．　解答→ 80 頁

■**問題 3.3**（★生産者余剰）　　教科書の関連箇所→ 2.5.2 項，2.6 節，3.2.2 項

　財を x 単位生産したときの短期の費用が $C(x) = x^3 + 5x + 54$ であり，固定費用はすべてサンク費用であるとする．このとき，以下の問いに答えよ．

(1) 費用関数から固定費用を求めよ．

(2) 平均費用 $AC(x)$，平均可変費用 $AVC(x)$，限界費用 $MC(x)$ を求めて，横軸に生産量 x，縦軸にこれらをとった平面に図示せよ．

(3) 財の逆供給関数 $p^S(x)$ を求めよ．

(4) 価格 17 で財を 2 単位供給するときの生産者余剰を求めよ．

解答→ 81 頁

■**問題 3.4**（★部分均衡）

教科書の関連箇所→ 1.3 節，2.5.2 項，2.6 節，3.2.2 項

　財 x 単位と貨幣 m 単位から得られる消費者の効用を，

$$u(x, m) = -\frac{x^2}{2} + 30x + m$$

とする．ただし，$x < 30$ であり，$x > 0$ かつ $m > 0$ の内点解を仮定する．労働と資本から財を生産する企業の生産関数を，

$$x = f(L, K) = L^{\frac{1}{2}} K^{\frac{1}{3}}$$

とし，資本投入量は $\bar{K} = 1$ で変えられない短期を考える．固定費用はすべてサンク費用とする．このとき，以下の問いに答えよ．

(1) $0 < x < 30$ のとき，財の貨幣で測った限界代替率 $MRS_{xm}(x,m)$ を求めよ．

(2) 財の価格を p，貨幣の価格を 1 としたとき，財の需要関数 $x^D(p)$ と逆需要関数 $p^D(x)$ を求めよ．

(3) 財を x 単位生産するのに必要な労働投入量 $\hat{L}^D(x)$ を求めよ．

(4) 賃金を $w = 1$，資本価格を $r = 10$ としたとき，財を x 単位生産するのにかかる費用 $C(x)$ を求めよ．

(5) 平均費用 $AC(x)$，平均可変費用 $AVC(x)$，限界費用 $MC(x)$ を求めよ．また，横軸に生産量 x，縦軸にこれらをとった平面に図示せよ．

(6) 損益分岐価格 p^{BE} を求め，(5) で描いた図の縦軸に描き加えよ．また，逆供給関数 $p^S(x)$ を求めよ．

(7) (2) と (6) でそれぞれ求めた財の逆需要関数 $p^D(x)$ と逆供給関数 $p^S(x)$ より，均衡価格，均衡取引量，均衡での消費者余剰，生産者余剰，総余剰を求めよ．

解答→ 82 頁

■**問題 3.5**（部分均衡の応用：輸入規制）　　教科書の関連箇所→ 0.3, 3.2 節

図 3.1 はある国の米の市場を表したもので，国内の米の需要曲線が D^j，国内の米の供給曲線が S^j，海外からの米の供給曲線が S^w で表されている（つまり，海外からはある一定の価格以上でいくらでも米が供給される）．このとき，以下の問いに答えよ．

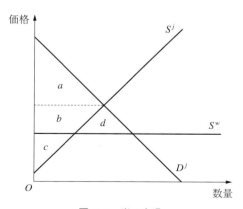

図 3.1 米の市場

第 3 章 市場均衡　71

(1) 海外からの輸入を認める場合，消費者余剰と（国内生産者の受け取る）生産者余剰はそれぞれどの部分であるか．図中の記号で答えよ．

(2) 海外からの輸入を規制する場合，消費者余剰と（国内生産者の受け取る）生産者余剰はそれぞれどの部分であるか．図中の記号で答えよ．

(3) 海外からの輸入を認めるのをやめて規制することにすれば，余剰はどのように変化するか．効率性および公平性の観点から論ぜよ．　　解答→ 83 頁

■**問題 3.6**（部分均衡の応用：物品税）　　　　教科書の関連箇所→ 3.4 節
ある財の逆需要関数が $p^D(X) = -X/2 + 18$，逆供給関数が $p^S(X) = X$ であるとする．ただし，価格の単位は円である．このとき，以下の問いに答えよ．
(1) 均衡における価格および取引量を求めよ．
(2) 均衡における消費者余剰，生産者余剰，総余剰を求めよ．
(3) この財 1 単位あたり 3 円の物品税を課したとき，均衡における取引量，消費者余剰，生産者余剰，税収，総余剰，厚生損失（死荷重）を求めよ．

解答→ 84 頁

■**問題 3.7**（★長期の市場均衡）　　　　　　　教科書の関連箇所→ 3.3 節
ある財の市場において，すべての企業が同一の技術を持っており，費用関数が $C(x) = x^2 + 10000$ で表されるとする（ただし，固定費用はサンク費用ではなく，$C(0) = 0$ とする）．また，市場に参入する用意のある潜在的企業は無数にいるものとする．このとき，以下の問いに答えよ．

(1) 市場の需要関数を $X = -p + 4000$ とする．このとき，長期均衡における参入企業数，価格，個別企業の生産量を求めよ．

(2) 市場の需要関数を $X = -p + 8000$ とする．このとき，長期均衡における参入企業数，価格，個別企業の生産量を求めよ．

(3) 市場の需要関数を (2) と同じ $X = -p + 8000$ とする．しかし，参入・退出に規制が敷かれており，参入企業数は (1) と同じであるものとする．すなわち，(1) と比べると，需要は多いのに，参入企業数は需要が少ないときのま

まであるとする．このとき，価格，個別企業の生産量を求めよ．また，個別
企業の利潤も求めよ． 解答→ 85 頁

■**問題 3.8**（★パレート効率性） 教科書の関連箇所→ 3.6 節
(1) 図 3.2 は，2 財（第 1 財，第 2 財），2 消費者（A, B）の交換経済におけ
るエッジワース・ボックスを図示したものである．ここで，I^h は消費者 h の
無差別曲線を図示したものである．どの消費者についても，選好の単調性が
満たされているとするとき，以下の問いに答えよ．

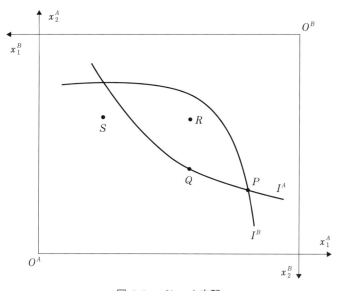

図 3.2 パレート支配

(a) （この交換経済における）パレート支配の定義を述べよ．また，点 Q,
R, S で表される資源配分のうち，点 P で表される資源配分をパレート支
配するものが存在するかどうか，存在するならばそれはどれか答えよ．

(b) パレート効率的な資源配分の定義を述べよ．また，点 P で表される資
源配分はパレート効率的であるか答えよ．

(2) ピアノ（P），ギター（G），ドラム（D）がそれぞれ一つずつあり，それ
らを A 君と B 君で分けることを考える．ただし，どの楽器も，A 君が半分

だけ受け取るといったように，分割して受け取ることはできない．また，どの楽器も A 君か B 君のどちらかが受け取るものとする．h 君の効用は，彼が受け取る楽器の集合を I とすると（例えば，$I = \{P, G, D\}$ ならば楽器すべて，$I = \emptyset$ ならば楽器なし），$u^h(I)$ で表され，以下を満たしている．

- $u^A(\{P, G, D\}) > u^A(\{P, G\}) > u^A(\{P, D\}) > u^A(\{P\}) > u^A(\{G, D\}) > u^A(\{D\}) > u^A(\{G\}) > u^A(\emptyset)$

- $u^B(\{P, G, D\}) > u^B(\{G, D\}) > u^B(\{P, D\}) > u^B(\{D\}) > u^B(\{P, G\}) > u^B(\{G\}) > u^B(\{P\}) > u^B(\emptyset)$

このとき，以下の問いに答えよ．

(a) 実現可能な配分（すなわち，2 人で 3 つの楽器を分ける方法）をすべて挙げよ．

(b) A 君はピアノとドラム，B 君はギターという配分を考える．この配分をパレート支配する配分が存在するかどうか述べ，存在する場合にはその配分をすべて挙げよ．

(c) パレート効率的な配分をすべて挙げよ． 解答→ 86 頁

■**問題 3.9**（★交換経済の一般均衡） 教科書の関連箇所→ 3.5，3.6 節

2 財（第 1 財，第 2 財），2 消費者（A，B）の交換経済を考える．消費者 h の効用関数を $u^h(x_1^h, x_2^h) = \sqrt{x_1^h} + \sqrt{x_2^h}$ とする．消費者 A は $(\bar{x}_1^A, \bar{x}_2^A) = (20, 50)$ を，消費者 B は $(\bar{x}_1^B, \bar{x}_2^B) = (10, 70)$ を初期保有するものとする．価格の組を (p_1, p_2) とするとき，以下の問いに答えよ．

(1) (a) 初期保有量および価格の組を所与として消費者 h の効用最大化問題を定式化し，各消費者 h の最適消費計画 (x_1^h, x_2^h) を求めよ．

   (b) ワルラス均衡における価格の組 (p_1^*, p_2^*) と資源配分 $((x_1^{A*}, x_2^{A*}), (x_1^{B*}, x_2^{B*}))$ を求めよ．

(2) パレート集合を求めよ．

(3) エッジワース・ボックスを用いて，初期保有配分，ワルラス均衡配分，パレート集合，オファー・カーブ，均衡での予算線を図示せよ． 解答→ 87 頁

74　第 I 部　経済主体の行動と価格理論

■問題 **3.10**（交換経済の一般均衡）　　　　　教科書の関連箇所→ 3.5 節

2 財（第 1 財，第 2 財），2 消費者（A, B）の交換経済を考える．価格の組 (p_1, p_2) に直面し，消費者 h の所得が M^h であるとき，消費者 A と B の最適消費計画は，

$$\left(x_1^{AD}(p_1, p_2, M^A),\ x_2^{AD}(p_1, p_2, M^A) \right) = \left(\frac{M^A}{3p_1},\ \frac{2M^A}{3p_2} \right)$$

$$\left(x_1^{BD}(p_1, p_2, M^B),\ x_2^{BD}(p_1, p_2, M^B) \right) = \left(\frac{5M^B}{6p_1},\ \frac{M^B}{6p_2} \right)$$

であり，消費者 A は $(\bar{x}_1^A, \bar{x}_2^A) = (4,3)$ を，消費者 B は $(\bar{x}_1^B, \bar{x}_2^B) = (2,6)$ を初期保有するものとする．このとき，第 2 財をニュメレール財と見て，その価格を $p_2 = 1$ とおき，ワルラス均衡における価格の組 (p_1^*, p_2^*) と資源配分 $((x_1^{A*}, x_2^{A*}), (x_1^{B*}, x_2^{B*}))$ を求めよ．　　　　　解答→ 92 頁

■問題 **3.11**（交換経済の一般均衡）　　　　　教科書の関連箇所→ 3.5 節

2 財（第 1 財，第 2 財），2 消費者（A, B）の交換経済を考える．各消費者 A, B の効用関数を，

$$u^A(x_1, x_2) = (x_1 + 1)^2 x_2, \quad u^B(x_1, x_2) = x_1 x_2^3$$

とする．消費者 A は $(\bar{x}_1^A, \bar{x}_2^A) = (1,2)$ を，消費者 B は $(\bar{x}_1^B, \bar{x}_2^B) = (3,1)$ を初期保有するものとする．このとき，以下の問いに答えよ．

(1) 価格の組が $(p_1, 1)$ であるときの消費者 A と B の最適消費計画 $(x_1^{AD}(p_1, 1), x_2^{AD}(p_1, 1))$ と $(x_1^{BD}(p_1, 1), x_2^{BD}(p_1, 1))$ を求めよ．

(2) ワルラス均衡における価格の組 $(p_1^*, 1)$ と資源配分 $((x_1^{A*}, x_2^{A*}), (x_1^{B*}, x_2^{B*}))$ を求めよ．　　　　　解答→ 92 頁

■問題 **3.12**（交換経済の一般均衡）　　　　　教科書の関連箇所→ 3.5 節

3 財（第 1 財，第 2 財，第 3 財），2 消費者（A, B）の交換経済を考える．各消費者 A, B の効用関数を，

$$u^A(x_1, x_2, x_3) = x_1 x_2^2 x_3^3, \quad u^B(x_1, x_2, x_3) = x_1^2 x_2 x_3$$

とする．消費者 A は $(\bar{x}_1^A, \bar{x}_2^A, \bar{x}_3^A) = (4, 2, 1)$ を，消費者 B は $(\bar{x}_1^B, \bar{x}_2^B, \bar{x}_3^B) = (0, 1, 3)$ を初期保有するものとする．このとき，ワルラス均衡における価格の組 (p_1^*, p_2^*, p_3^*) と資源配分 $((x_1^{A*}, x_2^{A*}, x_3^{A*}), (x_1^{B*}, x_2^{B*}, x_3^{B*}))$ を求めよ．

解答→ 93 頁

■**問題 3.13**（代表的消費者，交換経済の一般均衡）

教科書の関連箇所→ 1.4.1 節，3.5 節

2財（第1財，第2財），2消費者 (A, B) の交換経済を考える．第 i 財 $(i = 1, 2)$ について2人の消費者は同一の需要関数 x_i^D を持ち，需要関数 x_i^D は所得に関して加法的であるとする．つまり，任意の価格の組 (p_1, p_2) と所得 M^A，M^B について，

$$x_i^D(p_1, p_2, M^A) + x_i^D(p_1, p_2, M^B) = x_i^D(p_1, p_2, M^A + M^B) \tag{3.1}$$

とする．消費者 h $(h = A, B)$ は第 i 財を $\bar{x}_i^h > 0$ だけ初期保有し，第 i 財の経済全体の初期賦存量を $\bar{x}_i$ とする．第1財について，等式

$$x_1^D(p_1, p_2, p_1\bar{x}_1 + p_2\bar{x}_2) = \bar{x}_1$$

を満たす価格の組の一つを (p_1^*, p_2^*) $(p_1^*, p_2^* > 0)$ とし，このときの初期賦存量の価値額を $M^* = p_1^*\bar{x}_1 + p_2^*\bar{x}_2$，消費者 h の所得を $M^{h*} = p_1^*\bar{x}_1^h + p_2^*\bar{x}_2^h$，最適消費計画を $(x_1^{h*}, x_2^{h*}) = (x_1^D(p_1^*, p_2^*, M^{h*}), x_2^D(p_1^*, p_2^*, M^{h*}))$ とする．このとき，以下の問いに答えよ．

(1) 価格の組 (p_1^*, p_2^*) および資源配分 $((x_1^{A*}, x_2^{A*}), (x_1^{B*}, x_2^{B*}))$ がワルラス均衡であることを示せ．

(2) 需要関数 x_i^D が所得について加法的であることと，x_i^D が所得に関して1次同次である，つまり，任意の価格の組 (p_1, p_2)，所得 M，正の数 t について，

$$x_i^D(p_1, p_2, tM) = tx_i^D(p_1, p_2, M)$$

が成り立つことは同値である．この事実を使って，消費者 h について，$(x_1^{h*}, x_2^{h*}) = \left(\frac{M^{h*}}{M^*}\bar{x}_1, \frac{M^{h*}}{M^*}\bar{x}_2\right)$ を示せ．

(3) 消費者 A と B は同一のコブ・ダグラス効用関数 $u(x_1, x_2) = x_1^{\alpha_1} x_2^{\alpha_2}$ $(\alpha_1, \alpha_2 > 0,\ \alpha_1 + \alpha_2 = 1)$ を持つとする．また，$\bar{x}_1 = \bar{x}_2 = 1$ とする．

76 第 I 部　経済主体の行動と価格理論

(a) 各財の需要関数が所得に関して 1 次同次であることを示せ.

(b) ワルラス均衡における価格比率 $\frac{p_1^*}{p_2^*}$ を求めよ.　　　　　解答→ 93 頁

■**問題 3.14**（★生産経済の一般均衡）　　　教科書の関連箇所→ 3.7 節
　2 財（第 1 財，第 2 財），2 消費者（A，B），1 企業（F）の生産経済を考える. 消費者 h の効用関数を $u^h(x_1^h, x_2^h) = \sqrt{x_1^h} + \sqrt{x_2^h}$ とする. 消費者 A は $(\bar{x}_1^A, \bar{x}_2^A) = (20, 50)$ を，消費者 B は $(\bar{x}_1^B, \bar{x}_2^B) = (10, 70)$ を初期保有するものとする. 企業 F は第 2 財を用いて第 1 財を生産し，その生産関数 f は $x_1^F = f(x_2^F) = x_2^F$ で表される. 企業の利潤 π は各消費者に均等に分配されるものとする. 価格の組を (p_1, p_2) とするとき，以下の問いに答えよ.

(1) (a) 初期保有量および価格の組を所与として消費者 h の効用最大化問題を定式化し，各消費者 h の最適消費計画 (x_1^h, x_2^h) を求めよ.

　　(b) 価格の組を所与として企業の利潤最大化問題を定式化し，最適生産計画 (x_1^F, x_2^F) を求めよ.

　　(c) ワルラス均衡における価格の組 (p_1^*, p_2^*) と資源配分 $((x_1^{A*}, x_2^{A*}),$ $(x_1^{B*}, x_2^{B*}), (x_1^{F*}, x_2^{F*}))$ を求めよ.

(2) (a) 生産可能性フロンティアを図示し，ワルラス均衡における限界変形率 $MRT_{12}(\bar{x}_1^A + \bar{x}_1^B + x_1^{F*}, \bar{x}_2^A + \bar{x}_2^B - x_2^{F*})$ を求めよ.

　　(b) 各消費者 h のワルラス均衡における限界代替率 $MRS_{12}^h(x_1^{h*}, x_2^{h*})$ を求めよ.　　　　　解答→ 95 頁

■**問題 3.15**（生産経済の一般均衡）　　　教科書の関連箇所→ 3.7 節
　2 消費財（第 1 財，第 2 財），1 生産要素（労働），2 消費者（A，B），2 生産者（企業 1，企業 2）の生産経済を考える. 企業 i は労働を投入して，第 i 財を生産する. 企業 1 の生産関数を，

$$x_1 = f^1(L_1) = \sqrt{L_1}$$

とし，企業 2 の生産関数を，

$$x_2 = f^2(L_2) = 3\sqrt{L_2}$$

とする. 消費者 A は労働 $\bar{L}_A = 3$ 単位を，消費者 B は労働 $\bar{L}_B = 6$ 単位を初期保有するものとし，消費財の初期保有はないものとする. 消費者 h は企業 1

と 2 のどちらか一方だけで働くとは限らず，常に合計で $\bar{L}_h$ 単位の労働を供給する．企業 1 と 2 は消費者に所有されており，利潤は株式の保有割合に応じて分配される．θ_i^h は消費者 h の企業 i の株式の保有割合であり，

$$\theta_1^A = \frac{1}{3}, \quad \theta_1^B = \frac{2}{3}, \quad \theta_2^A = \frac{1}{3}, \quad \theta_2^B = \frac{2}{3}$$

とする．消費者 A と B の効用関数はコブ・ダグラス効用関数

$$u^A(x_1, x_2) = x_1^2 x_2, \quad u^B(x_1, x_2) = x_1 x_2^5$$

とする．消費財の価格の組を (p_1, p_2)，賃金を $w = 1$ とする．このとき，以下の問いに答えよ．

(1) 企業 $i = 1, 2$ について，利潤最大化問題

$$\max_{L_i} \quad p_i f^i(L_i) - L_i$$

の解 $L_i^D(p_i)$ を求めよ．ただし，$L_i > 0$ の内点解を仮定してよい．

(2) 消費財の価格の組が (p_1, p_2) であるとき，消費者 $h = A, B$ の所得 M^h を p_1 と p_2 を用いて表せ．

(3) ワルラス均衡における消費財価格の組 (p_1^*, p_2^*) と資源配分 $((x_1^{A*}, x_2^{A*})$, $(x_1^{B*}, x_2^{B*}), (x_1^*, L_1^*), (x_2^*, L_2^*))$ を求めよ．

(4) 資源配分

$$(x_1^{A\prime}, x_2^{A\prime}) = \left(\frac{2}{3\sqrt{15}}, \frac{1}{\sqrt{66}} \right), \quad (x_1^{B\prime}, x_2^{B\prime}) = \left(\frac{13}{3\sqrt{15}}, \frac{65}{\sqrt{66}} \right)$$

$$(x_1\prime, L_1\prime) = \left(\frac{\sqrt{5}}{\sqrt{3}}, \frac{5}{3} \right), \quad (x_2\prime, L_2\prime) = \left(\sqrt{66}, \frac{22}{3} \right)$$

がパレート効率的であることを確認せよ．

(5) 横軸に第 1 財の生産量と消費者 A の消費量 x_1^A，縦軸に第 2 財の生産量と消費者 A の消費量 x_2^A をとった平面に，パレート効率的な資源配分における消費者 A の消費計画の集合を図示せよ．　　　　　　　　解答→ 96 頁

■**問題 3.16**（ロビンソン・クルーソー経済の一般均衡）

　　　　　　　　　　　　　　　　　教科書の関連箇所→ 1.8.1 項，3.7 節

ロビンソン・クルーソー経済と呼ばれる，以下のような生産経済を考える．消

費者が 1 人いて，彼は消費者であると同時に生産者であり，労働を投入して消費財を生産する．彼は企業の単独の所有者であるため，生産活動から生じた利潤はすべて彼のものとなる．財は余暇（または労働）と消費財の二つで，h を余暇時間，ℓ を労働時間，c を消費財の消費量，消費財の価格を 1，賃金を w とする．ただし，$h + \ell = 24$ が成り立つ．消費者の効用関数を $u(h, c) = h^2 c$ とする．労働を ℓ 時間投入すると $f(\ell) = \sqrt{\ell}$ 単位の消費財を生産できる．このとき，以下の問いに答えよ．

(1) 横軸に余暇時間 h，縦軸に消費財の消費量 c をとった平面に，この経済の生産可能性フロンティアを描け．

(2) 生産者の利潤最大化問題

$$\max_{\ell} \quad \sqrt{\ell} - w\ell$$

を解いて，賃金が w であるときの最適な労働投入量 $\ell^D(w)$ を求めよ．また，賃金が w であるときの最大化された利潤 $\pi(w)$ の値を求めよ．

(3) 消費者の効用最大化問題

$$\max_{(h, c)} \quad h^2 c$$

$$\text{subject to} \quad wh + c \leq 24w + \pi(w)$$

を解いて，余暇と消費財についての最適消費計画 $(h^D(w), c^D(w))$ を求めよ．ただし，内点解（$0 < h < 24$，$0 < c$）を仮定してよい．また，予算制約式に登場する $\pi(w)$ には，(2) で求めた値を代入し，最適消費計画に $\pi(w)$ を残さないようにせよ．

(4) ワルラス均衡を求めよ．また，(1) で描いた平面上に，ワルラス均衡の賃金 w^* における予算線と，ワルラス均衡配分 $(h^D(w^*), c^D(w^*))$ を通る消費者の無差別曲線を描き加えつつ，ワルラス均衡を図示せよ．　　解答→ 100 頁

■**問題 3.17**（厚生経済学の第 2 基本定理）　　　　教科書の関連箇所→ 3.8 節
2 財（第 1 財，第 2 財），2 消費者（A，B）の交換経済を考える．各消費者 A，B の効用関数を，

$$u^A(x_1, x_2) = x_1 x_2, \quad u^B(x_1, x_2) = x_1 x_2^3$$

とし，経済全体の初期賦存量を $(8, 6)$ とする.

(1) パレート集合を求め，エッジワース・ボックスに図示せよ.

(2) 資源配分 $((x_1^{A*}, x_2^{A*}), (x_1^{B*}, x_2^{B*})) = ((3, 1), (5, 5))$ はパレート効率的である. 消費者 A は $(\bar{x}_1^A, \bar{x}_2^A) = (2, 4)$ を，消費者 B は $(\bar{x}_1^B, \bar{x}_2^B) = (6, 2)$ を初期保有するものとする. このとき，厚生経済学の第 2 定理によって，政府は一括型の税・補助金政策による所得再分配を行うことで，資源配分 $((x_1^{A*}, x_2^{A*}), (x_1^{B*}, x_2^{B*}))$ を市場均衡として実現できる. 資源配分 $((x_1^{A*}, x_2^{A*}), (x_1^{B*}, x_2^{B*}))$ が所得再分配後の市場均衡における資源配分となるときの価格の組 $(p_1^*, 1)$ と消費者 A と B への所得移転額を求めよ. ただし，所得移転額は，税を徴収するときは負の実数に，補助金を与えるときは正の実数になるようにせよ. 解答→ 102 頁

【解 答】

●問題 3.1 の解答 問題→ 68 頁

図 3.3 は，逆需要曲線と逆供給曲線を図示したものである.

(1) 逆供給関数と逆需要関数から，均衡数量 X^* は $12 - X^* = \frac{3}{2}X^* + 2$ を満たすので，$X^* = 4$ となる. また，均衡価格は $p^* = 8$ となる.

(2) 消費者余剰は，図 3.3 の a, b, c の部分の面積で表され，$\frac{1}{2} \cdot 4 \cdot 4 = 8$ となる. 生産者余剰は，図 3.3 の d, e, f の部分の面積で表され，$\frac{1}{2} \cdot 6 \cdot 4 = 12$ となる. 総余剰は，消費者余剰と生産者余剰を合計した 20 となる.

(3) 数量 X における総余剰は，$TS = \int_0^X (12 - Y)dY - \int_0^X (\frac{3}{2}Y + 2)dY = -\frac{5}{4}X^2 + 10X$ である. これは，例えば $X = 2$ の場合，図 3.3 の a, b, d, f の部分の面積に相当する（したがって，積分を用いずとも，台形の面積の公式によって総余剰を求めることができる）. 総余剰を最大化する X は，最大化の 1 階条件 $-\frac{5}{2}X + 10 = 0$ から，$X = 4$ となる. これは均衡における数量に他ならない.

(4) このときの価格は $p = 12 - X = 10$ となる. 消費者余剰は，図 3.3 の a の部分の面積で表され，$\frac{1}{2} \cdot 2 \cdot 2 = 2$ となる. 生産者余剰は，図 3.3 の b, d, f の部分の台形の面積で表され，$(8 + 5) \cdot 2 \cdot \frac{1}{2} = 13$ となる. 総余剰は，消費者余剰と生産者余剰を合計した 15 となる. したがって，規制しない場合に比べて，消費者余剰は 6

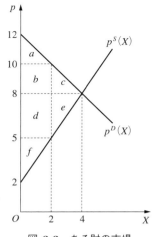

図 3.3 ある財の市場

減り，生産者余剰は 1 増え，総余剰は 5 減ることになる．

● 問題 3.2 の解答   問題 → 69 頁

(1) $MRS_{xm}(x,m) = \dfrac{\partial u(x,m)/\partial x}{\partial u(x,m)/\partial m} = \dfrac{10}{\sqrt{x}}$.

(2) 最適消費計画 (x,m) は，限界代替率と価格比率が等しいように決まるから，

$$\frac{10}{\sqrt{x}} = MRS_{xm}(x,m) = \frac{p}{1} = p$$

を満たす．これより，$x^D(p) = 100/p^2$ を得る．

《コメント》

 財の需要関数は所得に依存しないため，所得効果はゼロである．効用関数が $u(x,m) = v(x) + m$ という準線形であるとき，（所得が十分に大きければ）所得がどのような水準であっても財の需要量は同じになる．そのため，予算制約式を使うことなく，限界代替率と価格比率が等しいことだけから財の需要関数が求まる．

---

(3) 消費者が準線形効用関数を持つとき，消費者余剰は財を購入したことによる効用の増分であるから，

$$u(4, M - 5\cdot 4) - u(0, M) = 20$$

となる．ここで，M は所得額（財の購入前の貨幣量）を表している．消費者余剰は，財の需要曲線の下側の図 3.4 の斜線部の面積であるから，この面積を求めてもよい．逆需要関数は，$p^D(x) = 10/\sqrt{x}$ であるから，斜線部の面積（消費者余剰）は，

第 3 章 市場均衡   81

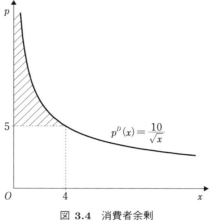

図 3.4 消費者余剰

$$\int_0^4 p^D(x)dx - 5 \cdot 4 = 20$$

となる．

●問題 3.3 の解答　　　　　　　　　　　　　　　　　　　問題→ 69 頁

(1) $C(0) = 54$ より，固定費用は 54 である．

(2) 平均費用は $AC(x) = x^2 + 5 + 54/x$，平均可変費用は $AVC(x) = x^2 + 5$，限界費用は $MC(x) = 3x^2 + 5$ である．これらを図示すると図 3.5 のようになる．

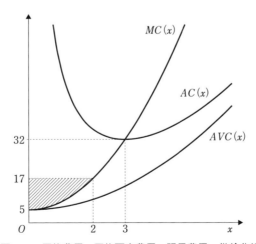

図 3.5 平均費用，平均可変費用，限界費用，供給曲線

82　第 I 部　経済主体の行動と価格理論

(3) 平均可変費用曲線と限界費用曲線が縦軸上で交わっているので，価格が生産中止価格である 5 より大きい範囲では，短期の供給曲線は限界費用曲線と一致する．したがって，逆供給関数は $p^S(x) = MC(x) = 3x^2 + 5$ となる．

(4) 生産者余剰は，収入から可変費用を引いたものである．収入は $17 \cdot 2 = 34$，可変費用は $VC(2) = 2^3 + 5 \cdot 2 = 18$ であるから，生産者余剰は $34 - 18 = 16$ となる．また，生産者余剰は，図 3.5 の斜線部の面積であるから，これを求めてもよい．斜線部の面積（生産者余剰）は，

$$17 \cdot 2 - \int_0^2 p^S(x)dx = 16$$

となる．

●問題 3.4 の解答　　　　　　　　　　　　　　　　　　　　　　問題→ 69 頁

(1) $MRS_{xm}(x, m) = \frac{\partial u(x,m)/\partial x}{\partial u(x,m)/\partial m} = -x + 30$.

(2) 限界代替率と価格比率が等しいところで財の需要量が決まるから，

$$-x + 30 = MRS_{xm}(x, m) = p$$

より，逆需要関数 $p^D(x) = -x + 30$ と需要関数 $x^D(p) = 30 - p$ を得る．

(3) $x = f(L, \bar{K}) = \sqrt{L}$ より，$\hat{L}^D(x) = x^2$ を得る．

(4) $C(x) = w\hat{L}^D(x) + r\bar{K} = x^2 + 10$.

(5) $AC(x) = C(x)/x = x + 10/x$，$AVC(x) = VC(x)/x = x$，$MC(x) = 2x$. これらを図示すると図 3.6 のようになる．

(6) 損益分岐価格は限界費用曲線と平均費用曲線の交点で決まる．限界費用曲線は平均費用曲線の最小値を通るから，損益分岐価格は平均費用曲線の最小値であるとも言える．限界費用曲線と平均費用曲線の交点での生産量は，$2x = x + 10/x$ を解いて，$x = \sqrt{10}$ である．よって，$p^{BE} = 2\sqrt{10}$ である．

　限界費用曲線と平均可変費用曲線が縦軸上で交わっているので，限界費用曲線は供給曲線でもある．よって，逆供給関数は $p^S(x) = MC(x) = 2x$ である．

(7) (2) で求めた逆需要関数 $p^D(x)$ と (6) で求めた逆供給関数 $p^S(x)$ を図示すると図 3.7 のようになる．よって，均衡における価格は 20，取引量は 10，消費者余剰は 50，生産者余剰は 100，総余剰は 150 である．

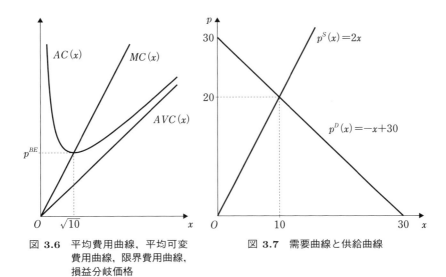

図 3.6 平均費用曲線，平均可変費用曲線，限界費用曲線，損益分岐価格

図 3.7 需要曲線と供給曲線

●問題 3.5 の解答　　　　　　　　　　　　　　　　　　　問題→ 70 頁

図 3.8 は図 3.1 を再掲したものである．

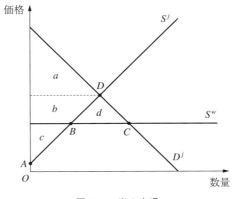

図 3.8 米の市場

(1) 海外からの輸入を認める場合，供給曲線は曲線 ABC で表される．したがって，点 C で需給は一致する．よって，消費者余剰は $a+b+d$ の部分で，（国内生産者の受け取る）生産者余剰は c の部分で表される．

(2) 海外からの輸入を規制する場合，供給曲線は曲線 S^j で表される．したがって，点 D で需給は一致する．よって，消費者余剰は a の部分で，（国内生産者の受け取る）生産者余剰は $b+c$ の部分で表される．

(3) (1),(2) より,海外からの輸入を認める場合の総余剰は $a+b+c+d$ の部分で,海外からの輸入を規制する場合の総余剰は $a+b+c$ の部分で表される.よって,海外からの輸入を認めるのをやめて規制することにすれば,d の部分の総余剰が減少することになり,効率性の観点からは望ましくない.

また,(1),(2) より,海外からの輸入を認めるのをやめて規制することにすれば,消費者は生産者への b の部分の所得移転と,d の部分の総余剰の減少分を負担し,生産者は消費者から b の部分の所得移転を享受すると考えることができる.よって,消費者に負担を強いて生産者を保護する政策と言える.

●問題 **3.6** の解答 問題→71頁

(1) 均衡における価格は 12,取引量は 12(図 3.9 の点 E^0).

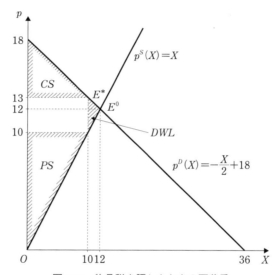

図 **3.9** 物品税を課したときの死荷重

(2) 消費者余剰は $(18-12)\cdot 12/2 = 36$,生産者余剰は $12\cdot 12/2 = 72$ である.総余剰は,消費者余剰と生産者余剰の合計であるので,$36+72 = 108$ である.

(3) 均衡における取引量は $p^S(X)+3 = p^D(X)$ を満たす取引量 X である.つまり,生産者の直面する価格に 3 円を上乗せした価格が消費者価格であり,そのときに消費者の需要量と生産者の供給量が等しいような取引量である.この方程式は $X+3 = -X/2+18$ となるから,均衡における取引量 10,生産者価格 $p^S(10) = 10$,消費者価格 $p^D(10) = 13$ を得る(図 3.9 の点 E^*).よって,消費者余剰は

$(18 - 13) \cdot 10/2 = 25$（図の CS），生産者余剰は $10 \cdot 10/2 = 50$（図の PS），税収は $3 \cdot 10 = 30$ である．総余剰は，消費者余剰と生産者余剰と税収の合計であるので，$25 + 50 + 30 = 105$ となる．死荷重は，課税しないときの総余剰と課税したときの総余剰の差であるから，$108 - 105 = 3$ となる．これは，図 3.9 の DWL の指す斜線部の面積に相当する．

●問題 3.7 の解答　　　　　　　　　　　　　　　　　　　問題→ 71 頁

(1) 企業の利潤最大化条件，ゼロ利潤条件，需給一致条件はそれぞれ，

$$p = 2x \tag{3.2}$$

$$px = x^2 + 10000 \tag{3.3}$$

$$Fx = -p + 4000$$

である．ただし，F は参入企業数で，総生産量は F 企業の合計なので $X = Fx$ であることを用いている．したがって，長期均衡における参入企業数は $F^* = 38$，価格は $p^* = 200$，個別企業の生産量は $x^* = 100$ となる．

(2) 企業の利潤最大化条件は式 (3.2)，ゼロ利潤条件は式 (3.3)，需給一致条件は，

$$Fx = -p + 8000$$

である．したがって，長期均衡における参入企業数は $F^* = 78$，価格は $p^* = 200$，個別企業の生産量は $x^* = 100$ となる．

(3) 企業の利潤最大化条件は式 (3.2) で与えられるから，個別企業の供給関数は $x = p/2$ となる．いま，参入企業数は 38 なので，市場供給関数は $X = 38x = 19p$ となる．これから，需給一致条件は $19p = -p + 8000$ となる．したがって，価格は $p^* = 400$，個別企業の生産量は $x^* = 200$ となる．また，個別企業の利潤は $400 \cdot 200 - C(200) = 30000$ となり，正である．

《コメント》

　(1) のような長期均衡の状態から需要が拡大した場合，(3) に見られるように企業数がそのままだと，価格が上昇して各企業が正の利潤を得られる．これを狙って新規参入が起こり，新しい長期均衡では (2) のように企業数が増えるのである．長期均衡では，式 (3.2), (3.3) より，最小最適生産規模で生産し，「最小平均費用 = 価格」となることが保証されている．したがって，(2) では (1) と同一の価格まで戻り，市場の拡大によって参入企業数のみが調整されることになる．この調整過程については，教科書 p. 145 の最終段落の説明も参照のこと．

86   第 I 部　経済主体の行動と価格理論

●**問題 3.8 の解答**　　　　　　　　　　　　　　　　　　　　　　　問題→ 72 頁

(1)　**(a)** ある資源配分 $(\boldsymbol{x}^A, \boldsymbol{x}^B) = ((x_1^A, x_2^A), (x_1^B, x_2^B))$ と別の資源配分
$(\boldsymbol{x}^{A\prime}, \boldsymbol{x}^{B\prime}) = ((x_1^{A\prime}, x_2^{A\prime}), (x_1^{B\prime}, x_2^{B\prime}))$ が次の二つの条件を満たすとき，資源配分
$(\boldsymbol{x}^A, \boldsymbol{x}^B)$ が資源配分 $(\boldsymbol{x}^{A\prime}, \boldsymbol{x}^{B\prime})$ をパレート支配すると言う．

- どの消費者 h についても，消費計画 $\boldsymbol{x}^h$ から得る効用は消費計画 $\boldsymbol{x}^{h\prime}$ から得る効用以上である．

- ある消費者 h については，消費計画 $\boldsymbol{x}^h$ から得る効用は消費計画 $\boldsymbol{x}^{h\prime}$ から得る効用より厳密な意味で高い．

　点 Q における資源配分では，点 P における資源配分に比べて，消費者 A の効用は同じで，消費者 B の効用は厳密な意味で高い．点 R における資源配分では，点 P における資源配分に比べて，どの消費者の効用も厳密な意味で高い．点 S における資源配分では，点 P における資源配分に比べて，消費者 A の効用は厳密な意味で低く，消費者 B の効用は厳密な意味で高い．したがって，点 P で表される資源配分をパレート支配する資源配分は存在し，それは点 Q, R で表される資源配分である．

(b) ある実現可能な資源配分がいかなる実現可能な資源配分によってもパレート支配されないとき，その資源配分はパレート効率的であると言う．(a) より，点 P で表される実現可能な資源配分は，それをパレート支配する実現可能な資源配分が存在するため，パレート効率的ではない．

(2) **(a)** 表 3.1 参照．どの楽器も，A 君が受け取るか B 君が受け取るかの 2 通りがあるから，$2^3 = 8$ 通りの配分がある．

(b) 表 3.1 参照．A 君は，配分 4，5，6，7，8 と比べて，配分 3 の方が効用が高い．B 君は，配分 1，4 と比べて，配分 3 の方が効用が高い．したがって，配分

表 **3.1**　楽器の配分

配分番号	A の楽器	B の楽器	A の好みの順位	B の好みの順位
1	すべて	なし	1	8
2	P, G	D	2	4
3	P, D	G	3	6
4	G, D	P	5	7
5	P	G, D	4	2
6	G	P, D	7	3
7	D	P, G	6	5
8	なし	すべて	8	1

3 は配分 1, 4, 5, 6, 7, 8 にパレート支配されない. それに対して, A 君も B 君も, 配分 2 と比べて, 配分 3 の方が効用が低い. したがって, 配分 3 は配分 2 にパレート支配される. 以上より, 「A 君はピアノとドラム, B 君はギターという配分 (配分 3)」をパレート支配する配分が存在し, それは「A 君はピアノとギター, B 君はドラムという配分 (配分 2)」である.

(c) 表 3.1 参照. 配分 1, 2, 5, 8 はどの配分にもパレート支配されないことがわかる. また, 配分 3 は配分 2 に, 配分 4 は配分 2, 3, 5 に, 配分 6 は配分 5 に, 配分 7 は配分 2, 5 にパレート支配されることがわかる. したがって, パレート効率的な配分は, 「A 君は楽器すべて, B 君は楽器なしという配分 (配分 1)」, 「A 君はピアノとギター, B 君はドラムという配分 (配分 2)」, 「A 君はピアノ, B 君はギターとドラムという配分 (配分 5)」, 「A 君は楽器なし, B 君は楽器すべてという配分 (配分 8)」となる.

●問題 3.9 の解答　　　　　　　　　　　　　　　　　問題→ 73 頁

(1) (a) 消費者 h の効用最大化問題は,

$$\max_{(x_1^h, x_2^h)} \quad \sqrt{x_1^h} + \sqrt{x_2^h}$$
$$\text{subject to} \quad p_1 x_1^h + p_2 x_2^h = p_1 \bar{x}_1^h + p_2 \bar{x}_2^h$$

と定式化できる. そこで, ラグランジュ関数 $\mathcal{L}$ を,

$$\mathcal{L} = \sqrt{x_1^h} + \sqrt{x_2^h} + \lambda(p_1 \bar{x}_1^h + p_2 \bar{x}_2^h - p_1 x_1^h - p_2 x_2^h)$$

と設定する (ただし, λ をラグランジュ乗数とする). 1 階条件は,

$$0 = \frac{\partial \mathcal{L}}{\partial x_1^h} = \frac{1}{2} \frac{1}{\sqrt{x_1^h}} - \lambda p_1$$

$$0 = \frac{\partial \mathcal{L}}{\partial x_2^h} = \frac{1}{2} \frac{1}{\sqrt{x_2^h}} - \lambda p_2$$

$$0 = \frac{\partial \mathcal{L}}{\partial \lambda} = p_1 \bar{x}_1^h + p_2 \bar{x}_2^h - p_1 x_1^h - p_2 x_2^h$$

である. この連立方程式を解くことで, 最適消費計画

$$(x_1^h, x_2^h) = \left(\frac{p_2(p_1 \bar{x}_1^h + p_2 \bar{x}_2^h)}{p_1(p_1 + p_2)}, \frac{p_1(p_1 \bar{x}_1^h + p_2 \bar{x}_2^h)}{p_2(p_1 + p_2)} \right)$$

が得られる.

　したがって, 各消費者 A, B の最適消費計画は,

88 第 I 部 経済主体の行動と価格理論

$$(x_1^A, x_2^A) = \left(\frac{p_2(20p_1 + 50p_2)}{p_1(p_1 + p_2)}, \frac{p_1(20p_1 + 50p_2)}{p_2(p_1 + p_2)} \right)$$

$$(x_1^B, x_2^B) = \left(\frac{p_2(10p_1 + 70p_2)}{p_1(p_1 + p_2)}, \frac{p_1(10p_1 + 70p_2)}{p_2(p_1 + p_2)} \right)$$

である.

(b) ワルラス均衡における価格の組 (p_1^*, p_2^*) と資源配分 $((x_1^{A*}, x_2^{A*}), (x_1^{B*}, x_2^{B*}))$ は, 消費者の効用最大化および需給一致条件から導かれる. すなわち,

$$(x_1^{A*}, x_2^{A*}) = \left(\frac{p_2^*(20p_1^* + 50p_2^*)}{p_1^*(p_1^* + p_2^*)}, \frac{p_1^*(20p_1^* + 50p_2^*)}{p_2^*(p_1^* + p_2^*)} \right)$$

$$(x_1^{B*}, x_2^{B*}) = \left(\frac{p_2^*(10p_1^* + 70p_2^*)}{p_1^*(p_1^* + p_2^*)}, \frac{p_1^*(10p_1^* + 70p_2^*)}{p_2^*(p_1^* + p_2^*)} \right)$$

$$x_1^{A*} + x_1^{B*} = \bar{x}_1^A + \bar{x}_1^B = 30$$

$$x_2^{A*} + x_2^{B*} = \bar{x}_2^A + \bar{x}_2^B = 120$$

を満たす. これを解くと,

$$\frac{p_1^*}{p_2^*} = 2, \ (x_1^{A*}, x_2^{A*}) = (15, 60), \ (x_1^{B*}, x_2^{B*}) = (15, 60)$$

が得られる.

《コメント》

ワルラス均衡を求めるための連立方程式は, ワルラスの法則より独立ではない. ある財 (第 2 財) の市場は, その財を除いた他のすべての財 (第 1 財) の需給が一致していれば, 自動的に需給が一致するためである. このため, 需給一致条件を表す方程式は第 1 財の 1 本だけとなり, 変数は 2 財の価格 p_1 と p_2 の 2 個ではあるが, 均衡で決定されるのは相対価格 p_1/p_2 のみである. このことは, 本問を以下のように解けばわかる. 各財の需要の分母分子を p_2 で割って, $p_1/p_2 = p$ とおくと, 最適消費計画は,

$$(x_1^A, x_2^A) = \left(\frac{(20p + 50)}{p(p + 1)}, \frac{p(20p + 50)}{(p + 1)} \right)$$

$$(x_1^B, x_2^B) = \left(\frac{(10p + 70)}{p(p + 1)}, \frac{p(10p + 70)}{(p + 1)} \right)$$

となり, 相対価格 p の関数として表せる. これを第 1 財の需給均衡条件 $x_1^A + x_1^B = 30$ に代入すると均衡価格比 $p^* = 2$ が得られ, この値を上記の p で表した需要関数に代入するとすべての均衡需要量が求まる. つまり, 第 2 財の需給均衡条件 $x_2^A + x_2^B = 120$ を使わなくても第 2 財の均衡需要量も得られてしまうのである. これはワルラスの法則により, ある財 (第 2 財) の市場は, その財を除いた他のすべての財 (第 1 財) が均衡していれば, 自動的に均衡するためである. 事実, 上記の方法で得られた均衡需要量 $(x_2^{A*}, x_2^{B*}) = (60, 60)$ を $x_2^A + x_2^B$ に代入してみると 120 となり, 第 2 財の需給均衡条件も満たされていることが確認できる.

より簡便には，ニュメレールの価格を $p_2 = 1$ と基準化して，変数を第 1 財の価格 p_1 の 1 個として解いてもよい．このように基準化すると，相対価格は $p = p_1$ と置き換わり，最適消費計画について上記と同じ式が得られることがわかる．これは，各消費者の需要関数が 0 次同次であるので，価格の組 (p_1, p_2) の下での最適消費計画と $(p_1/p_2, 1)$ の下での最適消費計画は等しくなるためである．（需要関数の 0 次同次性については，教科書の命題 1.3 を参照せよ．需要関数は価格の組 (p_1, p_2) と所得 M について 0 次同次であるが，2 財を初期保有する消費者 A と B について，2 財の価格 p_1 と p_2 が一斉に t 倍になると所得も t 倍になるため，需要関数は価格の組について 0 次同次である．）したがって，以降は全く同じ手順で，p_1 についての方程式として均衡値を計算することができる．ワルラス均衡における価格の組を $(p_1^*, 1)$ としたときの均衡価格比 $p_1^* = 2$ が得られ，これを代入して均衡需要量を求めると，すべての均衡値は先に求めたものと同じになる．

ワルラス均衡の導出手順　同様の解法を用いると，一般に n 財 H 消費者の交換経済におけるワルラス均衡を求める手順は以下の通りである．

(1) ある財（例えば第 n 財）の価格を 1 として，各消費者 h について，需要関数 $(x_1^{hD}(p_1, \ldots, p_{n-1}, 1), \ldots, x_n^{hD}(p_1, \ldots, p_{n-1}, 1))$ を求める．

(2) $(n-1)$ 個の財市場での需給一致条件式

$$\sum_{h=1}^{H} x_i^{hD}(p_1, \ldots, p_{n-1}, 1) = \sum_{h=1}^{H} \bar{x}_i^h \quad (i = 1, \ldots, n-1)$$

を解く（$\bar{x}_i^h$ は初期保有）．この $(n-1)$ 本の連立方程式の解である価格の組 $(p_1^*, \ldots, p_{n-1}^*, 1)$ が，ワルラス均衡における価格の組（$p_n = 1$ と基準化したときの相対価格 $p_i = p_i/p_n$ の組）である．

(3) (2) で得られた価格の組 $(p_1^*, \ldots, p_{n-1}^*, 1)$ を (1) で求めた各消費者の需要関数に代入して，最適消費計画

$$x_i^{h*} = x_i^{hD}(p_1^*, \ldots, p_{n-1}^*, 1) \quad (i = 1, \ldots, n; \ h = 1, \ldots, H)$$

を求める．この最適消費計画の組（1 消費者当たり n 財なので，$n \times H$ 次元のベクトル）がワルラス均衡での資源配分である．

---

(2) 実現可能な資源配分の集合は，

$$x_1^A + x_1^B \leq \bar{x}_1^A + \bar{x}_1^B$$
$$x_2^A + x_2^B \leq \bar{x}_2^A + \bar{x}_2^B$$

を満たすような $((x_1^A, x_2^A), (x_1^B, x_2^B))$ の集合である．ここで，どちらかの財（第 i 財）について，$x_i^A + x_i^B < \bar{x}_i^A + \bar{x}_i^B$ という状況を考えてみる．すなわち，いくらか捨ててしまう財がある場合である．このとき，捨てられるはずの財をどちらかの

90   第 I 部　経済主体の行動と価格理論

人に配分すればその人の効用は上がる．一方，もう 1 人の効用は変わらない．このようにしてパレート支配する配分が存在するので，捨ててしまうような財があるような配分はパレート効率的ではないことは明らかである．したがって，

$$x_1^A + x_1^B = \bar{x}_1^A + \bar{x}_1^B$$

$$x_2^A + x_2^B = \bar{x}_2^A + \bar{x}_2^B$$

について考えるのみで十分である．

　消費者 B が得る効用を u とすると，B にとって実現可能な効用の範囲は $0 = u^B(0,0) \le u \le u^B(\bar{x}_1^A + \bar{x}_1^B, \bar{x}_2^A + \bar{x}_2^B) = 3\sqrt{30}$ であることに注意しておこう．消費者 B の効用がある水準 u（ただし，$0 \le u \le 3\sqrt{30}$）で固定されているとき，パレート支配されない配分は最大化問題

$$\max_{(x_1^A, x_2^A, x_1^B, x_2^B)} \quad \sqrt{x_1^A} + \sqrt{x_2^A}$$
$$\text{subject to} \quad u = \sqrt{x_1^B} + \sqrt{x_2^B}$$
$$x_1^A + x_1^B = 30$$
$$x_2^A + x_2^B = 120$$

の解で表される．ラグランジュ関数 $\mathcal{L}$ を，

$$\mathcal{L} = \sqrt{x_1^A} + \sqrt{x_2^A} + \lambda(\sqrt{x_1^B} + \sqrt{x_2^B} - u)$$
$$+ \mu(30 - x_1^A - x_1^B) + \nu(120 - x_2^A - x_2^B)$$

と設定する（ただし，λ，μ，ν をラグランジュ乗数とする）．1 階条件は，

$$0 = \frac{\partial \mathcal{L}}{\partial x_1^A} = \frac{1}{2}\frac{1}{\sqrt{x_1^A}} - \mu$$

$$0 = \frac{\partial \mathcal{L}}{\partial x_2^A} = \frac{1}{2}\frac{1}{\sqrt{x_2^A}} - \nu$$

$$0 = \frac{\partial \mathcal{L}}{\partial x_1^B} = \frac{1}{2}\frac{1}{\sqrt{x_1^B}}\lambda - \mu$$

$$0 = \frac{\partial \mathcal{L}}{\partial x_2^B} = \frac{1}{2}\frac{1}{\sqrt{x_2^B}}\lambda - \nu$$

$$0 = \frac{\partial \mathcal{L}}{\partial \lambda} = \sqrt{x_1^B} + \sqrt{x_2^B} - u$$

$$0 = \frac{\partial \mathcal{L}}{\partial \mu} = 30 - x_1^A - x_1^B$$

$$0 = \frac{\partial \mathcal{L}}{\partial \nu} = 120 - x_2^A - x_2^B$$

である．この連立方程式を解くことで，消費者 B の効用がある水準 u に固定されているときの，パレート支配されない配分

$$(x_1^A, x_2^A, x_1^B, x_2^B) = \left(30 - \frac{1}{9}u^2, 120 - \frac{4}{9}u^2, \frac{1}{9}u^2, \frac{4}{9}u^2\right)$$

がわかる．

以上をまとめると，パレート集合は，

$$x_1^A = 30 - \frac{1}{9}u^2, x_2^A = 120 - \frac{4}{9}u^2, x_1^B = \frac{1}{9}u^2, x_2^B = \frac{4}{9}u^2, 0 \leq u \leq 3\sqrt{30}$$

を満たすような資源配分 $(x_1^A, x_2^A, x_1^B, x_2^B)$ の集合である．

(3) エッジワース・ボックスにおいて，初期保有配分 $(\bar{x})$，ワルラス均衡配分 (x^*)，パレート集合 (PS)，消費者 A のオファー・カーブ (OC^A)，消費者 B のオファー・カーブ (OC^B)，均衡での予算線 (BL) を図示すると，図 3.10 の通りである．

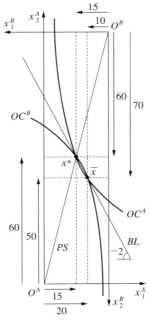

図 **3.10** 一般均衡

《コメント》

パレート集合が，エッジワース・ボックスの O^A と O^B を結ぶ線分 ($x_2^A = 4x_1^A$ または $x_2^B = 4x_1^B$) であるのは次の理由による．消費者 A と B は同一の効用関数 $u^A(x_1, x_2) = u^B(x_1, x_2) = \sqrt{x_1} + \sqrt{x_2}$ を持ち，第 1 財の第 2 財で測った限界代替率は，

$$MRS_{12}^A(x_1, x_2) = MRS_{12}^B(x_1, x_2) = \sqrt{\frac{x_2}{x_1}}$$

となる．よって，任意の $c > 0$ について，直線 $x_2 = cx_1$ 上の消費計画 (x_1, x_2) において消費者 A と B の限界代替率は $\sqrt{c}$ で一定となる．特に，エッジワース・ボックスの線分 $O^A O^B$ 上で，消費者 A と B の限界代替率はいずれも $\sqrt{4} = 2$ であり，その値が等しいため，2 人の無差別曲線が接する．したがって，線分 $O^A O^B$ 上の資源配分はパレート効率的であり，パレート集合は線分 $O^A O^B$ となる．

●問題 3.10 の解答　　　　　　　　　　　　　　　　　　問題→ 74 頁

ワルラス均衡の求め方については，問題 3.9 の (1) の解答のコメントを参照せよ（ただし本問では手順 (2) から）．$M^h = p_1 \bar{x}_1^h + \bar{x}_2^h$ であることに注意すると，ワルラス均衡における価格の組は $(p_1^*, p_2^*) = (2, 1)$，資源配分は，

$$((x_1^{A*}, x_2^{A*}), (x_1^{B*}, x_2^{B*})) = \left(\left(\frac{11}{6}, \frac{22}{3} \right), \left(\frac{25}{6}, \frac{5}{3} \right) \right)$$

となる．

●問題 3.11 の解答　　　　　　　　　　　　　　　　　　問題→ 74 頁

(1) 本問は，ワルラス均衡の求め方（問題 3.9 の (1) の解答のコメント）の手順 (1) に対応する．価格の組が $(p_1, 1)$ であるとき，消費者 A の所得は $p_1 + 2$，B の所得は $3p_1 + 1$ である．各消費者の最適消費計画は，ラグランジュ乗数法を用いるか，または「限界代替率 = 価格比率」と「予算制約式」の連立方程式を解いて求めると，

$$(x_1^{AD}(p_1, 1), x_2^{AD}(p_1, 1)) = \left(\frac{p_1 + 4}{3p_1}, \frac{2p_1 + 2}{3} \right)$$

$$(x_1^{BD}(p_1, 1), x_2^{BD}(p_1, 1)) = \left(\frac{3p_1 + 1}{4p_1}, \frac{3(3p_1 + 1)}{4} \right)$$

となる（なお，消費者 B はコブ・ダグラス効用関数をもつので，問題 1.7 の解答およびそのコメントから直ちに求めることができる）．

(2) 本問は，ワルラス均衡の求め方（問題 3.9 の (1) 解答のコメント）の手順 (2) 以降に対応する．ワルラス均衡における価格の組は $(p_1^*, 1) = (19/35, 1)$，資源配分は，

$$((x_1^{A*}, x_2^{A*}), (x_1^{B*}, x_2^{B*})) = \left(\left(\frac{53}{19}, \frac{36}{35} \right), \left(\frac{23}{19}, \frac{69}{35} \right) \right)$$

である．

第 3 章 市場均衡　93

●問題 3.12 の解答
問題→ 74 頁

ワルラス均衡の求め方については，問題 3.9 の (1) の解答のコメントを参照せよ．
ワルラス均衡における価格の組（$p_3 = 1$ に基準化）は $(p_1^*, p_2^*, p_3^*) = (3/4, 1, 1)$，資
源配分は，

$$((x_1^{A*}, x_2^{A*}, x_2^{A*}), (x_1^{B*}, x_2^{B*}, x_3^{B*})) = \left(\left(\frac{4}{3}, 2, 3 \right), \left(\frac{8}{3}, 1, 1 \right) \right)$$

である．

《コメント》

コブ・ダグラス効用関数 $u(x_1, x_2, x_3) = x_1^{\alpha_1} x_2^{\alpha_2} x_3^{\alpha_3}$（$\alpha_1, \alpha_2, \alpha_3 > 0$）をもつ消費者
の最適消費計画は，

$$(x_1^D(p_1, p_2, p_3, M), x_2^D(p_1, p_2, p_3, M), x_3^D(p_1, p_2, p_3, M))$$
$$= \left(\frac{\alpha_1 M}{(\alpha_1 + \alpha_2 + \alpha_3)p_1}, \frac{\alpha_2 M}{(\alpha_1 + \alpha_2 + \alpha_3)p_2}, \frac{\alpha_3 M}{(\alpha_1 + \alpha_2 + \alpha_3)p_3} \right)$$

であり，3 財のときも第 i 財への支出額 $p_i x_i^D$ は所得の $\alpha_i / (\alpha_1 + \alpha_2 + \alpha_3)$ の割合とな
る．（問題 1.7 の解答にある 2 財の場合についてのコメントも参照せよ．）

●問題 3.13 の解答
問題→ 75 頁

(1) $p_i^* > 0$ と $\bar{x}_i^h > 0$ より，$M^{h*} > 0$ である．また，$\bar{x}_i = \bar{x}_i^A + \bar{x}_i^B$ であるから，
$M^* = M^{A*} + M^{B*}$ が得られる．第 1 財の需要関数 x_1^D は所得に関して加法的で
あるから，

$$x_1^D(p_1^*, p_2^*, M^{A*}) + x_1^D(p_1^*, p_2^*, M^{B*}) = x_1^D(p_1^*, p_2^*, M^{A*} + M^{B*})$$
$$= x_1^D(p_1^*, p_2^*, M^*) = \bar{x}_1$$

となる．よって，(p_1^*, p_2^*) の下で，第 1 財の需給が一致する．ワルラスの法則より，
第 2 財の需給も一致し，定義より，(x_1^{h*}, x_2^{h*}) は (p_1^*, p_2^*) の下での消費者 h の最適
消費計画であるから，価格の組 (p_1^*, p_2^*) および資源配分 $((x_1^{A*}, x_2^{A*}), (x_1^{B*}, x_2^{B*}))$
はワルラス均衡である．

《コメント》

問題文の式 (3.1) の左辺は第 i 財の市場需要関数（両消費者の需要関数の合計）であ
り，右辺は第 i 財の個別需要関数である．よって，需要関数が所得に関して加法的であ
るとき，市場需要関数を仮想的な 1 人の消費者の需要関数と見なせる（ただし，仮想的
な消費者の所得は両消費者の所得の合計である）．このような仮想的な消費者を代表的消
費者と言う．本問の結果は，消費者 A，B の 2 人からなる経済のワルラス均衡における
価格の組は，経済全体での初期賦存量 $(\bar{x}_1, \bar{x}_2)$ が代表的消費者の最適消費計画となるよ
うな価格の組であることを意味している．

94   第 I 部　経済主体の行動と価格理論

(2) 第 i 財の需要関数が 1 次同次であることから,

$$x_i^{h*} = x_i^D(p_1^*, p_2^*, M^{h*})$$

$$= x_i^D\left(p_1^*, p_2^*, \frac{M^{h*}}{M^*} \cdot M^*\right) = \frac{M^{h*}}{M^*} x_i^D(p_1^*, p_2^*, M^*) = \frac{M^{h*}}{M^*} \bar{x}_i$$

となる. よって, $(x_1^{h*}, x_2^{h*}) = \left(\frac{M^{h*}}{M^*}\bar{x}_1, \frac{M^{h*}}{M^*}\bar{x}_2\right)$ である.

《コメント》

需要関数に関する以下の 3 条件は同値である.

(i) 各財の需要関数は所得に関して加法的である.

(ii) 各財の需要関数は所得に関して 1 次同次である.

(iii) 任意の価格の組 (p_1, p_2) について,所得消費曲線は原点を通る傾き $\frac{x_2^D(p_1, p_2, 1)}{x_1^D(p_1, p_2, 1)}$ の直線である.

---

(3) (a) コブ・ダグラス効用関数 $u(x_1, x_2) = x_1^{\alpha_1} x_2^{\alpha_2}$ から導出される第 i 財の需要関数は, $\alpha_1 + \alpha_2 = 1$ より,

$$x_i^D(p_1, p_2, M) = \frac{\alpha_i M}{(\alpha_1 + \alpha_2) p_i} = \frac{\alpha_i M}{p_i}$$

である（問題 1.7 を参照せよ）. よって,$t > 0$ について,

$$x_i^D(p_1, p_2, tM) = \frac{\alpha_i tM}{p_i} = t\frac{\alpha_i M}{p_i} = tx_i^D(p_1, p_2, M)$$

となり,需要関数 x_i^D は所得に関して 1 次同次である.

(b) (p_1^*, p_2^*) をワルラス均衡における価格の組とすると,(1) より,初期賦存量 $(\bar{x}_1, \bar{x}_2)$ は価格の組 (p_1^*, p_2^*),所得 $M^* = p_1^* \bar{x}_1 + p_2^* \bar{x}_2$ の下での最適消費計画である. したがって,

$$\frac{p_1^*}{p_2^*} = MRS_{12}(\bar{x}_1, \bar{x}_2) = \frac{\alpha_1 \bar{x}_1^{\alpha_1 - 1} \bar{x}_2^{\alpha_2}}{\alpha_2 \bar{x}_1^{\alpha_1} \bar{x}_2^{\alpha_2 - 1}} = \frac{\alpha_1}{\alpha_2}$$

となる. または,需要関数を使って,

$$1 = \bar{x}_i = x_i^D(p_1^*, p_2^*, M^*) = \frac{\alpha_i M^*}{p_i^*}$$

より,

$$\frac{p_1^*}{p_2^*} = \frac{\alpha_1 M^*}{\alpha_2 M^*} = \frac{\alpha_1}{\alpha_2}$$

が得られる.

第 3 章　市場均衡　　95

●**問題 3.14 の解答**　　　　　　　　　　　　　　　　　　問題→ 76 頁

(1) (a) 消費者 h の効用最大化問題は，

$$\max_{(x_1^h, x_2^h)} \quad \sqrt{x_1^h} + \sqrt{x_2^h}$$

$$\text{subject to} \quad p_1 x_1^h + p_2 x_2^h = p_1 \bar{x}_1^h + p_2 \bar{x}_2^h + \frac{\pi}{2}$$

と定式化できる．そこで，ラグランジュ関数 $\mathcal{L}$ を，

$$\mathcal{L} = \sqrt{x_1^h} + \sqrt{x_2^h} + \lambda(p_1 \bar{x}_1^h + p_2 \bar{x}_2^h + \frac{\pi}{2} - p_1 x_1^h - p_2 x_2^h)$$

と設定する（ただし，λ をラグランジュ乗数とする）．1 階条件は，

$$0 = \frac{\partial \mathcal{L}}{\partial x_1^h} = \frac{1}{2} \frac{1}{\sqrt{x_1^h}} - \lambda p_1$$

$$0 = \frac{\partial \mathcal{L}}{\partial x_2^h} = \frac{1}{2} \frac{1}{\sqrt{x_2^h}} - \lambda p_2$$

$$0 = \frac{\partial \mathcal{L}}{\partial \lambda} = p_1 \bar{x}_1^h + p_2 \bar{x}_2^h + \frac{\pi}{2} - p_1 x_1^h - p_2 x_2^h$$

である．この連立方程式を解くことで，最適消費計画

$$(x_1^h, x_2^h) = \left(\frac{p_2(p_1 \bar{x}_1^h + p_2 \bar{x}_2^h + \frac{\pi}{2})}{p_1(p_1 + p_2)}, \frac{p_1(p_1 \bar{x}_1^h + p_2 \bar{x}_2^h + \frac{\pi}{2})}{p_2(p_1 + p_2)} \right)$$

が得られる．したがって，各消費者 A，B の最適消費計画は，

$$(x_1^A, x_2^A) = \left(\frac{p_2(20p_1 + 50p_2 + \frac{\pi}{2})}{p_1(p_1 + p_2)}, \frac{p_1(20p_1 + 50p_2 + \frac{\pi}{2})}{p_2(p_1 + p_2)} \right)$$

$$(x_1^B, x_2^B) = \left(\frac{p_2(10p_1 + 70p_2 + \frac{\pi}{2})}{p_1(p_1 + p_2)}, \frac{p_1(10p_1 + 70p_2 + \frac{\pi}{2})}{p_2(p_1 + p_2)} \right)$$

である．

(b) 企業 F の利潤最大化問題は，

$$\max_{(x_1^F, x_2^F)} \quad p_1 x_1^F - p_2 x_2^F$$

$$\text{subject to} \quad x_1^F = x_2^F$$

と定式化できる．これを解くと，

$$x_1^F = x_2^F = \begin{cases} 0 & p_1 < p_2 \text{ の場合} \\ \text{任意の非負の実数} & p_1 = p_2 \text{ の場合} \\ \text{なし} & p_1 > p_2 \text{ の場合} \end{cases}$$

となる．

(c) 需給一致条件から，
$$x_1^{A*} + x_1^{B*} = \bar{x}_1^A + \bar{x}_1^B + x_1^{F*} = 30 + x_1^{F*}$$
$$x_2^{A*} + x_2^{B*} + x_2^{F*} = \bar{x}_2^A + \bar{x}_2^B = 120$$

となる．したがって，これと (a), (b) より，
$$\frac{p_1^*}{p_2^*} = 1$$
$(x_1^{A*}, x_2^{A*}) = (35, 35)$, $(x_1^{B*}, x_2^{B*}) = (40, 40)$, $(x_1^{F*}, x_2^{F*}) = (45, 45)$

を得る．

(2) (a) 生産可能性フロンティアは図 3.11 の通りである．ワルラス均衡における限界変形率は $MRT_{12}(\bar{x}_1^A + \bar{x}_1^B + x_1^{F*}, \bar{x}_2^A + \bar{x}_2^B - x_2^{F*}) = MRT_{12}(75, 75) = 1$ である．

(b) 各消費者のワルラス均衡における限界代替率は $MRS_{12}^A(x_1^{A*}, x_2^{A*}) = MRS_{12}^B(x_1^{B*}, x_2^{B*}) = 1$ である．

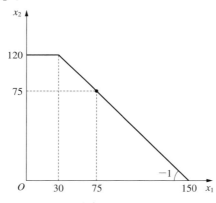

図 3.11 生産可能性フロンティア

《コメント》

(a), (b) の結果にあるように，ワルラス均衡においては，各消費者の限界代替率と企業の限界変形率は一致する．

●問題 3.15 の解答 問題→ 76 頁

(1) $L_1^D(p_1) = p_1^2/4$, $L_2^D(p_2) = 9p_2^2/4$．

(2) 企業 i の利潤を $\pi^i(p_i)$ で表すと，消費者 h の所得 M^h は，賃金を $w = 1$ としているので，

である.

$$M^h = \overline{L}_h + \theta_1^h \pi^1(p_1) + \theta_2^h \pi^2(p_2)$$

である. (1) より, $\pi^1(p_1) = p_1\sqrt{L_1^D(p_1)} - L_1^D(p_1) = p_1^2/4$, $\pi^2(p_2) = p_2 \times 3\sqrt{L_2^D(p_2)} - L_2^D(p_2) = 9p_2^2/4$ となる. したがって,

$$M^A = 3 + \frac{1}{3}\left(\frac{p_1^2}{4} + \frac{9p_2^2}{4}\right), \quad M^B = 6 + \frac{2}{3}\left(\frac{p_1^2}{4} + \frac{9p_2^2}{4}\right)$$

を得る.

(3) 消費者 A と B の効用関数はコブ・ダグラス型であるから, 需要関数は,

$$(x_1^{AD}, x_2^{AD}) = \left(\frac{2M^A}{3p_1}, \frac{M^A}{3p_2}\right)$$

$$(x_1^{BD}, x_2^{BD}) = \left(\frac{M^B}{6p_1}, \frac{5M^B}{6p_2}\right)$$

となる. ワルラスの法則より, 第 1 財と生産要素財(労働)の需給一致条件式

$$\frac{2M^A}{3p_1} + \frac{M^B}{6p_1} = f^1(L_1^D(p_1))$$

$$L_1^D(p_1) + L_2^D(p_2) = \bar{L}_A + \bar{L}_B$$

を満たす消費財価格の組

$$(p_1^*, p_2^*) = \left(2\sqrt{3}, \frac{2\sqrt{2}}{\sqrt{3}}\right)$$

がワルラス均衡における価格の組である(第 1 財と第 2 財の需給一致条件式, または第 2 財と生産要素財の需給一致条件式からも (p_1^*, p_2^*) を求められる). (p_1^*, p_2^*) を, 消費者の需要関数と企業の生産関数に代入して, ワルラス均衡における資源配分

$$(x_1^{A*}, x_2^{A*}) = \left(\frac{2}{\sqrt{3}}, \frac{\sqrt{3}}{\sqrt{2}}\right), \quad (x_1^{B*}, x_2^{B*}) = \left(\frac{1}{\sqrt{3}}, \frac{5\sqrt{3}}{\sqrt{2}}\right)$$

$$(x_1^*, L_1^*) = (\sqrt{3}, 3), \quad (x_2^*, L_2^*) = (3\sqrt{6}, 6)$$

を得る.

《コメント》

ワルラス均衡における消費者 A と B の消費計画は, 図 3.12 の点 W で表されている. ただし, 消費者 B の原点は O^B である. ワルラス均衡における消費財の価格比率 p_1^*/p_2^* は, 点 O^B を通る生産可能性フロンティアの接線の傾きの大きさ(つまり, 点 O^B における限界変形率 $MRT_{12}(f^1(L_1^*), f^2(L_2^*))$), かつ点 W を通る 2 人の無差別曲線の接線の傾きの大きさ(つまり, 点 W における限界代替率 $MRS_{12}^A(x_1^*, x_2^*) = MRS_{12}^B(x_1^*, x_2^*)$) に等しい.

(4) 与えられた資源配分が実現可能である，つまり，配分はすべて非負であり，

$$x_1^{A\prime} + x_1^{B\prime} = x_1' = \sqrt{L_1'}$$
$$x_2^{A\prime} + x_2^{B\prime} = x_2' = 3\sqrt{L_2'}$$
$$L_1' + L_2' = \bar{L}_A + \bar{L}_B = 9$$

が成立していることは直ちに確かめられる．また，

$$MRS_{12}^A(x_1, x_2) = \frac{2x_2}{x_1}, \quad MRS_{12}^B(x_1, x_2) = \frac{x_2}{5x_1}$$
$$MRT_{12}(f^1(L_1), f^2(L_2)) = \frac{3\sqrt{L_1}}{\sqrt{L_2}}$$

となる．与えられた資源配分について，

$$MRS_{12}^A(x_1^{A\prime}, x_2^{A\prime}) = MRS_{12}^B(x_1^{B\prime}, x_2^{B\prime}) = MRT_{12}(f^1(L_1'), f^2(L_2')) = \frac{3\sqrt{5}}{\sqrt{22}}$$

であり，2人の消費者の限界代替率と限界変形率が等しいので，パレート効率的な資源配分である．この資源配分は図3.12の点 P で表されている．ただし，消費者 B の原点は $O^{B\prime}$ である．

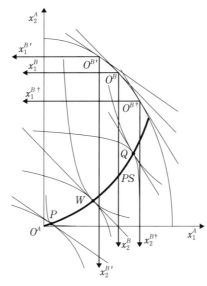

図 3.12 生産可能性フロンティアとパレート効率的な資源配分

(5) 資源配分

$$((x_1^A, x_2^A), (x_1^B, x_2^B), (x_1, L_1), (x_2, L_2))$$

がパレート効率的であるためには，実現可能性の条件式

$$x_1^A + x_1^B = x_1 = f^1(L_1) = \sqrt{L_1}$$
$$x_2^A + x_2^B = x_2 = f^2(L_2) = 3\sqrt{L_2}$$
$$L_1 + L_2 = \overline{L}_A + \overline{L}_B = 9$$

と

$$MRS_{12}^A(x_1^A, x_2^A) = MRS_{12}^B(x_1^B, x_2^B) = MRT_{12}(f^1(L_1), f^2(L_2))$$

つまり,

$$\frac{2x_2^A}{x_1^A} = \frac{x_2^B}{5x_1^B} = \frac{3\sqrt{L_1}}{\sqrt{L_2}}$$

を満たしていればよい. これらより,

$$x_1^A = \frac{4L_1 - 6}{3\sqrt{L_1}}, \quad x_2^A = \frac{2L_1 - 3}{\sqrt{9 - L_1}} \tag{3.4}$$

が得られる. これらの等式において L_1 の動く範囲を考える. まず, $0 \leq L_1 \leq 9$ は明らかである. $x_1^A, x_2^A \geq 0$ より, $L_1 \geq 3/2$ を得る. また,

$$x_1^A \leq f^1(L_1) = \sqrt{L_1}, \quad x_2^A \leq f^2(L_2) = 3\sqrt{9 - L_1}$$

より, $L_1 \leq 6$ を得る. したがって, L_1 の動く範囲は, $3/2 \leq L_1 \leq 6$ となる. したがって, パレート効率的な資源配分での消費者 A の消費計画の集合は図 3.12 の PS にあたる (求めた L_1 の範囲内で式 (3.4) を満たすいくつかの点, 例えば左端の $L_1 = 3/2$ の点から, 点 P, 点 W, 点 Q, 右端の $L_1 = 6$ の点までを計算し, プロットしてつなぐことで描けばよい. なお, 点 Q は, $L_1 = 5$ のときのパレート効率的な資源配分

$$(x_1^{A\dagger}, x_2^{A\dagger}) = \left(\frac{14}{3\sqrt{5}}, \ \frac{7}{2}\right), \quad (x_1^{B\dagger}, x_2^{B\dagger}) = \left(\frac{1}{3\sqrt{5}}, \ \frac{5}{2}\right)$$

$$(x_1^\dagger, L_1^\dagger) = \left(\sqrt{5}, \ 5\right), \quad (x_2^\dagger, L_2^\dagger) = (6, \ 4)$$

に対応する).

《コメント》

図 3.12 の PS 上の各点は, パレート効率的な資源配分における消費者 A の消費計画を表している. 消費者 A の限界代替率を求め, その限界代替率と限界変形率が等しくなる生産可能性フロンティアの点を見つけ, 消費者 A の消費量を差し引くと, パレート効率的な資源配分での消費者 B の消費計画を得る. 点 W, P, Q で表される資源配分のように, 生産経済では消費財の生産量はどのパレート効率的な資源配分を考えているかに依存するため, このような手続きが必要になる.

●問題 3.16 の解答　　　　　　　　　　　　　　　　　　　問題→ 77 頁

(1) 生産可能性フロンティアは，全時間である 24 を余すことなく余暇か消費財に投入した時の (h, c) の組み合わせである．余暇時間が h のときに残り時間を消費財生産に使い果たすと，労働時間は $\ell = 24 - h$ であることから，消費財生産は $c = f(\ell) = f(24 - h)$ になる．したがって，生産可能性フロンティアは，図 3.13 の生産関数 $f(24 - h) = \sqrt{24 - h}$ のグラフになる．

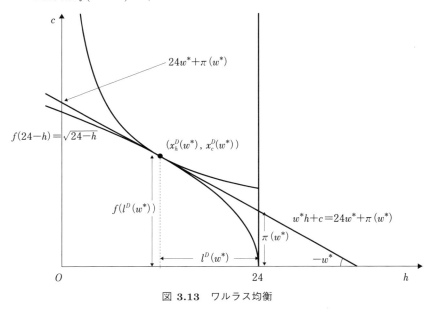

図 3.13　ワルラス均衡

(2) 賃金 w は所与であるから，生産活動からの利潤 $\sqrt{\ell} - w\ell$ を ℓ について微分して，1 階条件 $1/(2\sqrt{\ell}) - w = 0$ を得る．これを ℓ について解いて，

$$\ell^D(w) = \frac{1}{4w^2}$$

を得る．最大化された利潤は，

$$\pi(w) = \sqrt{\ell^D(w)} - w\ell^D(w) = \frac{1}{4w}$$

となる．

(3) 効用関数 $u(h, c) = h^2 c$ はコブ・ダグラス型であり，所得は予算制約式の右辺 $24w + \pi(w) = 24w + 1/(4w)$ とみなせる（労働時間 $\ell = 24 - h$ と企業の利潤より実際に得られる所得を右辺に書くと，予算制約式は $c = w(24 - h) + \pi(w)$ とな

るが，これを整理したものである問題中の予算制約式では，24 時間働いたときの収入 $24w$ から，余暇 h 時間を wh で買い戻していると解釈できる）．よって，最適消費計画は

$$(h^D(w), c^D(w)) = \left(16 + \frac{1}{6w^2}, 8w + \frac{1}{12w}\right)$$

となる．

(4) ワルラス均衡において，h と c に使う時間の需給一致条件として，

$$h^D(w) + \ell^D(w) = 24, \quad c^D(w) = \sqrt{\ell^D(w)}$$

が成り立つ．ワルラスの法則より，この 2 本の等式の 1 本を解けば，ワルラス均衡における賃金が得られる．

実際，ワルラスの法則は以下のように確かめられる．消費者の予算制約式

$$wh^D(w) + c^D(w) = 24w + \pi(w) = (24 - l^D(w))w + \sqrt{l^D(w)}$$

から，

$$w\left(h^D(w) + l^D(w) - 24\right) + \left(c^D(w) - \sqrt{l^D(w)}\right) = 0$$

を得る．よって，上の 2 本の等式について，一方の等式からもう一方の等式が導出できる．

$c^D(w) = \sqrt{\ell^D(w)}$ を解いて，ワルラス均衡における賃金

$$w^* = \frac{\sqrt{5}}{4\sqrt{6}}$$

を得る．このとき，消費者の最適消費計画と生産者の最適生産計画は，

$$(h^D(w^*), c^D(w^*)) = \left(\frac{96}{5}, \frac{2\sqrt{6}}{\sqrt{5}}\right), \quad (\ell^D(w^*), f(\ell^D(w^*))) = \left(\frac{24}{5}, \frac{2\sqrt{6}}{\sqrt{5}}\right)$$

となり，この組がワルラス均衡における資源配分である．

ワルラス均衡を図示すると，図 3.13 になる．均衡配分は (1) で描いた生産可能性フロンティア（生産関数のグラフ）上にあり，(2) の生産者の最大化条件より，この点で生産関数の傾きは w^* となる．また，(3) の消費者の最大化条件より，この点で予算線と無差別曲線が接する．したがって，ワルラス均衡では，図のように，均衡配分を通る無差別曲線と生産関数のグラフが接し，予算線が共通接線となる．

《コメント》

ワルラス均衡は，消費者の無差別曲線と余暇で測ったときの生産関数 $\sqrt{24-h}$ のグラフの接点で決まる．そのため，無差別曲線と $\sqrt{24-h}$ のグラフの傾きが等しくなる点であることを利用してワルラス均衡を求めることもできる．ここでは，消費財や余暇の需給を一致させるように賃金が調整されるという経済学的な意味を考えて，需給一致条件式からワルラス均衡を求めた．

● 問題 3.17 の解答   問題→ 78 頁

(1) パレート効率的な資源配分 $((x_1^A, x_2^A), (x_1^B, x_2^B))$ では，実現可能性から，
$$x_1^A + x_1^B = \bar{x}_1 = 8, \quad x_2^A + x_2^B = \bar{x}_2 = 6$$
が成り立つ．また，2 人の限界代替率が等しいことから，
$$\frac{x_2^A}{x_1^A} = MRS_{12}^A(x_1^A, x_2^A) = MRS_{12}^B(x_1^B, x_2^B) = \frac{x_2^B}{3x_1^B}$$
が成り立つ．これらより，
$$x_2^A = -\frac{36}{x_1^A - 12} - 3, \quad 0 \leq x_1^A \leq 8$$
を得る．これは，O^A を原点としたとき，双曲線 $x_2^A = -36/x_1^A$ を x_1^A 軸方向に 12，x_2^A 軸方向に -3 平行移動したものである．よって，パレート集合 (PS) は図 3.14 のようになる．

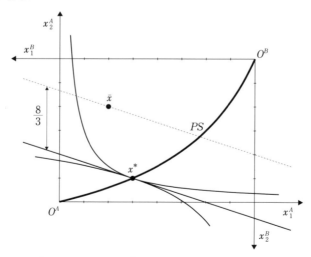

図 3.14 パレート集合，所得再分配後の市場均衡

(2) 実現したい資源配分において，

$$MRS_{12}^A(x_1^{A*}, x_2^{A*}) = MRS_{12}^B(x_1^{B*}, x_2^{B*}) = \frac{1}{3}$$

であるので，$p_1^* = p_1^*/1 = 1/3$ となればよい．価格の組 $(p_1^*, 1) = (1/3, 1)$ の下で，A と B の消費計画 (x_1^{A*}, x_2^{A*}), (x_1^{B*}, x_2^{B*}) の価値額は，それぞれ，

$$p_1^* x_1^{A*} + x_2^{A*} = 2, \quad p_1^* x_1^{B*} + x_2^{B*} = \frac{20}{3}$$

である．一方，A と B の初期保有する消費計画 $(\bar{x}_1^A, \bar{x}_2^A)$, $(\bar{x}_1^B, \bar{x}_2^B)$ の価値額は，それぞれ，

$$p_1^* \bar{x}_1^A + \bar{x}_2^A = \frac{14}{3}, \quad p_1^* \bar{x}_1^B + \bar{x}_2^B = 4$$

である．したがって，資源配分 $((x_1^{A*}, x_2^{A*}), (x_1^{B*}, x_2^{B*}))$ を実現するための所得移転額は，消費者 A について，

$$p_1^* x_1^{A*} + x_2^{A*} - (p_1^* \bar{x}_1^A + \bar{x}_2^A) = 2 - \frac{14}{3} = -\frac{8}{3}$$

となり，消費者 B について，

$$p_1^* x_1^{B*} + x_2^{B*} - (p_1^* \bar{x}_1^B + \bar{x}_2^B) = \frac{20}{3} - 4 = \frac{8}{3}$$

となる．

実際，効用関数がコブ・ダグラス型であるから，この所得移転の下で各消費者の最適消費計画は，

$$(x_1^{AD}, x_2^{AD}) = \left(\frac{p_1^* \bar{x}_1^A + \bar{x}_2^A - \frac{8}{3}}{2p_1}, \frac{p_1^* \bar{x}_1^A + \bar{x}_2^A - \frac{8}{3}}{2} \right)$$

$$(x_1^{BD}, x_2^{BD}) = \left(\frac{p_1^* \bar{x}_1^B + \bar{x}_2^B + \frac{8}{3}}{4p_1}, \frac{3(p_1^* \bar{x}_1^B + \bar{x}_2^B + \frac{8}{3})}{4} \right)$$

となる．これらと需給均衡条件より，（所得再分配後の市場での）ワルラス均衡において価格は $p_1^* = 1/3$ となる（なお，実現したかった配分が実現することも確認できる）．

第II部

ゲーム理論と
情報・インセンティヴ

第 4 章

ゲーム理論の基礎

　ゲーム理論は，各人の利得が相手の行動に影響される状況を分析するための理論である．まず，そうした状況の定式化として戦略型ゲームを定義する．戦略型ゲームは，意思決定主体であるプレイヤー，各プレイヤーの選択肢である戦略，戦略の組に応じて各プレイヤーが得られる利得を定める利得関数からなる．戦略型ゲームにおいて，プレイヤーが選択すると思われる戦略の組をナッシュ均衡として定義する．ナッシュ均衡とは，任意のプレイヤーについてその戦略が他のプレイヤーの戦略に対する最適反応になっている戦略の組のことを言う．戦略型ゲームに加えて，意思決定が時間を通じてなされる状況をも扱える展開型ゲームを定義する．展開型ゲームは，ゲームの樹，プレイヤー，行動，利得，情報集合からなる．展開型ゲームにおける各プレイヤーの戦略は，そのプレイヤーの各情報集合においてどの行動をとるかを指定したものを言う．展開型ゲームでは，ナッシュ均衡において不自然な戦略がとられる場合があるため，新たな均衡概念として，ナッシュ均衡を強めた部分ゲーム完全均衡が定義される．

【キーワード】
戦略型ゲーム　プレイヤー　戦略　利得関数　支配戦略均衡　最適反応
ナッシュ均衡　展開型ゲーム　ゲームの樹　情報集合　カラ脅し
部分ゲーム完全均衡　バックワード・インダクション　1回逸脱の原理

108　　第 II 部　ゲーム理論と情報・インセンティヴ

【基本的事項の確認】

■問題　以下の各問いに答えよ．空欄のあるものについては，適切な語句を補充せよ．

(1) 戦略型ゲームとは，意思決定主体である $\boxed{\text{(a)}}$ ，各 $\boxed{\text{(a)}}$ の選択肢である $\boxed{\text{(b)}}$ ， $\boxed{\text{(b)}}$ の組に対する各 $\boxed{\text{(a)}}$ の選好を表す $\boxed{\text{(c)}}$ からなる．以下では，$\boxed{\text{(a)}}$ i の $\boxed{\text{(c)}}$ を u_i で表すことにする．

(2) 図 4.1 のような利得行列で，A, B は $\boxed{\text{(a)}}$ であり，C, D は $\boxed{\text{(b)}}$ であり，E, F は $\boxed{\text{(c)}}$ であり，a, b, c, d は $\boxed{\text{(d)}}$ であり，e, f, g, h は $\boxed{\text{(e)}}$ である．

(3) プレイヤー i の戦略 s_i が，プレイヤー i の任意の戦略 s_i' と他のプレイヤーの任意の戦略の組 s_{-i} に対して，$\boxed{\text{(a)}}$ を満たすとき，s_i をプレイヤー i の支配戦略と言う．$\boxed{\text{(b)}}$ を支配戦略均衡という．

(4) 最適反応とは何か説明せよ．

(5) ナッシュ均衡の定義を述べよ．

(6) プレイヤーが共通してもっともらしいと考える解のことを $\boxed{}$ と言う．

(7) 展開型ゲームは，$\boxed{}$，プレイヤー，行動，利得，情報集合からなる．

(8) 次の情報集合についての五つの記述のうち誤りを含むものを選び（一つとは限らない），正しい記述に改めよ．

(a)　プレイヤーは，同一の情報集合に含まれる手番を区別できる場合がある．

(b)　すべての手番はいずれかの情報集合に含まれねばならないが，複数の

$A \setminus B$	E	F
C	a, e	c, f
D	b, g	d, h

図 **4.1**　利得行列

情報集合に含まれてもよい.

(c) 同一の情報集合に含まれる節はすべて，同一のプレイヤーの手番でなければならない.

(d) 同一の情報集合に含まれる節はすべて，同じ本数の枝が伸びており，割り振られる行動も同一のものである.

(e) 一つの情報集合は，異なる経路上の複数の節を含まない.

(9) 展開型ゲームの戦略とは何か説明せよ.

(10) あるゲームの部分ゲームとは，以下の条件を満たすものである. 元のゲームの一部であり，一つの　(a)　から始まり，それ以降のすべての節と枝を含み，元のゲームのどの　(b)　も部分ゲームに含まれるか含まれないかのいずれかである.

(11) 部分ゲーム完全均衡の定義を述べよ.

(12) 部分ゲーム完全均衡は多くの場合，以下のようなバックワード・インダクションという方法で求められる.

1. それ自身以外に部分ゲームを持たないような　(a)　を探す.
2. この　(a)　の　(b)　とそれによる利得の組を求める.
3. いま考えていた　(a)　を全体ゲームから切り取り，2 で求めた利得の組で置き換える. こうして得られたゲームを　(c)　と言う.

3 で得られたゲームについて，1～3 を行う.

●解答

(1) (a) プレイヤー　(b) 戦略　(c) 利得関数

(2) (a) プレイヤー　(b) A の戦略　(c) B の戦略　(d) A の利得　(e) B の利得

(3) (a) $u_i(s_i, s_{-i}) > u_i(s'_i, s_{-i})$　(b) 支配戦略の組

(4) 他のプレイヤーの戦略の組 s_{-i} に対するプレイヤー i の最適反応とは，プレイヤー i の任意の戦略 s'_i に対して，$u_i(s_i, s_{-i}) \geq u_i(s'_i, s_{-i})$ が成り立つようなプレイヤー i の戦略 s_i のことを言う.

110 　第 II 部　ゲーム理論と情報・インセンティヴ

(5) 戦略の組 s^* が，すべてのプレイヤー i について，s_i^* が s_{-i}^* に対する最適反応になっているとき，s^* をナッシュ均衡と言う．ただし，s_i^* は s^* に含まれるプレイヤー i の戦略，s_{-i}^* は s^* に含まれるプレイヤー i 以外のプレイヤーの戦略の組である．

　（別解：戦略の組 s^* が任意のプレイヤー i とプレイヤー i の任意の戦略 s_i に対して，$u_i(s_i^*, s_{-i}^*) \geq u_i(s_i, s_{-i}^*)$ を満たすとき，s^* をナッシュ均衡と言う.）

(6) シェリング・ポイント（フォーカル・ポイント）

(7) ゲームの樹

(8) (a)「区別できる場合がある」→「区別できない」　(b)「含まれてもよい」→「含まれてはいけない」　(e)「異なる」→「同一の」

(9) あるプレイヤーの展開型ゲームにおける戦略とは，そのプレイヤーの各手番においてどの行動をとるかを指定したものである．ただし，同一の情報集合に含まれる手番では，同一の行動を指定しなければならない．

(10) (a) 節　(b) 情報集合

(11) 部分ゲーム完全均衡とは，すべての部分ゲームでナッシュ均衡となっている戦略の組のことを言う．

(12) (a) 部分ゲーム　(b) ナッシュ均衡　(c) 縮約ゲーム

【問　題】

■**問題 4.1**（★戦略型ゲーム）　　　　　　　教科書の関連箇所→ 4.2，4.3 節
次の三つのゲームについて，以下の各問いに答えよ．

　ゲーム 1（マッチング・ペニー） 個人 A と個人 B が存在し，各個人は同時に -1 か 1 を表明する．両者が表明した数をかけたものが 1 なら，個人 A は個人 B から 1 円を受け取り，両者が表明した数をかけたものが -1 なら，個人 A は個人 B に 1 円を支払う．

　ゲーム 2（チキン・ゲーム） 戦争をしている国家 A と国家 B が戦争を継続

するか終結するかを同時に表明する．両国が継続を表明すると，戦争が継続され，各国は戦争継続によって 10 兆円の追加的損害を被る．それ以外の場合には，戦争が終結し，両国に追加的損害は発生しない．ただし，終結の仕方は，2 通りある．片方の国が継続を，もう一方の国が終結を表明すると，終結を表明した国の降伏となり，終結を表明した国は，相手国に 1 兆円の賠償金を支払う．一方，両国とも終結を表明した場合には，賠償金の支払いは行われない．

ゲーム 3（消耗戦） 2 匹の動物 A, B が，双方にとって共通の価値 $v > 0$ を持つ獲物を狙っている．動物 A, B は，獲物をめぐってにらみ合う．動物 A, B は，それぞれどれだけの時間にらみ合う用意があるかを初期時点で同時に決定し，どちらかがにらみ合いから下りるまでにらみ合いを続ける．t 単位の時間にらみ合うと，獲物の価値に換算して t だけのコストがかかるものとする．先ににらみ合いから下りたほうは獲物を得ることができず，もう一方の動物が獲物を得る．ただし，両動物が同時ににらみ合いを止めた場合には，確率 1/2 で動物 A が，確率 1/2 で動物 B が，それぞれ獲物を得る．

(1) ゲーム 1 とゲーム 2 を利得行列で表せ．

(2) ゲーム 3 において，動物 A が t_A だけの時間にらみ合う用意があると決定し，動物 B が t_B だけの時間にらみ合う用意があると決定するときの，動物 $i = A, B$ の利得 $u_i(t_A, t_B)$ を数式で表せ．

(3) 各ゲームの（純粋戦略）ナッシュ均衡をすべて求めよ．ゲーム 3 については，最適反応を求め，それを用いてナッシュ均衡を導け．　解答→ 118 頁

■**問題 4.2**（ナッシュ均衡）　　　　　　　　　　教科書の関連箇所→ 4.2, 4.3 節
次の三つの戦略型ゲームの（純粋戦略）ナッシュ均衡をすべて求めよ．

　ゲーム 1 図 4.2 で表わされるゲーム．

　ゲーム 2 図 4.3 で表わされるゲーム．

112　第 II 部　ゲーム理論と情報・インセンティヴ

$A \setminus B$	L	R
T	1, 5	2, 6
B	0, 6	1, 4

図 **4.2**　ゲーム **1**

$A \setminus B$	L	C	R
T	3, 2	7, 0	1, 1
M	2, 0	6, 1	2, 1
B	1, 6	8, 4	1, 5

図 **4.3**　ゲーム **2**

プレイヤー C の戦略が X のとき

$A \setminus B$	L	R
T	6, 5, 7	7, 5, 0
B	5, 8, 9	8, 7, 1

プレイヤー C の戦略が Y のとき

$A \setminus B$	L	R
T	4, 3, 5	3, 4, 3
B	4, 5, 8	2, 8, 2

図 **4.4**　ゲーム **3**

ゲーム 3 図 4.4 で表わされるゲーム．ただし，左パネルにはプレイヤー C が戦略 X を選んだ場合の利得が，右パネルには戦略 Y を選んだ場合の利得が，プレイヤー A，B，C の順に書かれている． 解答→ 120 頁

■**問題 4.3**（食事客のジレンマ）　　　　　教科書の関連箇所→ 4.2.3 項
次のゲームについて考える．

　　n 人がレストランで会食を行う．各人は，自身が食べる食事の量を同時に決定する．各人は，x 単位の食事をすると，金銭に換算して $\log x$ 円だけの効用を得る．x 単位の食事の費用は x 円である．食事の費用は，割り前勘定（割り勘）で支払う．したがって，各人の利得は，食事からの金銭換算した効用から負担額を引いたものである．

このゲームの支配戦略均衡を求めよ． 解答→ 120 頁

■**問題 4.4**（ホテリング・ゲーム）　　　　教科書の関連箇所→ 4.3.2 項
次のゲームについて考える．

　　0 から 1 までの長さ 1 の線分状の都市で，店 A と店 B が各自の立地点を決める．この線分状の都市に客が一様に分布している．客は自身から 1/3 以

下の距離の範囲でより近い店から購入し，どちらの店も自身から $1/3$ より遠いなら購入しない．ただし，どちらの店も同じ点に立地した場合は，両店は，その立地点からの距離が $1/3$ 以下の範囲の客を折半する．各店は自店から購入する客の数の最大化を目的とする．

このゲームにおいて，店 A が $1/3$，店 B が $2/3$ に立地するのがナッシュ均衡であることを示せ．　　　　　　　　　　　　　　　　　解答→ 121 頁

■**問題 4.5**（要求ゲーム）　　　　　　　　　　教科書の関連箇所→ 4.3 節
次の二つのゲームのナッシュ均衡をすべて求めよ．

ゲーム 1　個人 A と個人 B の 2 人が，1 万円を次のような方法で分ける．各人は同時に自分が欲しい要求額 x_i 万円（$x_i \geq 0$）を表明する．要求額の合計が 1 万円以下なら，各人は自らの要求額通りの金額を受け取り，要求額の合計が 1 万円を超えるならば，各人は何も受け取れない．

ゲーム 2　個人 A と個人 B の 2 人が，1 万円を次のような方法で分ける．各人は同時に自分が欲しい要求額 x_i 万円（$x_i \geq 0$）を表明し，確率 $h^n(x_A, x_B)$ で要求通りの額を受け取り，確率 $1 - h^n(x_A, x_B)$ で一銭も受け取れない．ただし，

$$h^n(x_A, x_B) \equiv \begin{cases} 1 & x_A + x_B \leq 1 \text{ の場合} \\ e^{-n(x_A+x_B-1)^2} & x_A + x_B > 1 \text{ の場合} \end{cases}$$

である．各プレイヤーの利得は，自らが受け取る額の期待値である．
（Hint：指数関数の微分については問題 1.1（数学準備）の (4) を見よ．）

　　　　　　　　　　　　　　　　　　　　　　　　　　　解答→ 122 頁

■**問題 4.6**（★展開型ゲーム）　　　　　　　教科書の関連箇所→ 4.4, 4.5 節
次の三つのゲームについて，以下の各問いに答えよ．

ゲーム 1（逐次的チキン・ゲーム）問題 4.1 のゲーム 2 の状況で，国家 A が先に決定を行い，その決定を見た上で国家 B が決定を行う．

ゲーム 2（拡張された両性の争い） 女性と男性が休日の予定を次のように決める．まず，女性が，休日はお互い別々に自宅で音楽を聴いて過ごすか，2 人で共に過ごすかを決定する．前者の場合には，ゲームは終了する．後者の場合には，その後，両者が同時にバレエを見に行くかサッカーを見に行くかを決定する．両者にとって別々の場所に行くより，同じ場所に行くほうが望ましい．また，女性（男性）にとっては，バレエ（サッカー）を共に見に行くほうが，サッカー（バレエ）を共に見に行くより，望ましい．さらに，女性（男性）にとって，自宅での音楽鑑賞は，バレエ（サッカー）を共に見に行くより望ましくなく，サッカー（バレエ）を共に見に行くより望ましい．

ゲーム 3（むかでゲーム） 図 4.5 で表されるゲーム．

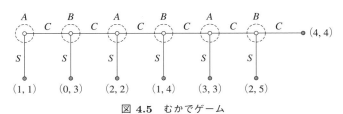

図 4.5 むかでゲーム

(1) ゲーム 1 とゲーム 2 をゲームの樹を用いて図示せよ（ゲーム 2 については，上記の選好を表す利得を適当に割り当てよ）．

(2) ゲーム 1 の各プレイヤーの戦略をすべて列挙し，かつ，ゲーム 1 から構成される戦略型ゲームの利得行列を図示せよ．

(3) ゲーム 1 のナッシュ均衡を求めよ．

(4) ゲーム 1 とゲーム 2 には，それぞれいくつの部分ゲームが存在するか答えよ．

(5) 各ゲームの部分ゲーム完全均衡を求めよ．　　　　　　解答→ 125 頁

■**問題 4.7**（部分ゲーム完全均衡）　　　　　教科書の関連箇所→ 4.5 節
次の三つの展開型ゲームの部分ゲーム完全均衡を求めよ．

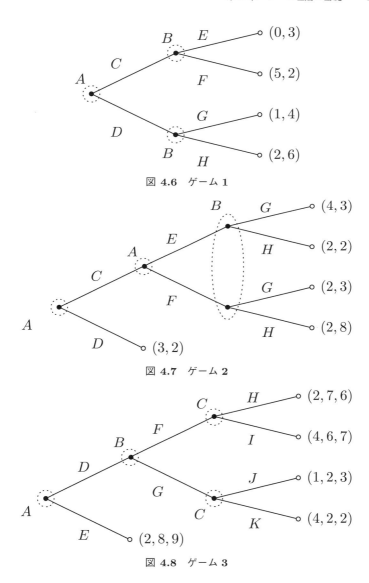

図 4.6 ゲーム 1

図 4.7 ゲーム 2

図 4.8 ゲーム 3

ゲーム 1 図 4.6 で表わされるゲーム．

ゲーム 2 図 4.7 で表わされるゲーム．

ゲーム 3 図 4.8 で表わされるゲーム．

解答→ 128 頁

116   第 II 部　ゲーム理論と情報・インセンティヴ

■**問題 4.8**（★繰り返しゲーム）　　　　　教科書の関連箇所→ 4.5.5 項

　図 4.9 で表わされるゲームを段階ゲームとする無限回繰り返しゲームを考える．1 期経るにつれ，この利得は δ で割り引かれる（$0 \leq \delta < 1$ は両個人にとって共通．このような δ は将来を重視する度合いを表しており，割引因子と呼ばれる）．したがって，第 t 期に x_t の利得を得る各個人の全体の利得は，$\sum_{t=1}^{\infty} \delta^{t-1} x_t$ である．このとき，以下の問いに答えよ．

$A \setminus B$	C	D
C	1, 1	$-1, 2$
D	2, -1	0, 0

図 **4.9**　段階ゲーム

(1) トリガー戦略を記述せよ．

(2) トリガー戦略の組が部分ゲーム完全均衡になるために必要十分な割引因子 δ の範囲を求めよ．　　　　　　　　　　　　　　　　　解答→ 128 頁

■**問題 4.9**（2 段階ゲームの繰り返しゲーム）　　教科書の関連箇所→ 4.5.5 項

次のゲームについて考える．

　個人 A と個人 B が存在する．まず，個人 A が，2 人に与えられた 1 万円のうち個人 B にどれだけ分配するかを決定する．この 1 万円は，個人 B の意向に関係なく，個人 A の決定通り分配される．次に，今度は個人 B が，2 人に与えられたまた別の 1 万円のうち個人 A にどれだけ分配するかを決定する．この 1 万円は，個人 A の意向に関係なく，個人 B の決定通り分配される．続いて，個人 A がまた別の 1 万円について，分配を決定する．ゲームは，このように無限回繰り返される．各個人は，各期の分配額 x 万円から，$\sqrt{x}$ だけの利得を得る．割引因子は δ とする（$0 \leq \delta < 1$ は両個人にとって共通）．したがって，第 t 期に x_t 万円受け取る個人の全体の利得は，$\sum_{t=1}^{\infty} \delta^{t-1} \sqrt{x_t}$ である．

以下のようなトリガー戦略を考える．

- それ以前に誰も相手に 1/2 以外を与えていない節（局面 C）では相手に 1/2 を与える．

第 4 章　ゲーム理論の基礎　　117

- それ以外の節（局面 D）では相手に何も与えない.

このとき，このトリガー戦略の組が部分ゲーム完全均衡になるために必要十分な割引因子 δ の範囲を求めよ.（Hint：トリガー戦略の組が部分ゲーム完全均衡であることと，任意の個人について，その個人が意思決定する任意の節で 1 回逸脱しても利得が増えないことは同値である.）　　解答→ 131 頁

■**問題 4.10**（交互提案ゲーム）　　　　　　　　教科書の関連箇所→ 4.5 節

次のゲームについて考える.

個人 A と個人 B が 1 万円を次のような方法で分配する. まず，個人 A が 1 万円のうちどれだけ個人 B に分けるかを提案する（提案は，0 から 1 の実数）. この提案を受けて，個人 B は提案に賛成するか反対するかを表明する. 賛成の場合，提案通り 1 万円が分配され，ゲームは終了する. 反対の場合は，今度は個人 B が提案を行い，個人 A がそれに応答する. 個人 A が賛成すれば，提案通り分配され，ゲームは終了し，反対すれば，個人 A の提案に移る. ゲームは，どちらかが賛成するまで無限回行われる. 一つの提案・応答から次の提案・応答に移行するたびに，個人 i（$i = A, B$）の利得は δ_i で割り引かれる（$0 \leq \delta_i < 1$）. したがって，t 回目の提案が賛成されることでゲームが終わる場合，個人 i の利得は，提案によって分配される額 x_i を δ_i^{t-1} で割り引いた $\delta_i^{t-1} x_i$ となる.

$i, j = A, B$（$i \neq j$）について，
- 個人 i は，個人 j に x_j^* を与えるという提案を常に行い，
- 個人 i は，個人 j が個人 i に x_i を与えるという提案に対して，$x_i \geq x_i^*$ なら常に受諾し，$x_i < x_i^*$ なら常に拒否する

という戦略の組 s が部分ゲーム完全均衡であるなら，この戦略の組によって実現する個人 i の提案から始まる部分ゲームでの個人 i の利得 v_i^* および個人 i の提案 x_i^* はどのような値でなければならないか答えよ.　　　解答→ 132 頁

118   第 II 部　ゲーム理論と情報・インセンティヴ

【解　答】

●問題 4.1 の解答 　　　　　　　　　　　　　　　　　　　　　問題→ 110 頁

(1) ゲーム 1 とゲーム 2 の利得行列は，それぞれ，図 4.10，図 4.11 の通りである．

個人 A ＼ 個人 B	1	-1
1	$1, -1$	$-1, 1$
-1	$-1, 1$	$1, -1$

図 **4.10**　マッチング・ペニー

国家 A ＼ 国家 B	終結	継続
終結	$0, 0$	$-1, 1$
継続	$1, -1$	$-10, -10$

図 **4.11**　チキン・ゲーム

(2) $i, j = A, B \ (i \neq j)$ とし，t_A，t_B をそれぞれ動物 A，B がにらみ合いに用意した時間とすると，動物 i の利得は，

$$
u_i(t_A, t_B) = \begin{cases} v - t_j & t_i > t_j \text{ の場合} \\ v/2 - t_j & t_i = t_j \text{ の場合} \\ -t_i & t_i < t_j \text{ の場合} \end{cases}
$$

のように表される．一つ目の場合は，動物 j が先ににらみ合いから下りるため，動物 i が獲物を獲得し，v だけの価値を享受し，にらみ合いが t_j だけの時間続くため，動物 i に t_j だけのコストがかかることを意味している．二つ目の場合は，両動物が同時ににらみ合いから下りるため，動物 i が，$1/2$ の確率で獲物を獲得し，$v/2$ だけの価値の期待値を享受し，にらみ合いが $t_i = t_j$ だけの時間続くため，動物 i に t_j だけのコストがかかることを意味している．三つ目の場合は，動物 i が先ににらみ合いから下りるため，動物 i は獲物を得られず，にらみ合いが t_i だけの時間続くため，動物 i に t_i だけのコストがかかることを意味している．

(3) **ゲーム 1**　任意の戦略の組を考える．その戦略の組による利得が -1 になるプレイヤーが存在する．そのプレイヤーが，戦略を今考えている組の戦略から変更することで，利得を -1 から 1 に増やすことができる．これは，任意の戦略の組についていえるので，ゲーム 1 にはナッシュ均衡は存在しない[1]．

---

1) ゲーム 1 のナッシュ均衡は，純粋戦略の範囲では存在しないが，混合戦略の範囲では存在する．

ゲーム 2（終結，終結）はナッシュ均衡ではない．なぜなら，いずれかの国家が終結から継続に戦略を変更することで，利得を 0 から 1 に増やせるからである．（終結，継続）はナッシュ均衡である．なぜなら，国家 A が終結から継続に戦略を変更しても，利得が -1 から -10 に減るだけであり，かつ，国家 B が継続から終結に戦略を変更しても，利得が 1 から 0 に減るだけであるからである．同様の理由で，（継続，終結）もナッシュ均衡である．（継続，継続）はナッシュ均衡ではない．なぜなら，いずれかの国家が継続から終結に戦略を変更することで，利得を -10 から -1 に増やせるからである．以上より，ナッシュ均衡は，（終結，継続）と（継続，終結）であることがわかる．

ゲーム 3 $i, j = A, B$（$i \neq j$）とし，動物 j が t_j だけにらみ合う用意があるときの動物 i の最適反応を求める．$t_j < v$ の場合には，

$$
u_i(t_A, t_B) = \begin{cases} v - t_j > 0 & t_i > t_j \text{ の場合} \\ v/2 - t_j < v - t_j & t_i = t_j \text{ の場合} \\ -t_i \leq 0 < v - t_j & t_i < t_j \text{ の場合} \end{cases}
$$

なので，$t_i > t_j$ なるにらみ合いの時間 t_i が動物 i の最適反応である．$t_j = v$ の場合には，

$$
u_i(t_A, t_B) = \begin{cases} v - t_j = 0 & t_i > t_j \text{ の場合} \\ v/2 - t_j < v - t_j = 0 & t_i = t_j \text{ の場合} \\ -t_i & t_i < t_j \text{ の場合} \end{cases}
$$

なので，$t_i > t_j$ または $t_i = 0$ なるにらみ合いの時間 t_i が動物 i の最適反応である．$t_j > v$ の場合には，

$$
u_i(t_A, t_B) = \begin{cases} v - t_j < 0 & t_i > t_j \text{ の場合} \\ v/2 - t_j < v - t_j < 0 & t_i = t_j \text{ の場合} \\ -t_i & t_i < t_j \text{ の場合} \end{cases}
$$

なので，にらみ合いの時間 $t_i = 0$ が動物 i の最適反応である．以上をまとめると，動物 j のにらみ合いの時間 t_j に対する最適反応は，

$$
\begin{cases} t_i > t_j \text{ なる実数 } t_i & t_j < v \text{ の場合} \\ t_i > t_j \text{ または } t_i = 0 \text{ なる実数 } t_i & t_j = v \text{ の場合} \\ 0 & t_j > v \text{ の場合} \end{cases}
$$

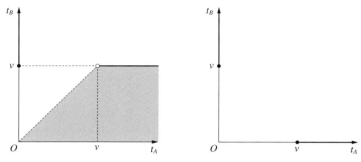

図 4.12 消耗戦における動物 A の最適反応（左）とナッシュ均衡（右）

となる．動物 A の最適反応は，図 4.12 の左側のパネルの太線およびアミ部分である．動物 B の最適反応も同じ図に描き入れたときに両動物の最適反応が重なる部分がナッシュ均衡である．すなわち，「$t_A = 0$ かつ $t_B \geq v$」または「$t_A \geq v$ かつ $t_B = 0$」を満たすにらみ合いの時間の組 (t_A, t_B) がナッシュ均衡である．ナッシュ均衡は，図 4.12 の右側のパネルのように図示できる．

● 問題 4.2 の解答 　　　　　　　　　　　　　　　　　　　　　　　　　問題→ 111 頁

ゲーム 1 　ナッシュ均衡は (T, R) である．

ゲーム 2 　ナッシュ均衡は (T, L) と (M, R) の二つである．

ゲーム 3 　ナッシュ均衡は (T, L, X) と (T, R, Y) の二つである．

● 問題 4.3 の解答 　　　　　　　　　　　　　　　　　　　　　　　　　問題→ 112 頁

各個人 i が x_i だけの量の食事を注文するとき，個人 i の食事から得られる効用は $\log x_i$，総費用は $\sum_{k=1}^{n} x_k$，1 人あたりの費用は $(1/n) \sum_{k=1}^{n} x_k$ なので，個人 i の利得 $u_i(x_1, \ldots, x_n)$ は，$u_i(x_1, \ldots, x_n) = \log x_i - (1/n) \sum_{k=1}^{n} x_k$ となる．

消費量 n を選択することが個人 i の支配戦略であることを示す．すなわち，任意の $x_i \neq n$ に対して，いかなる他の個人の消費量の組 x_{-i} に対しても，$u_i(n, x_{-i}) > u_i(x_i, x_{-i})$ であることを示す．そのためには，いかなる他の個人の消費量の組 x_{-i} に対しても，n が最大化問題 $\max_{x_i} u_i(x_i, x_{-i})$ の唯一の解であることを示せばよい．個人 i 以外の消費量の組 x_{-i} を任意に固定する．このとき，最大化問題 $\max_{x_i} u_i(x_i, x_{-i})$ の 1 階条件は，

$$\frac{\partial u_i(x_i, x_{-i})}{\partial x_i} = \frac{1}{x_i} - \frac{1}{n} = 0$$

であり，最大化問題の解は，n のみであることがわかる．よって，n が個人 i の支配戦略であることが示された．したがって，支配戦略均衡は，各個人が n だけの食事を

注文するというものである.

《コメント》

支配戦略均衡によって,各プレイヤーは,$\log n - \frac{n \cdot n}{n} = \log n - n$ だけの利得を得る. 各プレイヤーが 1 だけの食事を注文する戦略の組からは,各プレイヤーは,$\log 1 - \frac{n \cdot 1}{n} = \log 1 - 1$ だけの利得を得る. 関数 $\log x - x$ は,$\frac{d(\log x - x)}{dx} = \frac{1}{x} - 1 = 0 \Leftrightarrow x = 1$, $\frac{d^2(\log x - x)}{dx^2} = -\frac{1}{x^2} < 0$ より,$x = 1$ で最大になる. よって,$\log n - n < \log 1 - 1$ となる. したがって,支配戦略均衡は,パレート効率的でないことがわかる. これは割り勘だと,各人は他のプレイヤーの負担を考えずに食事をするので,食事量が過大($x_i = n > 1$)となるためである. 食事客のジレンマは,パレート効率的でない支配戦略均衡が存在するという点で,囚人のジレンマと共通している.

● **問題 4.4 の解答**　　　　　　　　　　　　　　　　　　　問題→ 112 頁

$\left(\frac{1}{3}, \frac{2}{3}\right)$ での店 A の客の数は,$\frac{1}{2}$ である.

(i) 店 A が $t_A < \frac{1}{3}$ に立地を変えると,明らかに客の数は減少する.

(ii) 店 A が t_A $\left(\frac{1}{3} < t_A < \frac{2}{3}\right)$ に立地を変えるとする. $\Delta = t_A - \frac{1}{3}$ とする. 0 から Δ の Δ だけの客が失われ,$\frac{1}{2}$ から $\frac{1}{2} + \frac{\Delta}{2}$ の $\frac{\Delta}{2}$ だけの客を新たに獲得し,結果,客の数は $\frac{\Delta}{2}$ だけ減少する.

(iii) 店 A が $t_A = \frac{2}{3}$ に立地を変えると,$\frac{1}{3}$ から 1 までの客の半分である $\frac{1}{3}$ だけの客に減少する.

(iv) 店 A が $t_A > \frac{2}{3}$ に立地を変えると,明らかに客の数は減少する.

以上から,店 A は,どのように立地を変えても,客の数を増やせない. 同様に,店 B も,どのように立地を変えても,客の数を増やせない. したがって,$\left(\frac{1}{3}, \frac{2}{3}\right)$ はナッシュ均衡である.

《コメント》

この解答例では,すべてのプレイヤーにとって自己拘束的な戦略の組がナッシュ均衡であることを利用して証明をしている. つまり,各プレイヤーが自分だけナッシュ均衡の戦略から逸脱しても得をしないことを示した. 一方,教科書の 4.3.2 節では,最適反応によるホテリング・ゲームの解き方が提示されている. このようにナッシュ均衡を見つけるには,「最適反応」を用いる以外に,均衡の候補からの「逸脱」で確かめる解き方もあるので,必要に応じて使い分けるとよい.

●問題 4.5 の解答   問題→ 113 頁

ゲーム 1 まず，任意の個人 i の最適反応を求める．個人 $j \neq i$ が x_j を要求しているとする．(i) $x_j < 1$ の場合，$x_i \leq 1 - x_j$ なる要求をすると，$x_i + x_j \leq 1$ となり，要求額 x_i を得，$x_i > 1 - x_j$ なる要求をすると，$x_i + x_j > 1$ となり，利得は 0 となる．したがって，$x_j < 1$ の場合，x_i を要求することで得られる利得は，

$$\begin{cases} x_i & x_i \leq 1 - x_j \text{の場合} \\ 0 & x_i > 1 - x_j \text{の場合} \end{cases}$$

となる．したがって，$1 - x_j$ が $x_j < 1$ に対する最適反応である．(ii) $x_j \geq 1$ の場合，$x_i > 0$ なる要求をすると，$x_i + x_j > 1$ となり，利得は 0 となり，$x_i = 0$ なる要求をすると，$x_i + x_j > 1$ なら利得は 0 となり，$x_i + x_j = 1$ なら要求額 0 を得る．したがって，どのような要求をしようとも得られる利得は 0 である．ゆえに，どのような要求額も $x_j \geq 1$ に対する最適反応である．以上から，個人 j の要求額 x_j に対する最適反応は，

$$\begin{cases} 1 - x_j & x_j < 1 \text{の場合} \\ \text{任意の非負の実数} & x_j \geq 1 \text{の場合} \end{cases}$$

となる．個人 A の最適反応は，図 4.13 の左側のパネルのように図示できる．個人 B の最適反応も同じ図に描き入れたときに両個人の最適反応が重なる部分がナッシュ均衡である．すなわち，$x_A + x_B = 1$ または $x_A, x_B \geq 1$ を満たす (x_A, x_B) がナッシュ均衡である．ナッシュ均衡は，図 4.13 の右側のパネルのように図示できる．

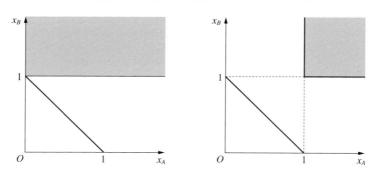

図 4.13 要求ゲームにおける個人 A の最適反応（左）とナッシュ均衡（右）

ゲーム 2 個人 i の利得は，受け取り額の期待値なので，

$$h^n(x_A, x_B)x_i + (1 - h^n(x_A, x_B)) \cdot 0 = h^n(x_A, x_B)x_i$$

である（h^n は微分可能であることに注意）．まず，任意の個人 i の最適反応を求める．個人 j $(j \neq i)$ が x_j 万円を要求しているとする．このとき，個人 i の利得を x_i について微分すると，

$$\frac{\partial h^n(x_A, x_B)x_i}{\partial x_i} = \begin{cases} 1 & x_i < 1 - x_j \text{の場合} \\ e^{-n(x_A + x_B - 1)^2}(-2n(x_A + x_B - 1)x_i + 1) & x_i \geq 1 - x_j \text{の場合} \end{cases}$$

となる．x_i についての 2 次方程式

$$-2n(x_A + x_B - 1)x_i + 1 = 0$$

の解は，

$$x_i = \frac{(1 - x_j) \pm \sqrt{(1 - x_j)^2 + 2/n}}{2}$$

である．

$$\frac{(1 - x_j) - \sqrt{(1 - x_j)^2 + 2/n}}{2} < \frac{(1 - x_j) - |1 - x_j|}{2} \leq 0$$

であり，

$$\frac{(1 - x_j) + \sqrt{(1 - x_j)^2 + 2/n}}{2} > \frac{(1 - x_j) + |1 - x_j|}{2} \geq 1 - x_j$$

であるので，$h^n(x_A, x_B)x_i$ の増減表は表 4.1 のようになる．したがって，個人 i の最適反応は，

表 4.1　個人 i の期待利得の増減表

x_i		$1 - x_j$		$\frac{(1-x_j)+\sqrt{(1-x_j)^2+2/n}}{2}$	
$\frac{\partial h^n(x_A, x_B)x_i}{\partial x_i}$	$+$	$+$	$+$	0	$-$
$h^n(x_A, x_B)x_i$	↗	↗	↗		↘

$$BR_i(x_j) = \frac{(1 - x_j) + \sqrt{(1 - x_j)^2 + 2/n}}{2}$$

となる．ゆえに，任意のナッシュ均衡 (x_A^*, x_B^*) は，

$$x_i^* = \frac{(1 - x_j^*) + \sqrt{(1 - x_j^*)^2 + 2/n}}{2} \quad (i, j = A, B, \, i \neq j)$$

を満たす．これは，定義上，2 次方程式

$$-2n(x_i + x_j^* - 1)x_i + 1 = 0 \quad (i, j = A, B, \, i \neq j)$$

124 第 II 部 ゲーム理論と情報・インセンティヴ

の解であるので（変数は x_i），

$$-2n(x_i^* + x_j^* - 1)x_i^* + 1 = 0 \Leftrightarrow x_i^* = \frac{1}{2n(x_A^* + x_B^* - 1)} \quad (i, j = A, B, i \neq j)$$

が満たされねばならない．したがって，$x_A^* = x_B^*$ である．ゆえに，

$$-2n(x_i^* + x_i^* - 1)x_i^* + 1 = 0 \quad (i = A, B)$$

が成り立つ．したがって，

$$x_i^* = \frac{1 \pm \sqrt{1 + 4/n}}{4} \quad (i = A, B)$$

が得られる．$x_i^* \geq 0$ より，

$$x_i^* = \frac{1 + \sqrt{1 + 4/n}}{4} \quad (i = A, B)$$

となる．確かに，

$$\frac{1 + \sqrt{1 + 4/n}}{4} = BR_i\left(\frac{1 + \sqrt{1 + 4/n}}{4}\right) \quad (i = A, B)$$

が成り立っている．よって，（唯一の）ナッシュ均衡は，

$$\left(\frac{1 + \sqrt{1 + 4/n}}{4}, \frac{1 + \sqrt{1 + 4/n}}{4}\right)$$

である．

《コメント》

$$h(x_A, x_B) = \begin{cases} 1 & x_A + x_B \leq 1 \text{ の場合} \\ 0 & x_A + x_B > 1 \text{ の場合} \end{cases}$$

とすると，ゲーム 1 での個人 i の利得は，$h(x_A, x_B)x_i$ と表すことができる．ここで，各 (x_A, x_B) について，$\lim_{n \to \infty} h^n(x_A, x_B) = h(x_A, x_B)$ なので，ゲーム 2 の利得は，n が増えるにしたがって，ゲーム 1 の利得に「近づいていく」ことがわかる．ナッシュ均衡はと言うと，

$$\lim_{n \to \infty} \frac{1 + \sqrt{1 + 4/n}}{4} = \frac{1}{2}$$

であるので，n が増えるにしたがって，ゲーム 2 のナッシュ均衡は，ゲーム 1 の数あるナッシュ均衡のうちの 1 点 $(1/2, 1/2)$ に収束することがわかる．実は，この $(1/2, 1/2)$ は，ナッシュ交渉解と呼ばれる協力ゲームの解であることが知られている．

● 問題 4.6 の解答　　　　　　　　　　　　　　　　　問題→ 113 頁

(1) ゲーム 1 とゲーム 2 は，それぞれ，図 4.14 と図 4.15 のように表される．

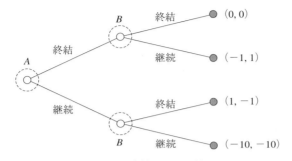

図 **4.14**　逐次的チキン・ゲーム

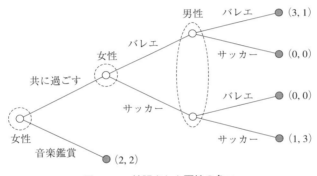

図 **4.15**　拡張された両性の争い

(2) 国家 A の戦略は，終結と継続の二つであり，国家 B の戦略は，(終結, 終結)，(終結, 継続)，(継続, 終結)，(継続, 継続)の四つである．ただし，国家 B の各戦略のカッコ内の一つ目の要素は，国家 A が終結を決定した後に続く節での行動を，二つ目の要素は，国家 A が継続を決定した後に続く節での行動をそれぞれ表している．

例えば，国家 A が継続を，国家 B が（継続, 終結）をとる戦略の組では，国家 A が継続を表明し，続いて国家 B が終結を表明する経路が実現し，国家 A の利得は 1 に，国家 B の利得は -1 になる．このようにすることで，ゲーム 1 から構成される戦略型ゲームの利得行列は，図 4.16 のように表される．

(3) 図 4.16 の戦略型ゲームのナッシュ均衡を求めればよい[2]．図 4.16 において，各戦略の組について，「すべてのプレイヤーがお互い最適反応をしている（どのプレ

[2) ゲームが図 4.16 のように書ける理由については教科書 p. 210 を参照せよ．

国家 A \ 国家 B	(終結, 終結)	(終結, 継続)	(継続, 終結)	(継続, 継続)
終結	0, 0	0, 0	$-1, 1$	$-1, 1$
継続	1, -1	$-10, -10$	1, -1	$-10, -10$

図 4.16 ゲーム 1 から構成される戦略型ゲーム

イヤーも戦略をどのように変更しても自らの利得を改善できない)」か否かを確認する. そうすることで, ナッシュ均衡は, (終結, (継続, 継続)), (継続, (終結, 終結)), (継続, (継続, 終結)) の三つであることがわかる.

(4) ゲーム 1 には, 国家 A が終結を選択した後に続くゲーム, 国家 A が継続を選択した後に続くゲーム, 全体のゲームの三つの部分ゲームが存在する.

ゲーム 2 には, 女性が共に過ごすことを決定した後に続くゲームと全体のゲームの二つの部分ゲームが存在する.

(5) ゲーム 1 バックワード・インダクションで解く. 国家 A が終結を選択した後に続く部分ゲームでは, 国家 B は, 終結を選択すると利得 0 を, 継続を選択すると利得 1 を得るので, 継続を選択する. 国家 A が継続を選択した後に続く部分ゲームでは, 国家 B は, 終結を選択すると利得 -1 を, 継続を選択すると利得 -10 を得るので, 終結を選択する. 縮約ゲームでは, 国家 A は, 終結を選択すると利得 -1 を, 継続を選択すると利得 1 を得るので, 継続を選択する. 以上から, 部分ゲーム完全均衡は, 図 4.17 の太線で示したように, 国家 A は, 継続を選択し, 国家 B は, 国家 A が終結を選択した後の節では継続を選択し, 国家 A が継続を選択した後の節では終結を選択するというものである.

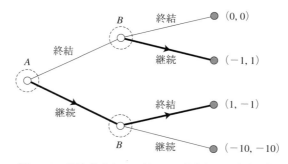

図 4.17 逐次的チキン・ゲームの部分ゲーム完全均衡

ゲーム 2 バックワード・インダクションで解く. 女性が 2 人で共に過ごすことを選択した後に続く部分ゲームから構成される戦略型ゲームは, 図 4.18 のようになる.

女性 \ 男性	バレエ	サッカー
バレエ	3, 1	0, 0
サッカー	0, 0	1, 3

図 4.18　両性の争い

このゲームで，戦略の組（バレエ，バレエ）と（サッカー，サッカー）は，ナッシュ均衡である．なぜなら，いずれのプレイヤーも，自分だけ戦略を変えると，利得を正から 0 に減らすことになるからである．戦略の組（バレエ，サッカー），（サッカー，バレエ）は，ナッシュ均衡でない．なぜなら，どちらかのプレイヤーが，自分の戦略を変えると，利得を 0 から正に増やすことができるからである．ナッシュ均衡（バレエ，バレエ）による縮約ゲームでは，女性は，音楽を聴いて過ごすことを選択すると利得 2 を，共に過ごすことを選択すると利得 3 を得るので，共に過ごすことを選択する．ナッシュ均衡（サッカー，サッカー）による縮約ゲームでは，女性は，音楽を聴いて過ごすことを選択すると利得 2 を，共に過ごすことを選択すると利得 1 を得るので，音楽を聴いて過ごすことを選択する．以上から，部分ゲーム完全均衡は，図 4.19 の太線で表されるように，次の二つである．一つは，女性が共に過ごすこととバレエを選択し，男性がバレエを選択するというものである．もう一つは，女性が音楽を聴いて過ごすこととサッカーを選択し，男性がサッカーを選択するというものである．

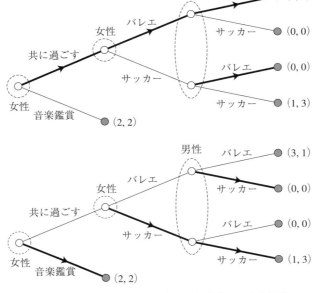

図 4.19　拡張された両性の争いの部分ゲーム完全均衡

ゲーム 3 バックワード・インダクションで解く．6 番目の節から始まる部分ゲームで，プレイヤー B は，S で利得 5 を，C で 4 を得るので，S を選択する．これを受けた縮約ゲームの 5 番目の節から始まる部分ゲームで，プレイヤー A は，S で利得 3 を，C で 2 を得るので，S を選択する．これを受けた縮約ゲームの 4 番目の節から始まる部分ゲームで，プレイヤー B は，S で利得 4 を，C で 3 を得るので，S を選択する．これを受けた縮約ゲームの 3 番目の節から始まる部分ゲームで，プレイヤー A は，S で利得 2 を，C で 1 を得るので，S を選択する．これを受けた縮約ゲームの 2 番目の節から始まる部分ゲームで，プレイヤー B は，S で利得 3 を，C で 2 を得るので，S を選択する．これを受けた縮約ゲームで，プレイヤー A は，S で利得 1 を，C で 0 を得るので，S を選択する．以上から，図 4.20 のように，部分ゲーム完全均衡は，すべての節で S を選択するというものである．

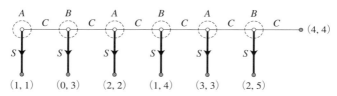

図 4.20 むかでゲームの部分ゲーム完全均衡

《コメント》
　展開型ゲームを解くにあたっては，「均衡経路」と「均衡」を混同しないように注意されたい．均衡戦略では，均衡経路上で実現する行動のみならず，すべての情報集合における行動計画が指定されていなくてはならない．例えば，ゲーム 1 の部分ゲーム完全均衡において実現する経路は，「国家 A が継続を選択し，その後に国家 B が終結を選択する」というものだが，均衡では実現されない経路である「国家 A が終結を選択した後の国家 B の行動計画」も指定しておかなくてはならない．各プレイヤーの均衡戦略の組が均衡である．

● 問題 4.7 の解答　　　　　　　　　　　　　　　　　　　　　問題→ 114 頁
　ゲーム 1　部分ゲーム完全均衡は $(D, (E, H))$ である．
　ゲーム 2　部分ゲーム完全均衡は $((C, E), G)$ と $((D, F), H)$ の二つである．
　ゲーム 3　部分ゲーム完全均衡は $(D, F, (I, J))$ である．

● 問題 4.8 の解答　　　　　　　　　　　　　　　　　　　　　問題→ 116 頁
　(1) トリガー戦略は，次のようなものである．

- それ以前に誰も D を選んでいない段階ゲーム（局面 C）では C を選ぶ．
- それ以外の段階ゲーム（局面 D）では D を選ぶ．

局面 C は第 1 期目の段階ゲームと，以前のすべての段階ゲームで (C, C) が実現した第 2 期目以降の段階ゲームである．局面 D はプレイヤー A か B の少なくとも 1 人が，以前に行動 D を選んだ段階ゲームである．

《コメント》

第 2 期目の段階ゲームは，第 1 期目に (C, C)，(C, D)，(D, C)，(D, D) のどれが実現したかにより四つあり，第 1 期目に (C, C) が実現した後の第 2 期目の段階ゲームのみ局面 C であり，他の三つの第 2 期目の段階ゲームは局面 D である．同様に，第 t 期目の段階ゲームは 4^{t-1} 個あり，一つが局面 C であり，残りはすべて局面 D である．任意の期の任意の段階ゲームは局面 C か局面 D に分類できるため，トリガー戦略は，プレイヤーのすべての情報集合で行動 C か D のどちらを選択するかを指定しており，展開型ゲームにおける戦略の定義を満たしている．

(2) まず，即時逸脱の原理とでも言うべき次の事実を示しておく．(s_A, s_B) を繰り返しゲームにおける戦略の組とする．このとき，次の (i) と (ii) は同値である．

(i) 戦略の組 (s_A, s_B) は部分ゲーム完全均衡である．

(ii) 任意の部分ゲームと任意のプレイヤー i について，プレイヤー $j \neq i$ が戦略 s_j の指定する行動をとるとき，プレイヤー i がその部分ゲームの最初の段階ゲームで戦略 s_i の指定する行動と異なる行動をとる（それ以降の段階ゲームでの行動は何でもよい）という逸脱（即時逸脱）をしてもプレイヤー i の利得は増えない．

(i) ならば (ii) が成り立つのは自明である．次に，(ii) ならば (i) が成り立つことを示す．(ii) を仮定する．任意の部分ゲームについて考える．任意のプレイヤー i を固定し，s_i' を s_i から逸脱する任意の戦略とする．

- (s_i', s_j) と (s_A, s_B) で同じ経路が実現する場合，明らかに逸脱 s_i' によってプレイヤー i の利得は増えない．

- (s_i', s_j) と (s_A, s_B) で異なる経路が実現する場合，

  - (s_i', s_j) と (s_A, s_B) で異なる行動の組が最初に現れる段階ゲームより前では，プレイヤー i の利得は (s_i', s_j) と (s_A, s_B) で等しく，

  - この段階ゲームから始まる部分ゲームでは，s_i' は即時逸脱になっているので，仮定 (ii) よりプレイヤー i の利得は増えないので，

  逸脱 s_i' によってプレイヤー i の利得は増えない．

以上より，任意の部分ゲームでどのプレイヤーもいかなる逸脱によっても自身の利得を増やせないので，(s_A, s_B) は部分ゲーム完全均衡である．

130　第 II 部　ゲーム理論と情報・インセンティヴ

　さて，2 人のプレイヤーは対称的であるから，プレイヤー B がトリガー戦略をとるとき，任意の部分ゲームにおいて，プレイヤー A がトリガー戦略から即時逸脱しても得をしないような割引因子 δ の範囲を求めればよい．(1) のコメントで述べたように，段階ゲームは局面 C か局面 D に分類できるから，局面 C の段階ゲームから始まる部分ゲームと局面 D の段階ゲームから始まる部分ゲームに分けて考える．

　局面 C の段階ゲームから始まる部分ゲームを考える．どの即時逸脱でも最初の段階ゲームで (D, C) が実現し，(D, C) に続くすべての段階ゲームでプレイヤー B は D を選ぶ．したがって，プレイヤー A の利得を最大にする即時逸脱（の一つ）は，すべての段階ゲームで D を選ぶというものであり，今期 (D, C) が実現し，プレイヤー A は利得 2 を受け取り，次期以降 (D, D) が実現し続け，プレイヤー A は利得 0 を受け取り続ける．一方，プレイヤー A もトリガー戦略をとると，(C, C) が実現し続け，プレイヤー A は利得 1 を受け取り続ける．よって，プレイヤー A がいかなる即時逸脱によっても得をしないための条件は，

$$\sum_{t=1}^{\infty} \delta^{t-1} \cdot 1 \geq 2 + \delta \sum_{t=1}^{\infty} \delta^{t-1} \cdot 0$$

であり，これを整理すると，$\delta \geq \frac{1}{2}$ である．

　次に，局面 D の段階ゲームから始まる部分ゲームを考える．この部分ゲームではすべての段階ゲームでプレイヤー B は D を選ぶ．したがって，プレイヤー A のトリガー戦略，すなわち，すべての段階ゲームで D を選ぶ戦略は，プレイヤー A の利得を最大にする．したがって，いかなる即時逸脱によっても，プレイヤー A の利得は増えない．

　以上から，トリガー戦略の組が部分ゲーム完全均衡になるための必要十分条件は，$\delta \geq \frac{1}{2}$ である．

《コメント》

　本問では，トリガー戦略の指定する行動と異なる行動をとりはじめたときに，それ以降の利得を最大にする戦略が容易に見つかった．局面 C で D を選んだ場合と局面 D で C を選んだ場合のどちらも，次の期以降 D を選び続けると利得が最大になる．これらは，各部分ゲームの最初の段階ゲームでのみトリガー戦略の指定する行動と異なる行動をとり，それ以降の段階ゲームではトリガー戦略の指定する行動をとり続けるような戦略にあたる．したがって，本問では，指定された行動から 1 期のみ逸脱した戦略をとっても利得が増えないことと，トリガー戦略の組が部分ゲーム完全均衡であることが同値になる．この事実は 1 回逸脱の原理と呼ばれ，実は一般的な繰り返しゲームにおいて成立する．

1 回逸脱の原理　(s_A, s_B) を繰り返しゲームにおける戦略の組とする．このとき，次の (i) と (ii) は同値である．

(i) 戦略の組 (s_A, s_B) は部分ゲーム完全均衡である.

(ii) 任意の部分ゲームと任意のプレイヤー i について,プレイヤー $j \neq i$ が戦略 s_j の指定する行動をとるとき,プレイヤー i がその部分ゲームの最初の段階ゲームでのみ戦略 s_i の指定する行動と異なる行動をとり,それ以降のすべての段階ゲームで戦略 s_i が指定する行動をとるという逸脱をしてもプレイヤー i の利得は増えない.

本解答では部分ゲーム完全均衡であることを示すのにあらゆる逸脱を検討したが,1 回逸脱の原理を用いればその必要はなくなる.一つの段階ゲームでのみ指定する行動から逸脱するような戦略だけを検討すればよいのである.読者は,トリガー戦略の組が部分ゲーム完全均衡であることを,1 回逸脱の原理を用いても確認せよ.

●問題 4.9 の解答 問題→ 116 頁

　局面 C の節で意思決定する個人は,その節から始まる部分ゲームで両個人がトリガー戦略に従うならば,1/2 を将来にわたって永久に受け取り続けることになる.また,局面 C では,いかなる 1 回逸脱をしても次期以降の利得は同じなので,もっとも大きい利得を得ることができる 1 回逸脱は,その節での利得を最大にする行動,すなわち,相手に何も与えないという行動である.局面 C の節で 1 回逸脱を行うと,それに続く部分ゲームでは,トリガー戦略の組によって,分配額 0 と分配額 1 を交互に受け取ることになる.よって,局面 C で 1 回逸脱をしても得をしないための条件は,

$$\sum_{t=1}^{\infty} \delta^{t-1} \sqrt{\frac{1}{2}} \geq \sqrt{1} + \sum_{t=1,3,\ldots} \delta^t \sqrt{0} + \sum_{t=2,4,\ldots} \delta^t \sqrt{1}$$

であり,これを整理すると,$\delta \geq \sqrt{2} - 1$ である.

　局面 D の節で意思決定する個人は,その節から始まる部分ゲームで両個人がトリガー戦略に従うならば,分配額 1 と分配額 0 を交互に受け取ることになる.また,局面 D では,いかなる 1 回逸脱をしても(すなわち,相手に一部を与えるという決定をしても),その節での分配額は 1 未満である.局面 D の節で 1 回逸脱を行うと,それに続く部分ゲームでは,トリガー戦略の組によって,分配額 0 と分配額 1 を交互に受け取ることになる.以上から,局面 D では,いかなる 1 回逸脱をしても必ず得をしないことがわかる.

　以上から,1 回逸脱の原理により,トリガー戦略の組が部分ゲーム完全均衡になるための必要十分条件は,$\delta \geq \sqrt{2} - 1$ であることがわかる.

《コメント》

　段階ゲーム(ステージ・ゲーム)は,個人 A が先に意思決定し,個人 B は個人 A の決定を知った上で意思決定するという 2 段階である.そのため,各ステージ・ゲームの中に個人 B が意思決定する複数の情報集合があり,問題 4.8 の解答のコメントにある段階

132　　第 II 部　ゲーム理論と情報・インセンティヴ

ゲーム（ステージ・ゲーム）に関する 1 回逸脱の原理をそのまま適用することはできない．個人 B については，自らの意思決定する任意の節（情報集合）から始まる部分ゲームにおいて 1 回逸脱を検討しなければならない．

●問題 4.10 の解答　　　　　　　　　　　　　　　　　　　　　　問題→ 117 頁

　任意の $i, j = A, B$（$i \neq j$）を固定する．プレイヤー i の提案から始まる部分ゲームでは，戦略の組 s の下では，プレイヤー i の最初の提案 x_j^* がプレイヤー j によって受諾されるので，プレイヤー i は $1 - x_j^*$ の分配額を得る．したがって，

$$v_i^* = 1 - x_j^* \tag{4.1}$$

が言える．プレイヤー i が一般に x_j を提案したときにプレイヤー j が応答する節を考える．この提案を受諾すれば，x_j の利得を得る．一方，拒否すれば，プレイヤー j の提案から始まる部分ゲームに移り，そこでプレイヤー j は戦略の組 s によって v_j^* の利得を得るので，それを割り引いた $\delta_j v_j^*$ の利得を得る．したがって，プレイヤー j は，$x_j > \delta_j v_j^*$（$x_j < \delta_j v_j^*$）なら，受諾（拒否）する．次に，プレイヤー i が提案する節を考える．戦略の組 s の下ではプレイヤー i の提案 x_j^* は受諾されていたので，$x_j^* \geq \delta_j v_j^*$ が必要である．ここで，$x_j^* > \delta_j v_j^*$ を仮定する．s による提案 x_j^* から，$x_j^* > x_j' > \delta_j v_j^*$ なる提案 x_j' に逸脱すると，上述の議論より x_j' は受諾され，プレイヤー i は利得を $1 - x_j' > 1 - x_j^* = v_i^*$ に改善することができる．これは，s が部分ゲーム完全均衡であることに矛盾する．したがって，

$$x_j^* = \delta_j v_j^* \tag{4.2}$$

である．

　式 (4.1), (4.2) より，任意の $i, j = A, B$（$i \neq j$）について，$v_i^* = 1 - \delta_j v_j^*$，$v_j^* = 1 - \delta_i v_i^*$ が成り立ち，この連立方程式を解くと，$v_i^* = (1 - \delta_j)/(1 - \delta_A \delta_B)$ を得る．これと式 (4.2) より，任意の i について，$x_i^* = \delta_i (1 - \delta_j)/(1 - \delta_A \delta_B)$ を得る．

《コメント》

　実は，このゲームでは，任意の $i, j = A, B$（$i \neq j$）について，プレイヤー i は $\delta_j (1 - \delta_i)/(1 - \delta_A \delta_B)$ をプレイヤー $j \neq i$ に分配する提案を常に行い，プレイヤー j は $\delta_j (1 - \delta_i)/(1 - \delta_A \delta_B)$ 以上の額が分配される提案は常に受諾し，それ以外の提案は常に拒否する，という戦略の組が唯一の部分ゲーム完全均衡である．均衡において，プレイヤー A は $(1 - \delta_B)/(1 - \delta_A \delta_B)$ の利得を得，プレイヤー B は $\delta_B (1 - \delta_A)/(1 - \delta_A \delta_B)$ の利得を得ることがわかる．いま，$\delta_A = \delta_B$ であるとし，$\delta = \delta_A = \delta_B$ とおく．そうすると，プレイヤー A の利得は，$(1 - \delta)/(1 - \delta^2) = 1/(1 + \delta)$ に，プレイヤー B の利得は，$\delta(1 - \delta)/(1 - \delta^2) = \delta/(1 + \delta)$ にそれぞれなる．交渉が滞りなく行われる，すなわち，拒

否の後に次の提案の機会がすぐさま到来する場合，将来の利得はあまり割り引かれなくなる．つまり，δ が 1 に近づく．その極限をとると，各プレイヤーの利得は 1/2 に収束することになる．実はこれは，ナッシュ交渉解という協力ゲームの解に一致していることが知られている．

第 5 章

不完全競争

不完全競争市場の理論では，完全競争の仮定が満たされず，価格支配力を持つ生産主体が存在する市場を分析する．不完全競争の典型例には，売り手が一企業のみである独占や，さらに売り手が少数ではあるが複数である寡占がある．独占企業は，限界費用よりも高い価格で財を供給し，正常利潤を上回る超過利潤（独占利潤）を獲得するが，社会的には厚生損失を引き起こす．寡占企業は戦略的環境にあり，数量を戦略とする場合のクールノー・ゲームと，価格を戦略とする場合のベルトラン・ゲームで区別される．クールノー・ゲームでは，各企業が自らへの残余需要に対して独占行動をとるが，厚生損失の大きさは企業数が増えると小さくなる．ベルトラン・ゲームで，同質的な財を生産する場合は，価格は限界費用に一致するが，製品差別化された財を生産する場合は，各企業は自らへの個別需要に対して独占行動をとる．また，一方の企業が先に意思決定を行い，その後に他方の企業が意思決定を行うシュタッケルベルク・ゲームについても考える．

【キーワード】

不完全競争　価格支配力　独占　限界費用料金規制　平均費用料金規制
寡占　クールノー・ゲーム　残余需要　クールノー極限定理
シュタッケルベルク・ゲーム　コミットメント　参入阻止
ベルトラン・ゲーム　製品差別化　個別需要　戦略的代替・補完

136   第 II 部　ゲーム理論と情報・インセンティヴ

【基本的事項の確認】

■問題　以下の各問いに答えよ．選択肢のあるものについては適切な語句を選択し，空欄のあるものについては適切な語句を補充せよ．

(1) 不完全競争市場とは何か説明せよ．

(2) 独占企業は利潤最大化行動の結果，　(a)　と　(b)　を均等化するように生産し，独占価格は　(b)　の {(c) 上方，下方} に乖離する．この乖離率を　(d)　率と呼ぶ．独占企業の　(d)　の結果，完全競争の場合に比べて消費者余剰は {(e) 減少，増加} し，他方，生産者余剰は {(f) 減少，増加} し，全体としては　(g)　と呼ばれる総余剰の損失が発生する．

(3) (a) 需要と供給を一致させ，かつ，限界費用と等しくなるように料金を規制する，独占企業の最善の規制を何と言うか．
　　(b) 需要と供給を一致させ，かつ，平均費用に一致するように料金を規制する，独占企業の次善の規制を何と言うか．

(4) 同時手番ゲームの中で，　(a)　を戦略とする寡占を記述したゲームは「クールノー・ゲーム」と呼ばれ，　(b)　を戦略とする寡占を記述したゲームは「ベルトラン・ゲーム」と呼ばれる．

(5) 企業 A が先に生産量を決定し，それを観察した後，企業 B が生産量を決定するという逐次手番の数量競争を，　(a)　・ゲームという．このとき，企業 A は　(b)　であり，企業 B は　(c)　であるという．

(6) コミットメントとは何か説明せよ．

(7) 戦略的代替，戦略的補完とは何か説明せよ．なお，クールノー・ゲームは戦略的 {(a) 代替，補完} であり，ベルトラン・ゲームは戦略的 {(b) 代替，補完}である．

第 5 章　不完全競争　　137

●解答

(1) 不完全競争市場とは,「市場価格に影響を与える価格支配力を持っている経済主体が存在する市場」のことで, その典型として独占市場や寡占市場がある.

(2) (a) 限界収入　(b) 限界費用　(c) 上方　(d) マークアップ　(e) 減少　(f) 増加　(g) 厚生損失

(3) (a) 限界費用料金規制　(b) 平均費用料金規制

(4) (a) 生産量　(b) 価格

(5) (a) シュタッケルベルク　(b) 先導者　(c) 追随者

(6) コミットメントとは「ある行動を不可逆的に選択し, 自分の行動を縛ってしまうこと」である.

(7) 戦略的代替とは「相手が攻撃的になると自分は受容的になり, 相手が受容的になると自分は攻撃的になる」という戦略関係であり, 戦略的補完とは「相手が攻撃的になると自分も攻撃的にしようとし, 相手が受容的になると自分も受容的になる」という戦略関係である.
　　(a) 代替　(b) 補完

【問　題】

■**問題 5.1**（★独占）　　　　　　　　　　　　　教科書の関連箇所 → 5.2 節

　価格支配力を持ち, 平均費用の逓減が著しいある公益企業について考える. この公益企業の生産物に対する逆需要関数が $p(x) = 1000 - x$, 費用関数が $C(x) = 100x + 140000$ で与えられているとする. このとき, 以下の問いに答えよ.

(1) この企業が利潤最大化を追求した場合の生産量, 価格, 消費者余剰, 生産者余剰, 総余剰, 利潤を求めよ.

(2) この企業が政府から限界費用料金規制を受けた場合の生産量, 価格, 消費者余剰, 生産者余剰, 総余剰, 利潤を求めよ.

138　　第 II 部　ゲーム理論と情報・インセンティヴ

(3) この企業が政府から平均費用料金規制を受けた場合の生産量，価格，消費者余剰，生産者余剰，総余剰，利潤を求めよ．　　　　　　解答→ 144 頁

■**問題 5.2**（★クールノー・ゲーム）　　　　　教科書の関連箇所→ 5.3 節

　企業 A と企業 B の 2 社からなる産業を考える．両企業は同質的な財を生産し，その財に対する逆需要関数は $P(X) = 1000 - X$ とする．ただし，X は市場の総生産量であり，企業 $i = A, B$ の生産量を x_i とすると，$X = x_A + x_B$ である．両企業の費用関数は同一であり，$C(x) = 100x$ とする．両企業は生産量を選ぶものとして，以下に答えよ．

(1) 各企業の最適反応関数を求めよ．

(2) 両企業が同時に意思決定するときのナッシュ均衡を求めよ．また，均衡での市場価格と各企業の利潤を求めよ．

(3) この産業に新しく参入があり，同一の技術（費用関数）を持った企業が n 社（n は 2 以上の整数）になったとする．このとき，全企業が同時に意思決定するときのナッシュ均衡を求め，企業数 n が増えると均衡での市場価格がどのように変化するか考察せよ．（Hint：まずナッシュ均衡での各企業の生産量が等しくなることを示し，そのことを利用してナッシュ均衡を導出するとよい．）　　　　　　解答→ 146 頁

■**問題 5.3**（★技術水準の異なる企業によるクールノー・ゲーム）

　　　　　　　　　　　　　　　　　　　　　教科書の関連箇所→ 5.3 節

　問題 5.2 の設定で，企業 $i = A, B$ の費用関数を $C_i(x_i) = c_i x_i$ に置き換えた状況を考える（各企業の費用関数が異なる可能性を考慮する）．ただし，$c_i < 500$ とする．このとき，以下の問いに答えよ．

(1) 各企業の最適反応関数を求めよ．

(2) ナッシュ均衡を求めよ．また，均衡での市場価格と各企業の利潤を求めよ．

　　　　　　　　　　　　　　　　　　　　　　　　　　解答→ 147 頁

第 5 章　不完全競争　　139

■**問題 5.4**（逓増する限界費用の下でのクールノー・ゲーム）

教科書の関連箇所→ 5.3 節

　問題 5.2 の (3) の設定で，各企業の費用関数を $C(x) = x^2$ に置き換えた状況を考える（各企業の費用関数は同一であり，限界費用は逓増する）．このときも，企業数 n が増えると，市場価格は限界費用に下がっていく（均衡での市場価格と限界費用の差が 0 に収束する）ことを示せ．　　　　　解答→ 148 頁

■**問題 5.5**（★シュタッケルベルク・ゲーム）　　教科書の関連箇所→ 5.4 節

　問題 5.2 と同じ設定だが，企業 A が先導者，企業 B が追随者であるとする．このときの，部分ゲーム完全均衡と，均衡経路での市場価格と各企業の利潤を求めよ．　　　　　　　　　　　　　　　　　　　解答→ 148 頁

■**問題 5.6**（国際寡占）　　　　　　　　　教科書の関連箇所→ 5.4.3 項

　A 国企業と B 国企業が第三国市場において国際貿易で競争している．第三国市場における逆需要関数は $P(X) = 1000 - X$ である．両企業の費用関数は同一であり，$C(x) = 100x$ とする．A 国の政府は自国企業を保護するために生産単位あたり s の輸出補助金を与えている．両企業は生産量を選ぶものとして，以下に答えよ．

(1) 補助金 s を所与としたとき，両企業の市場競争におけるナッシュ均衡を求めよ．

(2) A 国の政府が補助金 s の値を，自国企業の利潤から補助金に必要な政府支出を引いた値が最大になるように設定する場合，補助金の値はいくらになるか．またそのときの均衡生産量を求めよ．ただし，政府は各企業が生産量を決める前に補助金の値にコミットメントできるものとする．

解答→ 149 頁

■**問題 5.7**（参入阻止）　　　　　　　　　教科書の関連箇所→ 5.4.4 項

　既存企業 A の生産量を見た後に，新規企業 B が市場に参入するかどうかを含めて生産量を決定する状況を考える．企業 B が新規に市場参入するには f の固定費用が必要であるとする（企業 A はすでに負担しているものとする）．両

140   第 II 部　ゲーム理論と情報・インセンティヴ

企業は同質的な財を生産し，その財に対する逆需要関数は $P(X) = 1000 - X$ とする．両企業の可変費用関数は同一であり，$VC(x) = 100x$ とする．両企業は生産量を選ぶものとして，以下に答えよ．

(1) $x_B = 0$ が最適になる場合も含めて，企業 B の最適反応関数を求めよ．

(2) $f = 2500$，$f = 10000$ のときの部分ゲーム完全均衡経路上での各企業の生産量を，それぞれ求めよ． 　　　　　　　　　　　　　　　解答→ 150 頁

■**問題 5.8**（★ベルトラン・ゲーム）　　　　　　　教科書の関連箇所→ 5.5 節
　企業 A と企業 B が自社製品を限界費用 c で生産できるものとする．各企業 i（$= A, B$）は自社製品の価格 p_i を選んで価格競争をしている．このとき，以下の問いに答えよ．

(1) 両企業が同質的な財を生産しており，市場需要が $x(p) = a - p$（$a > c$）で表され，より低い価格をつけた企業が，その価格の下での需要を残らず獲得し，同じ価格の場合は，両企業によって需要が折半されるとする．

　　(a) 両企業が限界費用 c と等しい価格をつけることが，ナッシュ均衡であることを証明せよ．

　　(b) 両企業が限界費用 c と等しい価格をつけること以外に，ナッシュ均衡がないことを証明せよ．

(2) 両企業が差別化された財を生産しており，企業 i の製品への個別需要が $x_i(p_i, p_j) = \alpha - p_i + p_j/2$ と表せるとする（$\alpha > c$, $i \neq j$）．

　　(a) 両企業が同時に価格を決定するとき，最適反応関数を求め，ナッシュ均衡を求めよ．

　　(b) 企業 A の価格決定を知ってから企業 B が価格を決定するとき，部分ゲーム完全均衡経路上での両企業の価格を求めよ． 　　　　　解答→ 151 頁

■**問題 5.9**（技術水準の異なる企業によるベルトラン・ゲーム）

　　　　　　　　　　　　　　　　　　　　　　　　教科書の関連箇所→ 5.5 節
　問題 5.8 の (1) の設定で，企業 A の限界費用を 0，企業 B の限界費用を 100，$a = 1000$ とする．両企業は非負の整数の価格しか選択できないものとする．こ

第 5 章　不完全競争　　141

のとき，$(p_A, p_B) = (99, 100)$ がナッシュ均衡であることを示せ．

解答→ 153 頁

■**問題 5.10**（カルテル）　　　　　教科書の関連箇所→ 5.3 節
問題 5.2 の設定を考える．このとき，以下の問いに答えよ．

(1) 企業 A，B が協調して利潤の合計（共同利潤）を最大化するときの 2 社の合計生産量 X^M を求めよ．さらに，生産量の組 $(X^M/2, X^M/2)$ の下での各企業の利潤を求めよ．

(2) 企業 B の生産量 $X^M/2$ に対する企業 A の最適反応 $BR_A(X^M/2)$ が企業 A の生産量 $X^M/2$ より大きいことを示すことで，共同利潤を最大化する生産量の組 $(X^M/2, X^M/2)$ はナッシュ均衡とならないことを示せ．さらに，$(BR_A(X^M/2), X^M/2)$ の下での企業 A の利潤を求めよ．

(3) 企業が数量競争を繰り返し行うものとする．（共同利潤を最大化する生産量の組 $(X^M/2, X^M/2)$ の繰り返しをもたらす）次のようなトリガー戦略の組が部分ゲーム完全均衡となるような割引因子 δ の範囲を求めよ．

- それ以前にどの企業も $X^M/2$ 以外を生産していない段階ゲーム（局面 C）では $X^M/2$ を生産する．

- それ以外の段階ゲーム（局面 D）では段階ゲームのナッシュ均衡での生産量 300 を生産する．　　　　　解答→ 154 頁

■**問題 5.11**（企業の合併（水平的合併））　　　教科書の関連箇所→ 5.3 節
3 つの企業 1，企業 2，企業 3 が同質的な財を生産しており，その財に対する逆需要関数は $P(X) = 1000 - X$ とする．3 社は，当初，同一の費用関数 $C(x) = 100x$ を持ち，生産量を選ぶものとする．このとき，以下の問いに答えよ．（Hint：固定費用が $C(0) = 0$ であることより，生産者余剰は企業の利潤の合計である．）

(1) 3 社が同時に意思決定するときのナッシュ均衡での価格，企業の合計生産量，消費者余剰，生産者余剰，総余剰を求めよ．

142 第 II 部 ゲーム理論と情報・インセンティヴ

(2) 企業 1 が企業 3 を吸収合併したとする．合併後の企業の費用関数は $C(x) = 100x$ のままであるとする．合併後の企業と企業 2 が同時に意思決定するときのナッシュ均衡での価格，企業の合計生産量，消費者余剰，生産者余剰，総余剰を求めよ．

(3) (1) と (2) における総余剰を比較した上で，限界費用を変化させない合併は，総余剰の観点から望ましいと言えるか述べよ．

(4) (2) と同様に，企業 1 が企業 3 を吸収合併したとする．ただし，企業 1 と企業 3 の技術には相乗効果（シナジー）があり，合併後の企業の限界費用は 100 から 40 に低下するものとする．合併後の企業と企業 2 が同時に意思決定するときのナッシュ均衡での価格，総生産量，消費者余剰，生産者余剰，総余剰を求めよ．

(5) (1) と (4) における総余剰を比較した上で，限界費用を低下させる合併は，総余剰の観点から望ましいと言えるか述べよ．

(6) (3) と (5) を踏まえた上で，同一市場で競争する企業間の合併（水平的合併）が経済厚生に及ぼす影響について論ぜよ． 解答→ 155 頁

■**問題 5.12**（最終財生産者と中間財生産者の合併（垂直的合併））

教科書の関連箇所→ 5.2 節

中間財 x を投入し最終財 y を生産する独占企業（以下，「川下企業」）を考える．最終財の生産関数を $y = x$，逆需要関数を $p(y) = a - by$ $(a, b > 0)$ とする．また，中間財も独占的に供給されており，中間財を生産する独占企業（以下，「川上企業」）の費用関数を $C_U(x) = wx$ $(a > w > 0)$ とする．中間財価格 c は川上企業が決定し，川下企業は c を所与として行動する．最終財の生産関数から，川下企業の費用関数は $C_D(y) = cy$ となる．このとき，以下の問いに答えよ．

(1) 川下企業の利潤最大化問題を定式化した上で，利潤を最大化する最終財生産量 $y(c)$，中間財の需要関数 $x(c)$ を求めよ．

(2) 川上企業の利潤最大化問題を，中間財の逆需要関数 $c(x)$ を求めた上で定

第 5 章 不完全競争 143

式化し，利潤を最大化する中間財生産量 x^* を求めよ．また，その結果を用いて，均衡における最終財生産量 y^*，最終財価格 p^*，中間財価格 c^* を求めよ．さらに，川上企業の利潤，川下企業の利潤，消費者余剰，総余剰（両企業の利潤と消費者余剰の合計）を求めよ．

(3) 川下企業と川上企業が合併したとする．合併後の企業は，自らの生産した中間財を用いて，最終財を生産して独占的に供給を行う．このとき，当該独占企業の利潤最大化問題を定式化した上で，利潤を最大化する最終財生産量 y^M およびそのときの価格 p^M を求めよ．さらに，独占企業の利潤，消費者余剰，総余剰（独占企業の利潤と消費者余剰の合計）を求めよ．

(4) (2) で得た総余剰と (3) で得た総余剰を比較し，川上企業と川下企業の合併（垂直的合併）が経済厚生に及ぼす影響について論ぜよ． 解答→ 156 頁

■**問題 5.13**（研究開発） 教科書の関連箇所→ 4.5，5.3，5.4 節

ある財の逆需要関数を $P(X) = 1000 - X$ とし，企業 A と企業 B がこの財を生産している．すなわち，企業 A，B の生産量を x_A，x_B とすると，$X = x_A + x_B$ である．この財を生産するときの企業の限界費用は両企業ともに当初 300 であるが，企業 A には研究開発投資の機会があり，限界費用を $300 - I$ $(0 \le I \le 300)$ に低下させるのに，$2I^2$ だけの金額を要する．すなわち，企業 A の費用関数を

$$C(x_A, I) = (300 - I)x_A + 2I^2$$

とする．このとき，以下の問いに答えよ．

(1) 企業 A が投資量 I と生産量 x_A を，企業 B が生産量 x_B を，同時に決定するものとする．このゲームのナッシュ均衡（投資量と各企業の生産量）を求めよ．

(2) まず企業 A が投資量 I を決定して研究開発を行い，その後で，企業 A と企業 B が同時にそれぞれの生産量 x_A と x_B を決定する．ただし，企業 A の研究開発後に，企業 A の限界費用がいくらになったか企業 B はわかるものとする．このゲームの部分ゲーム完全均衡における企業 A の投資量を求め

144　第 II 部　ゲーム理論と情報・インセンティヴ

よ．また，均衡経路での各企業の生産量を，(1) で求めた各企業の均衡生産量と大小比較せよ．

解答→ 159 頁

【解　答】

●問題 5.1 の解答

問題→ 137 頁

収入 $R(x)$，限界収入 $MR(x)$，限界費用 $MC(x)$ 及び平均費用 $AC(x)$ はそれぞれ，

$$R(x) = p(x)x = -x^2 + 1000x$$

$$MR(x) = \frac{dR(x)}{dx} = -2x + 1000$$

$$MC(x) = \frac{dC(x)}{dx} = 100$$

$$AC(x) = \frac{C(x)}{x} = 100 + \frac{140000}{x}$$

である[1]．

(1) 企業の利潤最大化問題は，

$$\max_x \ R(x) - C(x)$$

である．利潤最大化の 1 階条件は，

$$MR(x) = MC(x)$$

であり，これについて解くと，企業の独占における生産量 $x^M = 450$ がわかる．独占価格は $p^M = 1000 - 450 = 550$ である．このとき，消費者余剰は $CS^M = \frac{1}{2} \cdot (1000 - 550) \cdot 450 = 101250$，生産者余剰は $PS^M = (550 - 100) \cdot 450 = 202500$，総余剰は $TS^M = 303750$，利潤は $\pi^M = 62500$ である．

(2) 政府から限界費用価格規制を受けた場合の生産量は，

$$MC(x) = p(x)$$

の解である．これについて解くと，限界費用価格規制を受けた場合の生産量は $x^{MC} = 900$，価格は $p^{MC} = 1000 - 900 = 100$ である．このとき，消費者余剰は $CS^{MC} =$

---

1) 本問のように逆需要関数が直線で $p(x) = a - bx$ の形で書ける場合，限界収入曲線は $MR(x) = a - 2bx$，すなわち，逆需要曲線と同じ切片から伸びる 2 倍の傾きの直線で描けることを覚えておくと便利である．

$\frac{1}{2} \cdot (1000 - 100) \cdot 900 = 405000$, 生産者余剰は $PS^{MC} = (100 - 100) \cdot 900 = 0$, 総余剰は $TS^{MC} = 405000$, 利潤は $\pi^{MC} = -140000$ である.

(3) 政府から平均費用価格規制を受けた場合の生産量は,

$$AC(x) = p(x)$$

の解である. これについて解くと, 平均費用価格規制を受けた場合の生産量は $x^{AC} = 700$, 価格は $p^{AC} = 1000 - 700 = 300$ である[2]. このとき, 消費者余剰は $CS^{AC} = \frac{1}{2} \cdot (1000-300) \cdot 700 = 245000$ となる. 生産者余剰は $PS^{AC} = (300-100) \cdot 700 = 140000$, 総余剰は $TS^{AC} = 385000$, 利潤は $\pi^{AC} = 0$ である.

《コメント》

以上を図示すると図 5.1 の通りである. また, 各状況での結果をまとめて比較したものが表 5.1 である. 総余剰は独占, 平均費用価格規制, 限界費用価格規制の順に大きくなっていくことがわかる. また, 限界費用価格規制では企業の利潤がマイナスとなって

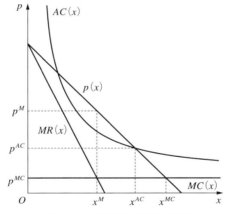

図 **5.1** 独占企業の行動と規制

表 **5.1** 独占とその規制の比較

	p	x	CS	PS	TS	π
独占	550	450	101250	202500	303750	62500
平均費用価格規制	300	700	245000	140000	385000	0
限界費用価格規制	100	900	405000	0	405000	-140000

---

2) $p = 800$ (このとき, 生産量 $x = 200$, 消費者余剰 $CS = 20000$, 生産者余剰 $PS = 140000$, 総余剰 $TS = 160000$, 利潤 $\pi = 0$) という価格規制を政府が行った場合でも生産者は価格と平均費用が一致するため, これも平均費用価格規制と見ることができる. しかし, 政府の当初の意図は, 独占時よりも社会的総余剰を増加させることであるため, ここでは除外する.

146　第 II 部　ゲーム理論と情報・インセンティヴ

いることもわかる.

●問題 5.2 の解答　　　　　　　　　　　　　　　　　　　問題→ 138 頁

(1) 企業 i $(= A, B)$ の利潤は,

$$\pi_i(x_A, x_B) = (1000 - X)x_i - 100x_i$$

である. 相手企業の生産量 x_j $(j \neq i)$ を所与としたときの利潤最大化の 1 階条件
は, $1000 - x_j - 2x_i = 100$ であり[3], これを x_i について解くと, 企業 i の x_j に
対する最適反応

$$BR_i(x_j) = \frac{900 - x_j}{2}$$

がわかる.

(2) 両企業の最適反応関数

$$x_A = \frac{900 - x_B}{2}, \; x_B = \frac{900 - x_A}{2}$$

を連立して x_A, x_B について解くと, ナッシュ均衡 $(x_A^C, x_B^C) = (300, 300)$ が得ら
れる. したがって, このときの価格は $P(600) = 1000 - 600 = 400$, 各企業の利潤
は $P(600) \cdot 300 - 100 \cdot 300 = 90000$ である.

(3) ある企業 i の利潤は,

$$\pi_i(x_i, X_{-i}) = (1000 - X)x_i - 100x_i$$

である. ここで X_{-i} は i 以外の企業の合計生産量であり, $X = x_i + X_{-i}$ である.
X_{-i} を所与としたときの利潤最大化の 1 階条件は, $1000 - X_{-i} - 2x_i = 100$ とな
る[4]. したがって, $x_i = 900 - X$ であり, ナッシュ均衡での各企業の生産量は同じ
になる. それを x^C とすると, $x^C = 900 - nx^C$ であるから,

$$x^C = \frac{900}{n + 1}$$

が得られる. 均衡での価格は,

---

3) 他企業の生産量 x_j を引いた残りの需要 $1000 - x_j - x_i$ を x_i の関数として見たものは, 企
　業 i が直面する残余需要と呼ばれ, ちょうど全体の需要曲線を x_j だけ左にシフトした直線と
　して描ける. 1 階条件はこの残余需要に対する限界収入 $1000 - x_j - 2x_i$ (残余需要と同じ切
　片から伸びる 2 倍の傾きの直線) と限界費用 100 が均等化するという条件である.
4) 企業は自らの直面する残余需要 (他企業の生産量 X_{-i} を引いた残りの需要 $1000 - X_{-i} - x_i$)
　に対する限界収入 $1000 - X_{-i} - 2x_i$ と限界費用 100 を均等化する.

$$P(nx^C) = 1000 - \frac{900n}{n+1}$$

となり，企業数 n が増えるにつれて減少していき，$\lim_{n\to\infty} n/(n+1) = 1$ より，限界費用 100 に下がっていくことがわかる．

《コメント》

$BR_i(0) = 450$ は市場が独占であった場合の生産量であり，そのときの独占価格 550 に比べると，(2) で求めた複占の価格 400 は低くなっている．これは企業数が増えたことによって，各企業のマーケットシェアが縮小し，価格支配力が弱まったためである．(3) は企業数がさらに増え，無限大になっていくときの様相を記述した問題である．このとき，各企業のマーケットシェアは市場に対して無視できるほど小さくなっていき，もはや価格支配力を失うため，均衡価格は完全競争価格 100 に収束していく．このことは，クールノー極限定理として知られている事実である．

●問題 5.3 の解答　　　　　　　　　　　　　　　　　　　　　問題→ 138 頁

(1) 企業 $i\ (= A, B)$ の利潤は，

$$\pi_i(x_A, x_B) = (1000 - X)x_i - c_i x_i$$

である．相手企業の生産量 $x_j\ (j \neq i)$ を所与としたときの利潤最大化の 1 階条件は，$1000 - x_j - 2x_i = c_i$ であり，これを x_i について解くと，企業 i の x_j に対する最適反応

$$BR_i(x_j) = \frac{1000 - c_i - x_j}{2}$$

がわかる．

(2) 両企業の最適反応関数

$$x_A = \frac{1000 - c_A - x_B}{2},\ x_B = \frac{1000 - c_B - x_A}{2}$$

を連立して x_A, x_B について解くと，ナッシュ均衡

$$(x_A^C, x_B^C) = \left(\frac{1000 - 2c_A + c_B}{3}, \frac{1000 - 2c_B + c_A}{3} \right)$$

が得られる．生産量の合計は $x_A^C + x_B^C = \frac{2000 - c_A - c_B}{3}$ であるから，ナッシュ均衡での価格は，

$$P\left(\frac{2000 - c_A - c_B}{3} \right) = \frac{1000 + c_A + c_B}{3},$$

であり，企業 i の利潤は，

$$\left(P\left(\frac{2000 - c_A - c_B}{3} \right) - c_i \right) \frac{1000 - 2c_i + c_j}{3} = \frac{(1000 - 2c_i + c_j)^2}{9}$$

148　第 II 部　ゲーム理論と情報・インセンティヴ

である.

《コメント》

　企業 A の方が技術水準が高い（$c_A < c_B$）とすると, $x_A^C - x_B^C = c_B - c_A > 0$ より, 企業 A の方が生産量が大きく, 利潤も大きくなることがわかる.

● 問題 5.4 の解答　　　　　　　　　　　　　　　　　　　問題→ 139 頁

　問題 5.2 の (3) と同じ方法で解くことができる. 企業 i は i 以外の企業の合計生産量 X_{-i} を所与として利潤

$$\pi_i(x_i, X_{-i}) = (1000 - X)x_i - x_i^2$$

を最大化するような生産量 x_i を選ぶ. 利潤最大化の 1 階条件は, $1000 - X_{-i} - 2x_i = 2x_i$ となる. したがって, $3x_i = 1000 - X$ となり, ナッシュ均衡での各企業の生産量は等しくなる. この等しい生産量を x^C とすると, $3x^C = 1000 - nx^C$ であるから,

$$x^C = \frac{1000}{n+3}$$

$$P(nx^C) = 1000 - \frac{1000n}{n+3}$$

$$MC(x^C) = \frac{2000}{n+3}$$

が得られる. 企業数 n が増えるにつれて, 均衡での価格 $P(nx^C)$ は低下し, $\lim_{n \to \infty} n/(n+3) = 1$ より, 0 に収束する. 企業数 n が増えるにつれて, 均衡での限界費用 $MC(x^C)$ も 0 に収束する. したがって, 均衡での価格と限界費用の差は 0 に収束する. ゆえに, クールノー極限定理が成立するのは, 限界費用が一定の場合に限らない.

● 問題 5.5 の解答　　　　　　　　　　　　　　　　　　　問題→ 139 頁

企業 B の均衡戦略は, 問題 5.2 の (1) で求めた最適反応と同じであり,

$$x_B = BR_B(x_A) = \frac{900 - x_A}{2}$$

である. 企業 B の均衡戦略を所与としたとき, 企業 A の利潤最大化問題は,

$$\max_{x_A} \left\{ 1000 - \left(x_A + \frac{900 - x_A}{2} \right) \right\} x_A - 100 x_A$$

となる. 最大化の 1 階条件より, 企業 A の均衡戦略

$$x_A^S = 450$$

が得られる. したがって, 均衡経路上での企業 B の生産量は $x_B^S = (900 - 450)/2 = 225$ となり, このときの市場価格は $P(450 + 225) = 325$, 企業 A の利潤は $(325 - 100) \cdot 450 = 101250$, 企業 B の利潤は $(325 - 100) \cdot 225 = 50625$ である.

《コメント》

ここで求めた均衡経路上での生産量は，図 5.2 の点 S で表されるように，企業 B の最適反応に企業 A の等利潤曲線が接する点として求められる．問題 5.2 で求めたクールノー・ゲームでの均衡生産量は，両企業の最適反応の交点 C であり，これに比べて先導者である企業 A の生産量は増加し，追随者である企業 B の生産量は減少する．クールノー・ゲームが戦略的代替であるために，先導者が大きな生産量にコミットメントすると，ライバルは弱気になり生産量を絞る．この結果，先導者は追随者より得することができるのである（先発の利益）．

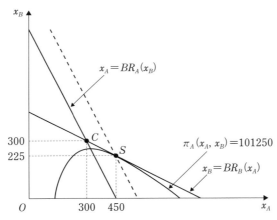

図 5.2　クールノー・ゲームとシュタッケルベルク・ゲームの均衡生産量

●問題 5.6 の解答　　　　　　　　　　　　　　　　　　　　問題→ 139 頁

(1) 単位あたり s の補助金を考慮すると，企業 A の利潤は，

$$\pi_A(x_A, x_B) = (1000 - X)x_A - (100 - s)x_A$$

である．相手企業の生産量 x_B を所与としたときの利潤最大化の 1 階条件は，$1000 - x_B - 2x_A = 100 - s$ であり，これを x_A について解くと，企業 A の x_B に対する最適反応

$$BR_A(x_B; s) = \frac{900 + s - x_B}{2} \tag{5.1}$$

がわかる．補助金のない企業 B の x_A に対する最適反応は，問題 5.2 の (1) と同様に，

$$BR_B(x_A) = \frac{900 - x_A}{2}$$

である．これらを連立して解くと，ナッシュ均衡

150 　第 II 部　ゲーム理論と情報・インセンティヴ

$$(x_A^N, x_B^N) = \left(\frac{900 + 2s}{3}, \frac{900 - s}{3} \right)$$

が得られる.

(2) A 国政府は (1) で得られた市場均衡における自国企業の利潤から補助金に必要な額 sx_A^N を引いた値である

$$\left(1000 - \frac{1800 + s}{3} \right) \frac{900 + 2s}{3} - 100 \cdot \frac{900 + 2s}{3} \tag{5.2}$$

を最大化するように補助金 s の値を決める. 最大化の 1 階条件より $s^* = 225$ である. このときの企業 A の生産量は $(900 + 2 \cdot 225)/3 = 450$, 企業 B の生産量は $(900 - 225)/3 = 225$ である.

《コメント》

　式 (5.1) より, 輸出補助金 s が導入されると企業 A の最適反応曲線は, 通常のクールノー・ゲームの場合（$s = 0$）に比べて $s/2$ だけシフトすることがわかる. シフト後の企業 A の反応曲線と企業 B の反応曲線の交点が (1) で求めたナッシュ均衡なので, 政府は s を変化させてシフト幅を選ぶことで, 企業 B の反応曲線上から式 (5.2) の値を最も大きくする点を選ぶことができる. 実は, このときの最適なシフト幅は, 図 5.2 の破線のように, (1) で求めたナッシュ均衡がちょうどシュタッケルベルク・ゲームの均衡と一致するようなシフト幅である. 企業に与える補助金は政府支出となるため, 式 (5.2) の値を最大化することは, 結局は補助金を差し引いた企業 A の利潤を最大化することに他ならず, 補助金投入前の企業 A の等利潤曲線と企業 B の反応曲線の接点が最適となり, シュタッケルベルク・ゲームの均衡が再現されるのである. この事実は Brander, J. A. and B.J. Spencer (1985) "Export subsidies and market share rivalry," *Journal of International Economics* 18: 83–100 によって発見された.

●問題 5.7 の解答　　　　　　　　　　　　　　　　　　　　　問題→ 139 頁

(1) 企業 A が x_A だけ生産した後の部分ゲームでの企業 B の利潤 $\pi_B(x_A, x_B)$ は, $x_B = 0$ のとき, $\pi_B(x_A, x_B) = 0$ である. それに対して, $x_B > 0$ のとき,

$$\pi_B(x_A, x_B) = P(x_A + x_B)x_B - 100x_B - f$$

$$= (900 - x_A - x_B)x_B - f$$

であり, この範囲で最適な生産量は $\frac{900 - x_A}{2}$ で, そのとき $\frac{(900 - x_A)^2}{4} - f$ の利潤を得る. それゆえ, $\frac{(900 - x_A)^2}{4} - f > 0$ すなわち $x_A < 900 - 2\sqrt{f}$ のとき, 生産量 $\frac{900 - x_A}{2}$ が最適であり, $x_A \geq 900 - 2\sqrt{f}$ のとき, 生産量 0 が最適である. よって, 企業 A が x_A だけ生産した後の部分ゲームでの企業 B の最適反応 $\widehat{BR}_B(x_A)$ は,

$$\widehat{BR}_B(x_A) = \begin{cases} \frac{900-x_A}{2} & x_A < 900 - 2\sqrt{f} \text{ の場合} \\ 0 & x_A \geq 900 - 2\sqrt{f} \text{ の場合} \end{cases}$$

である.

(2) (1) で求めた企業 B の最適反応関数を所与とすると,企業 A の利潤は,

$$\pi_A(x_A, \widehat{BR}_B(x_A))$$
$$= \begin{cases} P(x_A + \frac{900-x_A}{2})x_A - 100x_A - f & x_A < 900 - 2\sqrt{f} \text{ の場合} \\ P(x_A)x_A - 100x_A - f & x_A \geq 900 - 2\sqrt{f} \text{ の場合} \end{cases}$$

となる.

まず,$f = 2500$ のときについて考える.このとき,$900 - 2\sqrt{f} = 800$ である.$x_A < 800$ の範囲で最適な生産量は $x_A = 450$ であり,このときの利潤は $(325 - 100) \cdot 450 - 2500 = 98750$ となる.一方,$x_A \geq 800$ の範囲で最適な生産量は $x_A = 800$ であり[5],このときの利潤は $(200 - 100) \cdot 800 - 2500 = 77500$ である.よって,部分ゲーム完全均衡経路上では,企業 A が $\hat{x}_A^S = 450$ を生産し,企業 B が $\hat{x}_B^S = 225$ を生産する.

次に,$f = 10000$ のときについて考える.このとき,$900 - 2\sqrt{f} = 700$ である.$x_A < 700$ の範囲で最適な生産量は $x_A = 450$ であり,このときの利潤は $(325 - 100) \cdot 450 - 10000 = 91250$ となる.一方,$x_A \geq 700$ の範囲で最適な生産量は $x_A = 700$ であり,このときの利潤は $(300 - 100) \cdot 700 - 10000 = 130000$ となる.よって,部分ゲーム完全均衡経路上では,企業 A が $\hat{x}_A^S = 700$ を生産し,企業 B が $\hat{x}_B^S = 0$ を生産する.

《コメント》

固定費が大きい $f = 10000$ のケースでは,既存企業 A は通常のシュタッケルベルク・ゲームの均衡生産量 450 より大きい数量を生産し,新規参入企業 B が生産すると赤字が発生する水準まであえて価格を引き下げることで,企業 B の参入を妨げている.このような行動を参入阻止と呼び,Dixit, A. (1979) "A model of duopoly suggesting a theory of entry barriers," *The Bell Journal of Economics* 10: 20–32 によって定式化された.

●問題 **5.8** の解答   問題→ 140 頁

(1) (a) 両企業の価格が c と等しいとする.このとき,両企業の利潤はゼロである.
まず,どの企業も,元の価格からより高い価格に変更しても,(需要をまったく奪

---

5) この範囲では,π_A は x_A について単調に減少しているため,端点 800 が解となることに注意せよ.

152　第 II 部　ゲーム理論と情報・インセンティヴ

えないため）利潤はゼロで変わらない．次に，どの企業も，元の価格からより低い価格に変更すると，（需要をすべて奪えるが，価格が限界費用より低くなるため）利潤は負となり減ってしまう．以上より，両企業が限界費用 c と等しい価格をつけるのは，ナッシュ均衡である．

(b) (c,c) 以外の任意の価格の組 (p_A, p_B) について考える．$p_A \leq p_B$ の場合を考える（$p_A \geq p_B$ の場合も同様）．(i) $p_A < c$ の場合，企業 A は，p_B より高い価格に変更することで，利潤を負から 0 に改善できる．(ii) $p_A = c$ の場合，$p_B > c$ であることに注意すると，企業 A は，c と p_B の間の価格に変更することで，利潤を 0 から正に改善できる．(iii) $p_A > c$ の場合，企業 B は，$p_B = p_A$ なら，少し価格を下げることで，利潤をほぼ倍に改善でき，$p_B > p_A$ なら，c と p_A の間の価格に変更することで，利潤を 0 から正に改善できる．以上より，価格の組 $(p_A, p_B) \neq (c,c)$ はナッシュ均衡ではない．

(2) (a) 企業 i の利潤は，

$$\pi_i(p_i, p_j) = (p_i - c)x_i(p_i, p_j) = (p_i - c)\left(\alpha - p_i + \frac{1}{2}p_j\right)$$

である．相手企業の価格 p_j を所与として，これを p_i について最大化するときの 1 階条件は $-(\alpha - 2p_i + p_j/2) = c$ であり[6]，これを p_i について解くと，最適反応関数 $BR_i(p_j)$

$$p_i = BR_i(p_j) = \frac{\alpha + c + \frac{1}{2}p_j}{2}$$

がわかる．ナッシュ均衡は，両企業の最適反応を連立して p_A, p_B について解くことで，

$$(p_A^B, p_B^B) = \left(\frac{2(\alpha + c)}{3}, \frac{2(\alpha + c)}{3}\right)$$

が得られる．

(b) 企業 B の均衡戦略は，

$$p_B = BR_B(p_A) = \frac{\alpha + c + \frac{1}{2}p_A}{2}$$

である．企業 B の均衡戦略を所与とすると，企業 A の利潤は，

---

6) 需要関数を逆需要の形に変形すると $p_i = \alpha + p_j/2 - x_i$ となる．これを代入すると 1 階条件の左辺は $\alpha + p_j/2 - 2x_i$ となる．これは逆需要に対する限界収入（切片が同じで傾きが 2 倍）であり，1 階条件はこれと限界費用 c が均等化するという条件である．

$$(p_A - c)x_A\left(p_A, BR_B(p_A)\right) = (p_A - c)\left(\alpha - p_A + \frac{1}{2}\frac{\alpha + c + \frac{1}{2}p_A}{2}\right)$$

である．最大化の 1 階条件より，企業 A の均衡価格は，

$$p_A^S = \frac{10\alpha + 9c}{14}$$

となり，これを $BR_B(p_A)$ に代入することで，企業 B の均衡経路上での価格

$$p_B^S = \frac{38\alpha + 37c}{56}$$

が得られる．

《コメント》

(2) の結果を比較することで，価格競争におけるコミットメントの効果が考察できる．
$\pi_A(p_A^B, p_B^B) = \pi_B(p_A^B, p_B^B) = \frac{1}{9}(2\alpha - c)^2$, $\pi_A(p_A^S, p_B^S) = \frac{25}{224}(2\alpha - c)^2$, $\pi_B(p_A^S, p_B^S) = \frac{361}{3136}(2\alpha - c)^2$ となることに注意すると，

$$p_A^B = p_B^B < p_B^S < p_A^S$$
$$\pi_A(p_A^B, p_B^B) = \pi_B(p_A^B, p_B^B) < \pi_A(p_A^S, p_B^S) < \pi_B(p_A^S, p_B^S)$$

が得られる．逐次手番の場合，先導者は高い価格にコミットメントをしている．また，追随者も先導者には及ばないが高い価格をつけている．これは，ベルトラン・ゲームが戦略的補完であるため，先導者が価格競争を避けるコミットメントをしていれば，追随者も価格競争を避けた方が良いからである．その結果，先導者は高い利潤を得ている．さらに，追随者は先導者を超える高い利潤を得ている（後発の利益）．

●**問題 5.9 の解答**   問題→ 140 頁

$(p_A, p_B) = (99, 100)$ での企業 A の利潤は $p_A(1000 - p_A) = 99 \cdot 901 = 89199$ である．(i) 企業 A が 100 より高い価格に変えると，需要量が 0 になるため利潤は 0 に減る．(ii) 企業 A が価格を 100 に変えると，需要を半分ずつ分けることになるため，利潤は $100 \cdot \frac{1000 - 100}{2} = 45000$ に減る．(iii) 企業 A が価格を $p_A < 99$ に変えるとする．利潤 $\pi_A = p_A(1000 - p_A)$ を微分した $\frac{d\pi_A}{dp_A} = 1000 - 2p_A$ は，$p_A < 500$ の範囲では正となる．このことは，価格を下げると利潤が減少することを意味するので，企業 A が価格を $p_A < 99$ に変えると利潤は減る．したがって，$p_A = 99$ は企業 A の $p_B = 100$ に対する最適反応である．

$(p_A, p_B) = (99, 100)$ での企業 B の需要量は 0 なので，利潤は 0 である．(i) 企業 B が 100 より高い価格に変えても，需要量は 0 のままなので利潤も 0 のままである．(ii) 企業 B が 100 より低い価格に変えると，価格が限界費用より低くなるため，利潤

154　第 II 部　ゲーム理論と情報・インセンティヴ

は負となり減ってしまう．したがって，$p_B = 100$ は企業 B の $p_A = 99$ に対する最適反応である．

以上より，$(p_A, p_B) = (99, 100)$ はナッシュ均衡である．

《コメント》

$1 \le p \le 100$ となる任意の整数 p について，$(p_A, p_B) = (p, p+1)$ がナッシュ均衡であることも同様に示せる．

● 問題 5.10 の解答　　　　　　　　　　　　　　　　　　問題→ 141 頁

(1) 企業 A, B の合計生産量を $X = x_A + x_B$ とすると，共同利潤は，

$$(900 - (x_A + x_B))(x_A + x_B) = (900 - X)X$$

となる．共同利潤最大化の 1 階条件 $\frac{d((900-X)X)}{dX} = 0$ より，$X^M = 450$ が得られる．$(X^M/2, X^M/2) = (225, 225)$ の下での各企業の利潤は $2 \cdot 225^2 = 101250$ である．

(2) 問題 5.2 の (2) より，$X^M/2 = 225$ に対する企業 A の最適反応 $BR_A(X^M/2)$ は $(900 - 225)/2 = 675/2$ であり，$225 = 450/2$ より大きい．したがって，$(X^M/2, X^M/2) = (225, 225)$ はナッシュ均衡ではない．（なお，同様に，$(225, 225)$ に限らず，共同利潤を最大化する合計生産量をどのように各社に割り当てたとしても，そのような生産量の組はナッシュ均衡でないことを示すことができる．）$(BR_A(X^M/2), X^M/2) = (675/2, 225)$ の下での企業 A の利潤は $675^2/2^2 = 455625/4$ である．

(3) 以下では各局面について 1 回逸脱の原理を適用することで，このトリガー戦略の組が部分ゲーム完全均衡になる必要十分条件を求める．（1 回逸脱の原理については，問題 4.8 の (2) の解答のコメントを参照せよ．）

局面 C でトリガー戦略に従うと，$(X^M/2, X^M/2) = (225, 225)$ の下での利潤 $2 \cdot 225^2 = 101250$ を毎期受け取り続ける．どのような 1 回逸脱をしても来期以降の利潤は変わらないので，最も有利な 1 回逸脱は，今期の利潤を最大にするもの，すなわち，相手の生産量 225 に対する最適反応 $BR_A(X^M/2)$ をとるものである．この 1 回逸脱による今期の利潤は，(2) より，$675^2/2^2 = 455625/4$ であり，来期以降は，段階ゲームのナッシュ均衡 $(300, 300)$ の下での利潤 $300^2 = 90000$ を毎期受け取る．よって，局面 C で 1 回逸脱が得とならないための条件は，

第 5 章 不完全競争 155

$$\sum_{t=1}^{\infty} \delta^{t-1} \cdot 2 \cdot 225^2 \geq \frac{675^2}{2^2} + \sum_{t=2}^{\infty} \delta^{t-1} \cdot 300^2$$

である．この不等式は，

$$\frac{2 \cdot 225^2}{1-\delta} \geq \frac{675^2}{2^2} + \frac{300^2 \delta}{1-\delta}$$

となる．これを解いて，$\delta \geq 9/17$ が得られる．

次に，局面 D での 1 回逸脱を考えよう．トリガー戦略の下では，段階ゲームのナッシュ均衡による利潤を毎期受け取る．いかなる 1 回逸脱をしようとも，今期の利潤は段階ゲームのナッシュ均衡による利潤未満になり，来期以降は段階ゲームのナッシュ均衡による利潤を毎期受け取る．よって，いかなる 1 回逸脱をしようとも得をしない．

以上から 1 回逸脱の原理により，トリガー戦略の組が部分ゲーム完全均衡になるための必要十分条件は $\delta \geq 9/17$ となる．

●問題 5.11 の解答 問題→ 141 頁

(1) この問題は問題 5.2 の (3) の $n = 3$ のケースに該当する．ナッシュ均衡での各企業の生産量は $x^C = 225$ で等しくなる．したがって，合計生産量は $X^C = 675$，均衡での価格は $P(X^C) = 325$，消費者余剰は，

$$CS = (1000 - P(X^C))X^C \cdot \frac{1}{2} = \frac{675^2}{2} = \frac{455625}{2}$$

となる．生産者余剰は企業の利潤の合計なので，

$$PS = (P(X^C) - 100)(x^C + x^C + x^C) = 3 \cdot 225^2 = 151875$$

となる．総余剰は，

$$TS = CS + PS = \frac{759375}{2}$$

となる．

(2) 合併後の企業を引き続き企業 1 とする．問題 5.2 の (2) で求めたようにナッシュ均衡は，$(x_1^C, x_2^C) = (300, 300)$ となる．したがって，合計生産量は $X^C = 600$，均衡での価格は $P(X^C) = 400$，消費者余剰は，

$$CS = (1000 - P(X^C))X^C \cdot \frac{1}{2} = 180000$$

生産者余剰は，

$$PS = (P(X^C) - 100)X^C = 180000$$

総余剰は $TS = CS + PS = 360000$ となる．

156　第 II 部　ゲーム理論と情報・インセンティヴ

(3) (2) の限界費用を変化させない企業の合併による総余剰の変化分は $360000 - \frac{759375}{2} = -\frac{39375}{2} < 0$ となる．したがって，(2) の合併により総余剰が減少するため，当該合併は望ましいと言えない．

(4) 合併後の企業を引き続き企業 1 とする．この問題は問題 5.3 における $c_1 = 40$，$c_2 = 100$ のケースに該当する．ナッシュ均衡は，$(x_1^C, x_2^C) = (340, 280)$ となる．したがって，合計生産量は $X^C = 620$，均衡での価格は $P(X^C) = 380$，消費者余剰は，

$$CS = (1000 - P(X^C))X^C \cdot \frac{1}{2} = \frac{620^2}{2} = 192200$$

となる．生産者余剰は両企業の利潤の合計なので，

$$PS = (P(X^C) - 40)x_1^C + (P(X^C) - 100)x_2^C = 340^2 + 280^2 = 194000$$

総余剰は $TS = CS + PS = 386200$ となる．

(5) (4) の限界費用を低下させる企業の合併による総余剰の変化分は $386200 - \frac{759375}{2} = \frac{13025}{2} > 0$ となる．したがって，(4) の合併により総余剰が増加するため，当該合併は望ましいと言える．

(6) (3) からわかるように，限界費用を変化させない水平統合は，市場における企業数の減少を通じて，経済厚生を悪化させる．これに対し，(5) から分かるように，技術に関する相乗効果（シナジー）により限界費用を低下させる水平統合は，経済厚生を改善し得る．

《コメント》

　合併による企業数の減少は競争を緩和して市場をより独占的な構造に近づけるため，(1) と (2) で見たように価格が上昇し，企業の合計利潤は増加するものの消費者余剰がそれ以上に減少し，経済厚生を悪化させる効果がある．したがって，合併が経済厚生を改善させるためには，この効果を超えるくらいに限界費用が十分に大きく低下しなければならない．(4) で見たのは十分に低下するケースであるが，例えば合併後の企業の限界費用が 60 に下がったとしても，経済厚生は改善しないことが確かめられるので，余力があれば計算してみるとよい．こうしたことも理由のひとつとなり，多くの国で水平的合併にはある程度の規制がある．

●**問題 5.12 の解答**　　　　　　　　　　　　　　　　問題→ 142 頁

　(1) 川下企業の最大化問題は，

$$\max_y (a - by)y - cy$$

と定式化できる．1 階条件は $a - 2by - c = 0$ であるから，川下企業の利潤を最大化する最終財生産量は，

$$y(c) = \frac{a - c}{2b}$$

となる．また，生産関数は $y = x$ であるから，中間財の需要関数は，

$$x(c) = y(c) = \frac{a - c}{2b}$$

となる．

(2) 中間財の需要関数 $x(c)$ を c について解くことにより，中間財の逆需要関数

$$c(x) = a - 2bx$$

が得られる．したがって，川上企業の最大化問題は，

$$\max_{x} (a - 2bx)x - wx$$

と定式化できる．1 階条件は $a - 4bx - w = 0$ であるから，川上企業の利潤を最大化する中間財生産量は，

$$x^* = \frac{a - w}{4b}$$

となる．以上の結果から，川上企業と川下企業が各々利潤最大化行動をとった結果実現する中間財価格

$$c^* = c(x^*) = \frac{a + w}{2}$$

最終財生産量

$$y^* = y(c^*) = \frac{a - w}{4b}$$

最終財価格

$$p^* = p(y^*) = \frac{3a + w}{4}$$

が得られる．また，川上企業の利潤

$$\pi_D(x^*) = (c^* - w)x^* = \frac{(a - w)^2}{8b}$$

川下企業の利潤

$$\pi_U(y^*) = (p^* - c^*)y^* = \frac{(a - w)^2}{16b}$$

消費者余剰

$$CS = (a - p^*)y^* \cdot \frac{1}{2} = \frac{(a - w)^2}{32b}$$

158 　第 II 部　ゲーム理論と情報・インセンティヴ

総余剰

$$TS = \pi_D(x^*) + \pi_U(y^*) + CS = \frac{7(a-w)^2}{32b}$$

が得られる.

(3) 合併後の企業の最大化問題は,

$$\max_{x,y} (a - by)y - wx \quad \text{subject to } y = x$$

と定式化できる. $y = x$ を利潤に代入して y について微分して得る 1 階条件は $a - 2by - w = 0$ であるから, 合併後の企業の利潤を最大化する最終財生産量 y^M および最終財価格 p^M はそれぞれ,

$$y^M = \frac{a - w}{2b}, \quad p^M = p(y^M) = \frac{a + w}{2}$$

となる. また, 独占企業の利潤

$$\pi^M = (p^M - w)y^M = \frac{(a-w)^2}{4b}$$

消費者余剰

$$CS = (a - p^M)y^M \cdot \frac{1}{2} = \frac{(a-w)^2}{8b}$$

総余剰

$$TS = \pi^M + CS = \frac{3(a-w)^2}{8b}$$

が得られる.

(4) (2) で得られた総余剰 $\frac{7(a-w)^2}{32b}$ よりも (3) で得られた総余剰 $\frac{3(a-w)^2}{8b}$ の方が大きい. 本問の例のように, 川上企業と川下企業が共に独占である場合, その合併は, 経済厚生を悪化させず, むしろ改善させることがわかる. 合併前の最終財価格では, 二つの企業が川上と川下でそれぞれ独占のマークアップ (価格吊り上げ) を行い二重に利ざやを稼いでいたのに対して, 合併はこれを一回にして最終財価格を引き下げる ($p^* > p^M$) からである.

《コメント》

　価格と限界費用の乖離は「マージン」と言うため, ここで示された合併前の二重の利ざやの問題は「二重マージンの問題」と呼ばれる. 合併が限界費用低減などの効果をもたらさないとしても, 垂直的合併は二重マージンの問題を解消して経済厚生を改善し得るのであり, 前問 (3) で見たように水平的合併が経済厚生を改善しないこととは対照的である.

第 5 章　不完全競争　　159

●問題 5.13 の解答
　　　　　　　　　　　　　　　　　　　　　　　　問題→ 143 頁

(1) 企業 A の利潤最大化問題は，

$$\max_{I, x_A} \pi_A = (1000 - X)x_A - (300 - I)x_A - 2I^2$$

であり，ライバルの戦略 x_B を所与としたときの最大化の 1 階条件は，

$$1000 - 2x_A - x_B - (300 - I) = 0$$

$$x_A - 4I = 0$$

であり，x_B に対する企業 A の最適反応はこれらを満たす．企業 B の利潤最大化問題は，

$$\max_{x_B} \pi_B = (1000 - X)x_B - 300x_B$$

であり，ライバルの戦略 (I, x_A) を所与としたときの最大化の 1 階条件は，

$$1000 - 2x_B - x_A - 300 = 0$$

であり，(I, x_A) に対する企業 B の最適反応はこれを満たす．したがって，これら 3 つの 1 階条件を連立して解くと，ナッシュ均衡における投資量 $I^C = 70$ と企業 A，B の生産量 $x_A^C = 280$，$x_B^C = 210$ が求まる．

(2) 部分ゲーム完全均衡を求めるには，バックワード・インダクションで解けばよい．

　まず，企業 A が投資 I を行った後の部分ゲームを考える．このクールノー・ゲームのナッシュ均衡は，問題 5.3 で求めたように[7]，

$$(x_A(I), x_B(I)) = \left(\frac{700 + 2I}{3}, \frac{700 - I}{3}\right)$$

となる．このナッシュ均衡での企業 A の利潤は，

$$\pi_A(I) = \left(\frac{700 + 2I}{3}\right)^2 - 2I^2$$

となる．

　次に，企業 A の最適な投資量 I^S を考える．後に続く部分ゲームで利潤が $\pi_A(I)$ になることを踏まえると，利潤最大化の 1 階条件 $\frac{d\pi_A(I)}{dI} = \frac{4}{3}\left(\frac{700 + 2I}{3}\right) - 4I = 0$ より，$I^S = 100$ が得られる．I^S を $x_i(I)$ に代入することで均衡経路での企業 A の生産量 $x_A^S = \frac{700 + 2 \cdot 100}{3} = 300 > 280 = x_A^C$ と，企業 B の生産量 $x_B^S = \frac{700 - 100}{3} = 200 < 210 = x_B^C$ が得られる．

---

7) 企業 A の費用関数は固定費用 $2I^2$ の定数項があるが，これは利潤最大化の 1 階条件に影響しない．そのため，問題 5.3 で $c_A = 300 - I$，$c_B = 300$ の場合の結果を用いることができる．

160　第 II 部　ゲーム理論と情報・インセンティヴ

《コメント》

(2) は先に研究開発にコミットメントできる状況を考えており，(1) との比較はこの投資によるコミットメントがもたらす戦略効果を表す．このため，生産量によってコミットメントをするシュタッケルベルク・ゲームと，本質的に同様の結果が得られている．すなわち，投資後の数量競争が戦略的代替であるために，研究開発で生産能力を増進すると，ライバルは弱気になり生産量を絞るはずである．このため，企業 A は，投資と生産量を同時に決定するときよりも大きい投資 $(I^S > I^C)$ にコミットする戦略的インセンティヴがあり，結果，その生産量は増加し $(x_A^S > x_A^C)$，企業 B の生産量は減少する $(x_B^S < x_B^C)$．Fudenberg, D. and Tirole, J. (1984) "The fat-cat effect, the puppy-dog ploy, and the lean and hungry look," *The American Economic Review* 74, 361–366 は投資戦略を理論的に分類し，このような投資戦略を，（大規模投資でライバルを脅かして自分を競争上優位な立場にする戦略なので）「Top Dog」戦略と呼んだ．

第 6 章

不確実性と情報の非対称性

不確実性下での意思決定は，期待効用理論に基づいて説明される．個人はその効用関数の形状によって，リスク回避的・リスク中立的・リスク愛好的な選好を持つ．また，リスク回避の度合いを測る基準として，絶対的リスク回避度と相対的リスク回避度がある．不確実性が存在する場合でも，情報が対称的であれば，条件付き債権の市場を通じたリスク・シェアリングによって効率的な配分が達成される．これに対して，情報の非対称性が存在する場合には，市場の普遍性が失われて，効率的な配分が達成されず，逆選択やモラル・ハザードなどの問題が生じる．このような場合は次善の配分を目標としてインセンティヴを考慮にいれた契約を考えなければならない．オークションの理論では，封印入札の1位価格オークションや2位価格オークションを扱う．いくつかの仮定を前提とすると，封印入札の1位価格オークションや2位価格オークションを含んださまざまなオークション制度の下で売り手の収入が同値となる．

【キーワード】
期待効用理論　リスク回避　リスク中立　確実性等価　リスク・プレミアム
絶対的リスク回避度　相対的リスク回避度　条件付き債権
リスク・シェアリング　プリンシパル　エージェント　逆選択
シグナリング　モラル・ハザード　参加制約　誘因両立制約　オークション

162　第 II 部　ゲーム理論と情報・インセンティヴ

【基本的事項の確認】

■**問題**　以下の各問いに答えよ．選択肢のあるものについては適切な語句を選択し，アルファベットの空欄には言葉を，数字の空欄には数字や数式を入れよ．

(1) 将来起こりうる事態のことを　(a)　と呼び，　(a)　の起こりうる確率と　(a)　の下での結果の組を　(b)　と呼ぶ．p の確率で c_H 円がもらえ，$1-p$ の確率で c_L 円がもらえる　(b)　は $\mathcal{L} =$　(1)　と表せる．不確実性下の嗜好は，このような　(b)　上の選好関係 $\succsim$ によって捉えることができる．この選好関係 $\succsim$ に対して，いくつかの仮定をおけば　(c)　定理が成り立ち，　(d)　効用関数 u が存在して，$\mathcal{L}$ から得られる　(c)　$U(\mathcal{L})$ は　(2)　となる．

(2) ノイマン・モルゲンシュテルン効用関数を $u(c)$ とする．このような効用関数 u は，$u''(c) < 0$ という関係が成り立つ場合　(a)　であり，$u''(c)$　(1)　0 の場合リスク中立的であり，$u''(c) > 0$ の場合　(b)　である．

(3) 絶対的リスク回避度と相対的リスク回避度の定義を述べよ．

(4) ある個人が価値 W（万円）の山を所有しているとする．1 年のうちに確率 p で山火事は起きないが，確率 $1-p$ で火事が起きて価値が 0 になる．このとき山を所有することは，くじ $\mathcal{L}_0 =$　(1)　で表せて，ノイマン・モルゲンシュテルン効用関数が $u(c) = c^\alpha$ だとすると，期待効用 $U(\mathcal{L}_0)$ は　(2)　となる．

　いま，保険料 I（万円）で，山火事が起きた場合には保険金 W（万円）が支払われるような保険が存在するとする．この保険に加入した場合の山を所有するというくじ $\mathcal{L}_1$ は　(3)　と表せる．この場合の期待効用 $U(\mathcal{L}_1)$ は　(4)　となる．

　いま $W = 100$，$p = 0.85$，$I = 19$ であるとする．$u(\mathcal{L}_0)$ と $u(\mathcal{L}_1)$ の値を比べることにより，$\alpha = 1$ のリスク中立的な個人は，この保険に {(a) 加入し，加入せず}，また $\alpha = 1/2$ のリスク回避的な個人は，この保険に {(b) 加入する，加入しない} ことがわかる．

第 6 章　不確実性と情報の非対称性　　163

(5) 同じ不確実性に直面した複数の主体がいるとする．このとき，「実現した自然の状態に応じて，額が定まる」ような財を　(a)　と呼ぶ．(a)　の市場では，市場を通じてリスクが交換されることで　(b)　が達成される．リスク中立的な個人とリスク回避的な個人がいる場合には，{(c) リスク中立的な個人，リスク回避的な個人} がすべてのリスクを負担する．

(6) 取引する財・サービスに関する情報について，ある人は知っており，ある人は知らない場合，(a)　が存在すると言う．(a)　は，その原因となる情報が契約より前に発生するか後に発生するかによって 2 種類に分けられ，前者の場合に起こる問題のことを　(b)　，後者の場合に起こる問題のことを　(c)　と呼ぶ．

(7) 以下の (a) ～ (d) はそれぞれ，前問の　(b)　と　(c)　のいずれに該当すると考えられるか答えよ．
　(a)　経営者・労働者間における労働者の仕事
　(b)　経営者・労働者間における労働者の能力
　(c)　生命保険会社・被保険者間における被保険者の健康維持
　(d)　生命保険会社・被保険者間における被保険者の潜在的罹病リスク

(8) 封印入札の 2 位価格オークションと封印入札の 1 位価格オークションのうち，競り上げ式公開オークションと結果が一致すると言われるのはどちらか答えよ．

(9) いくつかの条件を満たすいかなるオークション制度も売り手に同じ期待収入をもたらす，という定理の名前を答えよ．

●解答

(1) (1) $[c_H, c_L; p, 1-p]$　(2) $pu(c_H) + (1-p)u(c_L)$　(a) 自然の状態　(b) くじ　(c) 期待効用　(d) ノイマン・モルゲンシュテルン

(2) (1) =　(a) リスク回避的　(b) リスク愛好的

(3) ノイマン・モルゲンシュテルン効用関数を u とするとき，絶対的リスク回避度 $AR(c)$ と相対的リスク回避度 $RR(c)$ は，

$$AR(c) = -\frac{u''(c)}{u'(c)}$$

$$RR(c) = -\frac{cu''(c)}{u'(c)} = c \cdot AR(c)$$

で与えられる.

(4) (1) $[W, 0; p, 1-p]$　(2) pW^α　(3) $[W-I, W-I; p, 1-p]$
(4) $(W-I)^\alpha$　(a) 加入せず　(b) 加入する

(5) (a) 条件付き債権　(b) リスク・シェアリング　(c) リスク中立的な個人

(6) (a) 情報の非対称性　(b) 逆選択（アドバース・セレクション）
(c) モラル・ハザード

(7) 逆選択：(b)(d)
モラル・ハザード：(a)(c)

(8) 封印入札の 2 位価格オークション. 真の価値が最も高い参加者が真の価値まで入札を続ければ, 2 番目に真の価値が高い参加者の真の価値を超えるときにオークションは終了し, 2 番目の参加者にとっての真の価値を支払って財を得ることができる. したがって競り上げ式公開オークションの性質は封印入札の 2 位価格オークションに近いものと考えられ, 実際, 両者のオークションで, 各参加者が自身の真の価値を入札する戦略の組は（ベイジアン・）ナッシュ均衡である（問題 6.15 の (2) を見よ）.

(9) 収入同値定理

【問　題】

■**問題 6.1**（★期待効用）　　　　　　教科書の関連箇所→ 6.1.1, 6.1.2 項
期待効用に関する以下の問いに答えよ.

(1) ノイマン・モルゲンシュテルン効用関数 u が以下で定義されるとき, そのような効用関数を持つ経済主体はリスク回避的・リスク中立的・リスク愛好的のいずれに該当するか答えよ.
(a) $u(c) = c^2$
(b) $u(c) = \sqrt{c}$

(c) $u(c) = c$

(d) $u(c) = \dfrac{c^{1-\theta}}{1-\theta}$ $\quad (1 > \theta > 0)$

(e) $u(c) = -\dfrac{1}{\theta}e^{-\theta c}$ $\quad (\theta > 0)$

(2) 消費者がくじ $\mathcal{L} = [100, 25; 0.6, 0.4]$ に直面している．(1) の (b) の効用関数の場合の，

(a) くじの期待効用 $U(\mathcal{L})$

(b) 確実性等価 CE

(c) リスク・プレミアム π

をそれぞれ求めた上で，それらをすべて

(d) 横軸にくじの結果 c_L，縦軸にくじの結果 c_H をとった平面

(e) 横軸にくじの結果 c，縦軸に効用水準 $u(c)$ をとった平面

に図示せよ．

(3) (1) の (b) 〜 (e) の効用関数について，絶対的リスク回避度と相対的リスク回避度を求めよ． 解答→ 177 頁

■**問題 6.2**（サンクト・ペテルブルクのパラドックス）

教科書の関連箇所→ 6.1.1, 6.1.2 項

ベルヌーイ君は，次のような賭けに参加する．

- （ステップ **1**）硬貨を投げて表が出たら，2 円もらい賭けは終了．裏が出たら，次のステップへ．

- （ステップ **2**）硬貨を投げて表が出たら，4 円もらい賭けは終了．裏が出たら，次のステップへ．

  $\vdots$

- （ステップ n）硬貨を投げて表が出たら，2^n 円もらい賭けは終了．裏が出たら，次のステップへ．

  $\vdots$

ベルヌーイ君の選好は，以下の関数 U で表現されるものとする．自然の状態が無限個の任意のくじ $\mathcal{L} = [c_1, c_2, \ldots; p_1, p_2, \ldots]$ について，$U(\mathcal{L}) = \sum_{i=1}^{\infty} p_i u(c_i)$.

166　第 II 部　ゲーム理論と情報・インセンティヴ

ただし，各結果とその確率について $c_i \geq 0$，$p_i \geq 0$ であり，$\sum_{i=1}^{\infty} p_i = 1$ とする．また，ノイマン・モルゲンシュテルン効用関数を $u(c_i) \equiv c_i^{\alpha}$（$0 < \alpha < 1$）とする．

(1) この賭けはくじとみなせる．この賭けを表すくじ $\mathcal{L}^P$ を $[c_1, c_2, \dots;$ $p_1, p_2, \dots]$ の形で表わせ．

(2) くじ $\mathcal{L}^P$ の期待値を求めよ．

(3) この賭けの参加料を f とする．ベルヌーイ君がこの賭けに参加するための参加料 f が満たすべき条件を求めよ．（Hint：無限等比級数の公式 $\sum_{i=1}^{\infty} q^i = q/(1-q)$（$0 < q < 1$）を用いよ．）

(4) $\alpha = 1/2$ のときと $\alpha = 9/10$ のときのそれぞれについて，相対的リスク回避度 $RR(c)$ とベルヌーイ君が賭けに参加するために支払ってもよい参加料の上限を求めよ．ただし，参加料の上限については計算機を用いて求めよ．

解答→ 178 頁

■**問題 6.3**（スーパー・サンクト・ペテルブルクのパラドックス）

教科書の関連箇所→ 6.1.1，6.1.2 項

メンガー君は，次のような賭けに参加する．ただし，メンガー君は前問のベルヌーイ君と同じ選好を持つものとする．$0 < \beta < 1$ とする．

- （ステップ **1**）硬貨を投げて表が出たら，$2^{\frac{1}{\beta}}$ 円もらい賭けは終了．裏が出たら，次のステップへ．

- （ステップ **2**）硬貨を投げて表が出たら，$4^{\frac{1}{\beta}}$ 円もらい賭けは終了．裏が出たら，次のステップへ．
    $\vdots$

- （ステップ **n**）硬貨を投げて表が出たら，$2^{\frac{n}{\beta}}$ 円もらい賭けは終了．裏が出たら，次のステップへ．
    $\vdots$

第 6 章　不確実性と情報の非対称性　　167

(1) この賭けはくじとみなせる．この賭けを表すくじ $\mathcal{L}^M$ を $[c_1, c_2, \ldots;$ $p_1, p_2, \ldots]$ の形で表わせ．

(2) くじ $\mathcal{L}^M$ の期待値を求めよ．

(3) $\alpha \geq \beta$ であれば，メンガー君の期待効用が無限大となることを示せ．

解答→ 179 頁

■**問題 6.4**（★ポートフォリオ選択）　　　　　教科書の関連箇所→ 6.1.3 項

ある経営コンサルタントの資産 W 億円の資金保有の問題を考える．W 億円の保有形態は，以下のように銀行預金と株式投資の二つがある．

- 銀行預金：1 円を預けると 1 円で戻ってくる．利子率はゼロとする．

- 株式投資：1 円を投資すると，好況のときは 3 円に増えるが，不況のときは 0 円になってしまう．

好況になる確率と不況になる確率はそれぞれ 1/2 ずつである．預金額を D 億円，投資額を S 億円とする．ノイマン・モルゲンシュテルン効用関数を $u(c) = \log c$ とし，各資産にはゼロ以上の金額を投資するものとする（つまり，銀行借入や株式の空売りは認められない）．以上の設定の下で，以下の問いに答えよ．

(1) ポートフォリオ (D, S) に応じて，好況のときの資産額 W_H と不況のときの資産額 W_L が変化する．ポートフォリオを変えたときの実行可能な W_H と W_L の組み合わせを書け．また，この個人の効用最大化問題を定式化せよ．

(2) 最大化問題を解き，最適ポートフォリオ (D^*, S^*) を求めよ．

(3) $W = 200$ として，横軸に好況時の資産額 W_H，縦軸に不況時の資産額 W_L をとった平面に予算線を描き，(2) の結果を図示せよ．

(4) 資産額 W が増加すると，資産額に対する株式保有額の比率 S/W はどのように変化するか答えよ．

(5) (3) で作成した図を用いて，(4) の結果を図示せよ．

168 　第 II 部　ゲーム理論と情報・インセンティヴ

(6) $u(c) = c$ の効用関数を持っていた場合の最適ポートフォリオ (D^{**}, S^{**}) を求めよ．（Hint：微分を用いる方法では解けない．） 　　　解答→ 180 頁

■**問題 6.5**（ポートフォリオ選択） 　　　　　　教科書の関連箇所→ 6.1.3 項

　ある経営コンサルタントの資産 W 億円の資金保有の問題を考える．W 億円の保有形態は，以下のように銀行預金・借入と株式投資の二つがある．

- 銀行預金・借入：1 円を預けると 1 円戻ってくるが，1 円借り入れると b 円返済しなければならない．

- 株式投資：1 円を投資すると，好況のときは 2 円になるが，不況のときは 2/3 円になる．

好況になる確率は 5/8 で，不況になる確率は 3/8 である．預金額を D 億円（借入のときは $D < 0$），投資額を S 億円とする．株式の空売りはできない（$S \geq 0$）．銀行借入は破産しない範囲で可能であるとする．つまり，好況時でも不況時でも資産額はゼロ以上でなければならない．ノイマン・モルゲンシュテルン効用関数を $u(c) = \log c$ とする．以上の設定の下で，以下の問いに答えよ．

(1) $b = 1$ とする（つまり，借入金利はゼロとする）．ポートフォリオ (D, S) に応じて，好況時の資産額 W_H と不況時の資産額 W_L が変化する．ポートフォリオを変えたときの実行可能な W_H と W_L の組み合わせを求めよ．また，横軸に W_H，縦軸に W_L をとった平面に実行可能な W_H と W_L の組み合わせを描け．

(2) (1) のとき，この個人の期待効用最大化問題を解き，最適ポートフォリオ (D^*, S^*) を求めよ．また，(1) で作成した図に (D^*, S^*) の達成する資産額の組 (W_H^*, W_L^*) を図示せよ．

(3) $b = 6/5$ とする（つまり，借入金利は20％とする）．ポートフォリオ (D, S) を変えたときの実行可能な好況時の資産額 W_H と不況時の資産額 W_L の組み合わせを求めよ．また，横軸に W_H，縦軸に W_L をとった平面に実行可能な W_H と W_L の組み合わせを描け．

(4) (3) のとき，この個人の期待効用最大化問題を解き，最適ポートフォリオ (D^{**}, S^{**}) を求めよ．また，(3) で作成した図に (D^{**}, S^{**}) の達成する資産額の組 (W_H^{**}, W_L^{**}) を図示せよ．　　　　　　　　　　　　　解答→ 182 頁

■**問題 6.6**（★保険）　　　　　　　　　　　教科書の関連箇所→ 6.1.1 項，6.2 節
　ある個人が価値 W（万円）の山を所有しているとする．1 年のうちに確率 p で山火事は起きないが，確率 $1 - p$ で山火事が起きて価値が $W/8$（万円）になる．この個人のノイマン・モルゲンシュテルン効用関数が $u(c) = \log c$ であるとして，以下の問いに答えよ．

(1) 山を所有することを表すくじ $\mathcal{L}_0$ を $[c_1, \ldots, c_n; p_1, \ldots, p_n]$ の形で表し，期待効用 $U(\mathcal{L}_0)$ を求めよ．

(2) 保険料 I（万円）で，山火事が起きた場合には保険金 $7W/8$（万円）が支払われるような保険があるとする．この保険に加入して山を所有することを表すくじ $\mathcal{L}_1$ を $[c_1, \ldots, c_n; p_1, \ldots, p_n]$ の形で表し，期待効用 $U(\mathcal{L}_1)$ を求めよ．

(3) $p = 2/3$ のとき，つまり山火事が起こる確率が $1/3$ であるとき，この個人が保険に加入するような保険料 I の範囲を求めよ．　　　　　解答→ 185 頁

■**問題 6.7**（市場取引とリスク・シェアリング）
　　　　　　　　　　　　　　　　　　　教科書の関連箇所→ 6.1.1 項，6.2 節
　個人 A が価値 100（万円）の山を所有しており，確率 $2/3$ で山火事は起きず，確率 $1/3$ で山火事が起き損害 60（万円）が発生する．山火事が起きた場合に 1 口当たり保険金 3（万円）が支払われる保険を保険会社 B が販売している．個人 A のノイマン・モルゲンシュテルン効用関数は $u(c) = \log c$ であり，保険会社 B はリスク中立的である．個人 A と保険会社 B はそれぞれ，保険料率（1 口当たりの保険料）p（万円）を所与として保険の口数 x を選択する．このとき，以下の問いに答えよ．

(1) 個人 A の期待効用の最大化問題を解き，需要関数 $x^D(p)$ を求めよ．

(2) 保険会社 B の期待利潤の最大化問題を解き，供給関数 $x^S(p)$ を求めよ．

170   第 II 部　ゲーム理論と情報・インセンティヴ

(3) 均衡での保険料率 p^* および取引量 x^* を求めよ．　　　　　解答→ 185 頁

■**問題 6.8**（公共投資とシンジケート）　　　　教科書の関連箇所→ 6.1 節

　n 人のグループで投資をすることを検討している．このグループの個人は同じ効用関数を持ち，任意のくじ $\mathcal{L} = [c_1, c_2, \ldots; p_1, p_2, \ldots]$（$c_i > 0$，$p_i \geq 0$，$\sum_{i=1}^{\infty} p_i = 1$）に対して，$U(\mathcal{L}) = \sum_{i=1}^{\infty} p_i u(c_i)$ である．ただし，$u(c_i) = \log c_i$ とする．もともと各人は 1000 円を保有している．もし投資が成功すればグループ全体に対して α 円の利益が出るが，投資が失敗すれば β 円の損失が出る．投資の損益はグループ全体で等しく分割する．また，成功と失敗の確率は半々であるとする．投資を行ったときの（各人に共通の）期待効用が投資を行わなかったときのそれ以上である場合は投資を行い，そうでない場合は投資を行わない．

(1) 投資が行われるための条件を表せ．

(2) $n = 2$，$\alpha = 1600$，$\beta = 1000$ の場合，投資が行われないことを示せ．

(3) $\alpha > \beta$ が成り立つ（つまり，投資から得られる利益の期待値が正となる）とき，n が十分に大きければ，投資が行われることを示せ．　解答→ 186 頁

■**問題 6.9**（情報の非対称性の下での数量競争）

　　　　　　　　　　　　　　　　　　教科書の関連箇所→ 5.3, 6.3 節

　逆需要関数が $p(X) = 1000 - X$ で与えられる市場で，企業 A と企業 B の 2 社が生産量で競争（クールノー・ゲーム）をしている．x_i（$i = A, B$）は企業 i の生産量を表す．企業 A の費用関数は，$100x_A$ あるいは $50x_A$ のどちらかである．企業 A は自身の費用関数は知っているものの，企業 B には企業 A の費用関数はわからない．企業 B はそれぞれの確率が 0.5 ずつだと考えている．一方，企業 B の費用関数は確率 1 で $100x_B$ であり，そのことは両企業にとって既知とする．各企業は期待利潤を最大化するものとする．

(1) 企業 A の限界費用が 100, 50 である場合の企業 A の生産量を x_A^H，x_A^L とする．

　(a) 限界費用が 100 である場合の企業 A の最適反応関数 $BR_A^H(x_B)$ を求めよ．

　(b) 限界費用が 50 である場合の企業 A の最適反応関数 $BR_A^L(x_B)$ を求めよ．

(2) 企業 B の期待利潤を書け．また，1 階条件から企業 B の最適反応関数 $BR_B(x_A^H, x_A^L)$ を求めよ．さらに，$BR_B(x_A^H, x_A^L)$ を，企業 A の平均の生産量 $\bar{x}_A = \frac{x_A^H + x_A^L}{2}$ に対する最適反応として書き直せ．

(3) （ベイジアン・）ナッシュ均衡 $((x_A^H, x_A^L), x_B)$ を求めよ．　解答→ 187 頁

■**問題 6.10**（情報の非対称性の下での価格競争）

教科書の関連箇所→ 5.5, 6.3 節

企業 A と企業 B が製品差別化の下で価格競争（ベルトラン・ゲーム）をしている．$p_i\,(i = A, B)$ は企業 i の価格を表す．企業 i にとっての自社製品への需要 x_i は自社製品の価格 p_i と相手企業 j の製品価格 p_j に依存し，$x_i(p_i, p_j) = 1200 - 2p_i + p_j$ であるとする．各企業の限界費用は一定であり，固定費用はゼロとする．企業 A は自身の限界費用を知っているが，企業 B は企業 A の限界費用は確率 0.5 ずつで 400 あるいは 200 であると考えている．一方，企業 B の限界費用は 300 であると両企業とも知っている．各企業は期待利潤を最大化するものとする．このとき，以下の問いに答えよ．

(1) 企業 A の限界費用が 400, 200 である場合の企業 A の価格を p_A^H, p_A^L とする．

  (a) 限界費用が 400 である場合の企業 A の最適反応関数 $BR_A^H(p_B)$ を求めよ．

  (b) 限界費用が 200 である場合の企業 A の最適反応関数 $BR_A^L(p_B)$ を求めよ．

(2) 企業 B の最適反応関数 $BR_B(p_A^H, p_A^L)$ を求めよ．

(3) （ベイジアン・）ナッシュ均衡 $((p_A^H, p_A^L), p_B)$ を求めよ．　解答→ 188 頁

■**問題 6.11**（★逆選択）　　　　　　　　教科書の関連箇所→ 6.3, 6.4 節

ある企業における生産量は労働者の人的資本 h に依存し，1 人あたりの生産関数を $f(h) = \sqrt{h}$ とする．労働者に対して w だけの賃金を支払う場合，企業がこの労働者から得る利潤は $\pi(h, w) = \sqrt{h} - w$ となる．他方，労働者の効用

関数は $u_i(h,w) = w - \theta_i h$ $(\theta_i > 0)$ で与えられ，i は労働者のタイプを表している．$i = G$ のタイプは人的資本を蓄積するための限界不効用が，$i = B$ のタイプよりも低いものとする（つまり $\theta_G < \theta_B$）．また，両タイプの留保効用は共にゼロとする．労働者のタイプが G, B である確率は 1/2 ずつであるとする．このとき，以下の問いに答えよ．

(1) 企業にとってタイプが観察可能であるとき，この企業の利潤最大化問題を定式化し，各タイプに提示する契約 $((h_G^*, w_G^*), (h_B^*, w_B^*))$ を求めよ．

(2) タイプが観察不可能なときに，各タイプが自分向けの契約を選ぶように誘因両立制約を考慮に入れた場合の，利潤最大化問題を定式化せよ．

(3) (2) で求めた利潤最大化問題の制約式は，

$$w_B - \theta_B h_B = 0 \tag{6.1}$$

$$w_G - \theta_G h_G = w_B - \theta_G h_B \tag{6.2}$$

$$h_G \geq h_B \tag{6.3}$$

という 2 本の等式と 1 本の不等式とが同値であることが知られている[1]．式 (6.1) および式 (6.2) のみを制約とする利潤最大化問題の解 $((h_G^{**}, w_G^{**}), (h_B^{**}, w_B^{**}))$ を求めよ．その上で，求めた $((h_G^{**}, w_G^{**}), (h_B^{**} w_B^{**}))$ が，式 (6.3) を満たしており，したがってタイプが観察不可能な場合の最適な契約であることを確認せよ．

(4) 以下のステップにしたがって，以上の結果をすべて図示せよ．

   (a) 横軸に人的資本 h，縦軸に（1 人あたり）生産量 y および賃金 w をとる．

   (b) $f'(h) > 0$, $f''(h) < 0$ に注意して生産関数 $y = f(h)$ を描く．

   (c) 各タイプの労働者の参加制約が等号で満たされる直線 $w_i = \theta_i h$ $(i = G, B)$ を描く．これらの直線は留保効用ゼロの水準における各タイプの無差別曲線を，θ_i は限界代替率を表している．

   (d) (1) で得られた，タイプが観察可能な場合の最適契約 $((h_G^*, w_G^*), (h_B^*, w_B^*))$ を図示する．

---

1) この理由については，伊藤秀史 (2003)『契約の経済理論』有斐閣，あるいはサラニエ, B. (2010)『契約の経済学［第二版］』勁草書房などを参照されたい．

第 6 章　不確実性と情報の非対称性　　173

(e) 傾き $\theta_B + (\theta_B - \theta_G)$ の直線（点線）を適切な箇所に描いた上で，(3) で得られた，タイプが観察不可能な場合のタイプ B に対する最適契約 (h_B^{**}, w_B^{**}) を書き入れる．

(f) (h_B^{**}, w_B^{**}) の点を通る，傾き θ_G の直線（点線）を描いた上で，(3) で得られた，タイプ G に対する最適契約 (h_G^{**}, w_G^{**}) を書き入れる．

(5) (4) で求めた図を用いて，タイプが観察不可能な場合の契約に関する以下の記述が正しいかどうかを確認せよ．

(a) タイプ G の人的資本は効率的水準だが，タイプ B の人的資本は効率的水準より過小になる．

(b) タイプ G は留保効用に加えて情報レントを得る．

(c) タイプ G にとってタイプ B への契約とタイプ G への契約を選ぶことは無差別だが，タイプ B は自らのタイプの契約を選ぶ方が厳密に大きな効用を得られる．

解答→ 189 頁

■問題 **6.12**（逆選択，レモンの原理）　　　　教科書の関連箇所→ 6.4 節

　売られている車の品質が金銭で評価すると $\underline{\theta}$ 以上 $\overline{\theta}$ 以下の範囲の一様分布で与えられるような中古車市場があるとする（$0 \leq \underline{\theta} < \overline{\theta}$ とする）．売り手は自分の販売する車の品質を知っているが，買い手は中古車の品質の確率分布は知っているものの，自分の選ぶ車の実際の品質は判断できないものとする．買い手は，市場に出回っている車の品質の期待値を車の品質と考えて購入を検討し，購入する場合には品質の期待値以下の価格しか支払わないものとする．また，売り手は自分の販売する車がその品質よりも低い価格でしか売れないときには，車を売らずに中古車市場から退出するものとする．このとき，以下の問いに答えよ．（Hint：確率変数が a 以上 b 以下の範囲の一様分布に従うとき，その期待値は $(a + b)/2$ である．）

(1) まず，すべての品質の車が市場に供給されていたとする．このとき，市場に出回っている車の品質の期待値 μ_0 を求めよ．また，買い手が高々 μ_0 までしか支払わないとするときの，市場に出回る車の品質の範囲を求めよ．

(2) (1) の過程を経て市場に残った車の品質の期待値 μ_1 を求めよ．また，買

174 第 II 部　ゲーム理論と情報・インセンティヴ

い手が高々 μ_1 までしか支払わないとするときの，市場に出回る車の品質の
範囲を求めよ．

(3) 上記のプロセスを n 回繰り返したあとに市場に残った車の品質の期待値
μ_n を求めよ．また，μ_n は n について減少し，$\lim_{n \to \infty} \mu_n = \underline{\theta}$ となることを
示せ．（Hint：初項 a で公比 r である等比数列の第 n 項までの和は $\frac{a(r^n - 1)}{r - 1}$
である．）

解答→ 192 頁

■**問題 6.13**（★モラル・ハザード）　　教科書の関連箇所→ 6.2，6.3，6.5 節
　音楽プロデューサーの K 氏は大手レコード会社 T 社と専属契約をしていたが，
今年末で契約が切れる．そこで別のレコード会社 S 社が K 氏の獲得を目指し，彼
にどのような契約を提示するかを考えている．K 氏の効用関数は，$u(w) = \sqrt{w}$
で表される．ここで，$w\,(\geq 0)$ は確実な収入を表している．また，レコード会社
はリスク中立的であるものとする．現在 T 社は K 氏との契約更新にあたって，
プロデュースした曲がヒットしたか否かにかかわらず，S 社を除く他社の水準よ
りも高額な給料を支払い，T 社と契約すれば K 氏は $\bar{u}$ だけの効用を得られると
する．K 氏プロデュースの曲がヒットする確率は彼の努力水準 e に依存し，K
氏が熱心に作曲をした場合（$e = e_H$ を選んだ場合）彼はその分他の仕事ができ
なくなるため $c\,(> 0)$ だけの機会費用が発生するが，p_H の確率で曲はヒットす
る．また，熱心に作曲をしなかった場合（$e = e_L$ を選んだ場合），機会費用は発
生しないが，曲がヒットする確率は p_L に下がる．すなわち，$0 < p_L < p_H < 1$
が満たされている．曲がヒットした場合 y_G だけの売上となり，ヒットしなかっ
た場合にはそれより小さい $y_B\,(< y_G)$ の売上しか達成できない．熱心に作曲
をした場合のヒットの確率 p_H は努力しない場合のヒットの確率 p_L と比べて
十分に高く，S 社は K 氏に熱心に作曲をさせたいものとする．

(1) S 社にとって K 氏の努力水準 e が観察可能な場合，S 社は K 氏にどのよ
うな賃金契約 (w_G^*, w_B^*) を提示するだろうか．S 社の（期待）利潤最大化問
題を定式化し，最適な契約を求めよ．

(2) K 氏の努力水準が観察不可能な場合，S 社は K 氏にどのような賃金契約
(w_G^{**}, w_B^{**}) を提示するだろうか．S 社の（期待）利潤最大化問題を定式化し，

最適な契約を求めよ.

(3) 横軸の長さが y_G, 縦軸の長さが y_B のエッジワース・ボックスの中に (1), (2) の結果を図示し（左下の原点を K 氏にとっての原点とする）, それぞれの場合について効率的なリスク・シェアリングがなされているか答えよ.

解答→ 193 頁

■**問題 6.14**（マイクロ・クレジット） 　　　　　教科書の関連箇所→ 6.5, 6.6 節

借り手と貸し手がおり, 貸し手は借り手にお金を融資し, 借り手はそれを元手にプロジェクトを遂行する. プロジェクトが成功すれば貸し手は利子を回収できるが, 失敗すれば借り手が破産するので利子は回収できない. プロジェクトは確率 90% で成功し収益 200 を生む安全なプロジェクトと確率 60% で成功し収益 250 を生む危険なプロジェクトの二つがある. 各プロジェクトが失敗したときの収益は 0 であり, 借り手は期待利潤が大きいプロジェクトを選ぶとする. このとき, 以下の問いに答えよ.

(1) 利子が 80 であるとき, 安全なプロジェクトを選んだときの期待利潤と危険なプロジェクトを選んだときの期待利潤を求め, 借り手がどちらのプロジェクトを選ぶか答えよ.

(2) 利子が 110 であるとき, 安全なプロジェクトを選んだときの期待利潤と危険なプロジェクトを選んだときの期待利潤を求め, 借り手がどちらのプロジェクトを選ぶか答えよ.

(3) 利子を 110 とし, 貸し手は, 借り手 2 人にグループを作らせ, 連帯責任をとらせるものとする. 1 人だけプロジェクトに成功した場合, 成功した借り手は利子に加えて, 連帯責任費用 c も支払わなければならない. 2 人ともプロジェクトに成功したときや 2 人ともプロジェクトに失敗して破産したときにはこの費用は発生しない. また, 2 人のプロジェクトの成否の確率は独立であるとする. 借り手が 2 人とも安全なプロジェクトを選んだときの借り手 1 人の期待利潤と, 借り手が 2 人とも危険なプロジェクトを選んだときの借り手 1 人の期待利潤を, c を用いて表せ.

176 第 II 部　ゲーム理論と情報・インセンティヴ

(4) (3) の設定の下で，借り手は 2 人ともに安全か危険なプロジェクトを選ぶ
ものとする．つまり，1 人が安全なプロジェクトを選び，1 人が危険なプロ
ジェクトを選ぶことはできない．このとき，2 人が安全なプロジェクトを選
ぶような連帯責任費用 c の範囲を求めよ．　　　　　　　　　　解答→ 196 頁

■**問題 6.15**（オークション）　　　　　　　　　教科書の関連箇所→ 6.7 節
　画家マティスの絵が 1 点だけオークションに出され，2 人の絵画愛好家がこ
れを得るためにオークションに参加している．参加者 $i = A, B$ のこの絵に対
する真の価値を v_i とし，各参加者はこの絵に対する自分にとっての真の価値を
知っているものとする．また，相手の参加者の真の価値 v_j 自体は知らないが，
v_j が 0 円以上 1 億円以下の範囲の一様分布によって与えられることは知ってい
るものとする．参加者 i の入札額を x_i とする．このオークションでは入札額が
最も高い参加者が絵を落札できるが，2 人が同額を入札した場合にはそれぞれ
の参加者が 1/2 の確率で絵を落札できるものとする．オークションの参加者 i
の戦略は，自身にとっての真の価値 v_i に応じた入札額 $b_i(v_i)$ を指定する関数 b_i
である．

(1) 封印入札の 2 位価格オークションの場合について，参加者 i の入札額が
x_i で，参加者 $j \neq i$ の入札額が x_j で，参加者 i にとっての価値が v_i である
ときの参加者 i の利得 $\pi_i(x_i, x_j, v_i)$ を表せ．

(2) 封印入札の 2 位価格オークションの場合について，各個人 i が真の価値
を入札する，すなわち，任意の v_i について $b_i^*(v_i) = v_i$ を満たす戦略の組
(b_1^*, b_2^*) が（ベイジアン・）ナッシュ均衡になることを，以下の手順で示せ．

　(a) 参加者 i が x_i を入札し，参加者 $j \neq i$ が b_j^* に基づいて入札し，参
　加者 i（j）にとっての真の価値が v_i（v_j）であるときの参加者 i の利得
　$\pi_i(x_i, b_j^*(v_j), v_i)$ を書き下せ．

　(b) こうした参加者 i の利得の v_j についての期待値 $E_{v_j}(\pi_i(x_i, b_j^*(v_j), v_i)) =$
　$\int_0^1 \pi_i(x_i, b_j^*(v_j), v_i) dv_j$ を計算せよ．（Hint：積分（つまり面積）を考える
　場合には，1 点もしくは 1 本の直線の面積はゼロである．）

　(c) 各 v_i について，$E_{v_j}(\pi_i(x_i, b_j^*(v_j), v_i))$ を最大化する x_i を求め，(b_1^*, b_2^*)
　がナッシュ均衡であることを確認せよ．

第 6 章　不確実性と情報の非対称性　　177

(3) 封印入札の 1 位価格オークションの場合について，参加者 i の入札額が x_i で，参加者 $j \neq i$ の入札額が x_j で，参加者 i にとっての価値が v_i であるときの参加者 i の利得 $\pi_i(x_i, x_j, v_i)$ を表せ．

(4) 封印入札の 1 位価格オークションの場合について，任意の v_i について $b_i^*(v_i) = v_i/2$ を満たす戦略の組 (b_1^*, b_2^*) が（ベイジアン・）ナッシュ均衡になることを，(2) の (a)–(c) と同じステップを踏んで，確認せよ．

(5) 真の価値が最も高い参加者が，最終的に財を手に入れるようなオークションを効率的と言う．ここで検討した二つのオークション制度は効率的であるか．

(6) 絵の売り手の期待収入が，封印入札 2 位価格オークションと封印入札 1 位価格オークションの間で等しくなることを示せ．（Hint：n 人の参加者がオークションに参加しており，各個人の真の価値 v_i が 0 以上 1 以下の範囲の一様分布で与えられているとき，p 番目に大きい真の価値の期待値は $(n+1-p)/(n+1)$ である．）

解答→ 197 頁

【解　答】

●問題 6.1 の解答　　　　　　　　　　　　　　　　　　　　　　問題→ 164 頁

(1) (a) $u'(c) = 2c$, $u''(c) = 2 > 0$ より，リスク愛好的である．

　　(b) $u'(c) = 1/(2\sqrt{c})$, $u''(c) = -1/(4c^{\frac{3}{2}}) < 0$ より，リスク回避的である．

　　(c) $u'(c) = 1$, $u''(c) = 0$ より，リスク中立的である．

　　(d) $u'(c) = c^{-\theta}$, $u''(c) = -\theta c^{-(\theta+1)} < 0$ より，リスク回避的である．

　　(e) $u'(c) = e^{-\theta c}$, $u''(c) = -\theta e^{-\theta c} < 0$ より，リスク回避的である．

(2) (a) $U(\mathcal{L}) = 0.6 \cdot \sqrt{100} + 0.4 \cdot \sqrt{25} = 8$.

　　(b) $u(CE) = \sqrt{CE} = 8 = U(\mathcal{L})$ より，$CE = 64$.

　　(c) $\pi = \bar{c} - CE = 70 - 64 = 6$. ただし，$\bar{c}$ はくじ $\mathcal{L}$ の期待値であり，$\bar{c} = 0.6 \cdot 100 + 0.4 \cdot 25 = 70$.

　　(d) 図 6.1 の左．

　　(e) 図 6.1 の右．ただし，$AB : BC = 6 : 4$.

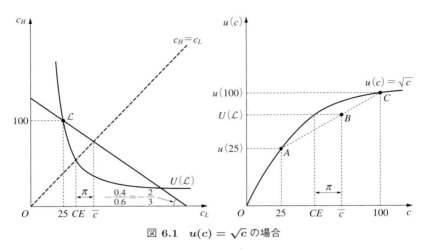

図 6.1 $u(c) = \sqrt{c}$ の場合

(3) (b) $u'(c) = 1/(2\sqrt{c})$, $u''(c) = -1/(4c^{\frac{3}{2}})$ より，$AR(c) = 1/(2c)$, $RR(c) = 1/2$.

(c) $u'(c) = 1$, $u''(c) = 0$ より，$AR(c) = RR(c) = 0$.

(d) $u'(c) = c^{-\theta}$, $u''(c) = -\theta c^{-(1+\theta)}$ より，$AR(c) = \theta/c$, $RR(c) = \theta$. したがって，この種の効用関数では相対的リスク回避度が常に θ で一定となるため，相対的リスク回避度一定の効用関数（CRRA 型効用関数）と呼ばれる．

(e) $u'(c) = e^{-\theta c}$, $u''(c) = -\theta e^{-\theta c}$ より，$AR(c) = \theta$, $RR(c) = \theta c$. したがって，この種の効用関数では絶対的リスク回避度が常に θ で一定となるため，絶対的リスク回避度一定の効用関数（CARA 型効用関数）と呼ばれる．

● 問題 6.2 の解答　　　　　　　　　　　　　　　　　　　　　　　問題→ 165 頁

(1) ステップ n で終わるという事象は，ステップ $n-1$ まで裏が出続け，ステップ n で初めて表が出るというものなので，その確率は $\left(\frac{1}{2}\right)^{n-1} \cdot \frac{1}{2} = \frac{1}{2^n}$. このとき，$2^n$ 円を受け取ることができる．また，ステップ n で終わるという事象とステップ $m \neq n$ で終わるという事象は同時には起こりえない．ゆえに，この賭けは，$\mathcal{L}^P = [2, 4, \ldots, 2^n, \ldots; \frac{1}{2}, \frac{1}{4}, \ldots, \frac{1}{2^n}, \ldots]$ と書くことができる．

(2) くじ $\mathcal{L}^P$ の期待値は，$\sum_{i=1}^{\infty} \frac{1}{2^i} \cdot 2^i = \sum_{i=1}^{\infty} 1 = \infty$ となる．

(3) 賭けに参加した場合の期待効用はくじ $\mathcal{L}^P$ の期待効用 $U(\mathcal{L}^P)$ であり，(1) および U の定義より，

$$U(\mathcal{L}^P) = \sum_{i=1}^{\infty} \frac{1}{2^i} \cdot (2^i)^\alpha = \sum_{i=1}^{\infty} \left(\frac{1}{2^{1-\alpha}}\right)^i$$

第 6 章　不確実性と情報の非対称性　　179

と書ける．さらに，$\alpha < 1$ より $1 - \alpha > 0$, $2^{1-\alpha} > 1$, $\frac{1}{2^{1-\alpha}} < 1$ なので，無限等比級数の公式より，

$$U\left(\mathcal{L}^P\right) = \frac{1}{2^{1-\alpha}} \frac{1}{1 - \frac{1}{2^{1-\alpha}}} = \frac{1}{2^{1-\alpha} - 1} \tag{6.4}$$

を得る．一方，賭けに参加しない場合には，参加料 f を確実に手元においておけるので，この場合の期待効用はくじ $[f; 1]$ の期待効用 $U([f; 1])$ となり，

$$U([f; 1]) = 1 \cdot f^\alpha = f^\alpha \tag{6.5}$$

である．ベルヌーイ君がこの賭けに参加するための条件は，$U\left(\mathcal{L}^P\right) \geq U([f; 1])$ であり，式 (6.4) および式 (6.5) より，これは $\frac{1}{2^{1-\alpha} - 1} \geq f^\alpha$ と同値である．したがって，ベルヌーイ君がこの賭けに参加するための参加料 f の満たすべき条件は，$f \leq (2^{1-\alpha} - 1)^{-\frac{1}{\alpha}}$ となる．

(4) ベルヌーイ君の相対的リスク回避度 $RR(c)$ は，

$$RR(c) = -\frac{cu''(c)}{u'(c)} = 1 - \alpha$$

となる．また，支払ってもよい参加料の上限は (3) で得られている．$\alpha = 1/2$ のとき，相対的リスク回避度は $1/2$ であり，支払ってもよい参加料の上限は $(2^{1/2} - 1)^{-2} \approx 5.83$ となる．$\alpha = 9/10$ のとき，相対的リスク回避度は $1/10$ であり，支払ってもよい参加料の上限は $(2^{1/10} - 1)^{-10/9} \approx 18.67$ となる．

《コメント》

　本問は，ダニエル・ベルヌーイ (Daniel Bernoulli) が提示したサンクト・ペテルブルクのパラドックスに基づいている．(2) で示したように，この賭けの期待値は無限大であるが，人は高額の参加料を払ってまでこの賭けに参加しようとは思わない．本問は期待効用理論に基づくとこのパラドックスを解決できるかもしれないことを示唆している．

●問題 6.3 の解答　　　　　　　　　　　　　　　　　　　　　　　問題→ 166 頁

(1) サンクト・ペテルブルクのパラドックスの問題と同様に考えると，

$$\mathcal{L}^M = \left[2^{\frac{1}{\beta}}, 4^{\frac{1}{\beta}}, \ldots, 2^{\frac{n}{\beta}}, \ldots; \frac{1}{2}, \frac{1}{4}, \ldots, \frac{1}{2^n}, \cdots\right]$$

である．

(2) いま，$0 < \beta < 1$ を想定しているので，任意の n に対して，

$$\frac{1}{2^n} \cdot 2^{\frac{n}{\beta}} > \frac{1}{2^n} \cdot 2^n = 1$$

を得る．

180 第 II 部 ゲーム理論と情報・インセンティヴ

したがって，

$$\sum_{i=1}^{\infty} \frac{1}{2^i} \cdot 2^{\frac{i}{\beta}} \geq \sum_{i=1}^{\infty} 1 = \infty$$

となるから，$\mathcal{L}^M$ の期待値は無限大である．

(3) 期待効用は，

$$\sum_{i=1}^{\infty} \frac{1}{2^i} \cdot (2^{\frac{i}{\beta}})^{\alpha}$$

となる．$\alpha \geq \beta$ であれば，

$$\frac{1}{2^n} \cdot (2^{\frac{n}{\beta}})^{\alpha} = \frac{1}{2^n} \cdot (2^n)^{\frac{\alpha}{\beta}} \geq 1$$

より，期待効用は無限大となる．

《コメント》

この問題は，期待効用理論の導入がサンクト・ペテルブルクのパラドックスの最終的解決とならないことを明らかにしている．このことはカール・メンガー（Karl Menger）によって指摘された．

●問題 6.4 の解答   問題→ 167 頁

(1) 株式に S だけ投資するとき残額は銀行預金となるので $D = W - S$ となる．S だけ株式に投資したとき，好況時の資産額 W_H と不況時の資産額 W_L は，

$$W_H = (W - S) + 3S = W + 2S$$
$$W_L = (W - S) + 0 = W - S$$

となる．ここで，この 2 本の式から S を消去すると，

$$W_H + 2W_L = 3W$$

が得られる．これはポートフォリオに応じた，実行可能な W_H と W_L の組み合わせである．これは予算線の役割をする．ただし預金・投資はゼロ以上なので，$0 \leq W_L \leq W$，$W \leq W_H \leq 3W$ である．

期待効用は $U(\mathcal{L}) = \frac{1}{2} \log W_H + \frac{1}{2} \log W_L$ なので，最大化問題は，

$$\max_{(W_H, W_L)} \quad \frac{1}{2} \log W_H + \frac{1}{2} \log W_L$$
$$\text{subject to} \quad W_H + 2W_L = 3W$$

となる．あるいは，

$$\max_{S} \frac{1}{2}\log(W+2S)+\frac{1}{2}\log(W-S)$$

となる．

(2) 予算式を変形した $W_H = 3W - 2W_L$ を目的関数に代入して，W_L について微分し，最大化問題の1階条件を求めると，

$$\frac{2}{3W-2W_L} = \frac{1}{W_L}$$

であるので，この方程式を解くと，$W_L = 3W/4$ が得られる．よって，$S = W/4$，$D = W - S = 3W/4$ が得られる．ゆえに，$(D^*, S^*) = (3W/4, W/4)$ である．

(3) 図6.2左の通りである．全額預金した場合（点C）と全額投資した場合（点B）をとり，2点を結んだ線分CBが予算線である．この予算線上の点Eが最適な各状態における資産額$(W_H, W_L) = (300, 150)$を表しており，(2)で求めた最適ポートフォリオ$(D^*, S^*) = (150, 50)$の下で，このような資産額が達成できる．また，点Eは線分CBを1:3の比に分割する点であることに注目せよ．これは，資産額200億円の下での最適ポートフォリオでは株式投資と銀行預金の比が1:3になることを意味している．

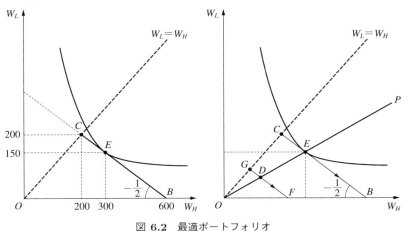

図 **6.2** 最適ポートフォリオ

(4) 資産Wのときの最適ポートフォリオは$(D^*, S^*) = (3W/4, W/4)$なので資産額W億円に対する株式投資額S^*の比率は，

$$\frac{S^*}{W} = \frac{1}{4}$$

であり，資産額に関係なく一定であることがわかる．

182   第 II 部　ゲーム理論と情報・インセンティヴ

《コメント》

このような性質は，本問で与えられる効用関数 $u(c) = \log c$ が相対的リスク回避度一定の効用関数であることに由来する．相対的リスク回避度一定の下では，株式のようなリスクのある資産（危険資産，リスク資産）に対する投資割合が一定になることが知られており，実際，本問ではそのようになっていることが確認できる．

(5) 資産額に関係なく資産に対する株式投資の割合が一定であることから，任意の資産額 W における最適ポートフォリオは図 6.2 右の太線 OP のように与えられることになる．線分 CE と線分 EB の比も，線分 GD と線分 DF の比もともに $1:3$ であることから，このことが確認できる．

(6) $u(c) = c$ のようなリスク中立的な効用関数の場合，投資額 S の下での期待効用は $U(\mathcal{L}) = \frac{1}{2}W_H + \frac{1}{2}W_L$ で与えられる．このとき，期待収入を最大化していることに注目する．1 円の銀行預金の期待収入は $(1+1)/2 = 1$ 円，他方，1 円の株式投資の期待収入は $(3+0)/2 = 1.5$ 円である．そこで，期待収入最大化のためには，株式に全額投資するようなポートフォリオが最適となる．

図で考えてみるのも良い．この主体の無差別曲線は傾き -1 の直線となる[2]．このとき，CB は傾き -1 より緩やかなことより，明らかに最適な点は図 6.2 の B 点となる．

●問題 6.5 の解答   問題→ 168 頁

(1) ポートフォリオ (D, S) は，$D + S = W$ を満たすので，

$$W_H = D + 2S = 2W - D$$
$$W_L = D + \frac{2}{3}S = \frac{2}{3}W + \frac{1}{3}D$$

となる．この 2 本の式から D を消去すると，$W_H + 3W_L = 4W$ を得る．株式の空売りはできないので $0 \leq S = W - D$，この個人は破産できないので $2W - D \geq 0$，$2W/3 + D/3 \geq 0$ でなければならない．したがって，預金額 D の範囲は $-2W \leq D \leq W$ となるので，実行可能な W_H と W_L の組み合わせの範囲は，

$$W_H + 3W_L = 4W, \quad W \leq W_H \leq 4W, \quad 0 \leq W_L \leq W$$

となる．これを図示したのが図 6.3 の太線である．点 A は全額預金した場合（$D = W$），点 B は預金額がゼロの場合（$D = 0$），線分 BC は銀行借入をした場合にあたる．点 C は破産しない中で借入額が最大の場合（$D = -2W$）にあたる．

2) 教科書の p. 265 の図 6.3 と p. 268 の図 6.4 とその説明を参照のこと．

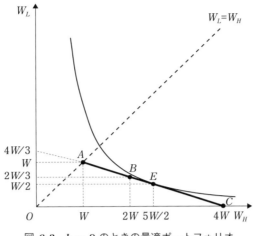

図 6.3 $b = 0$ のときの最適ポートフォリオ

(2) 期待効用最大化問題は,

$$\max_{W_L} \quad \frac{5}{8} \log(4W - 3W_L) + \frac{3}{8} \log W_L$$

$$\text{subject to} \quad 0 \leq W_L \leq W$$

となる. 不等式制約 $0 \leq W_L \leq W$ をとりあえず無視した期待効用最大化問題の 1 階条件を求めると,

$$\frac{-15}{8(4W - 3W_L)} + \frac{3}{8W_L} = 0$$

となる. これを解くと, $W_L = W/2$ を得る. この W_L は不等式制約 $0 \leq W_L \leq W$ を満たしているので, $W_L^* = W/2$ であり, $W_H^* = 4W - 3W_L^* = 5W/2$. 図 6.3 の点 E は, 最適ポートフォリオ (D^*, S^*) の達成する好況時と不況時の資産額の組 (W_H^*, W_L^*) である. このとき, $D = 2W - W_H$, $S = W - D$ より, $(D^*, S^*) = (-W/2, 3W/2)$ が得られる.

(3) $D \geq 0$ のとき, ポートフォリオ (D, S) は, (1) と同様に

$$W_H = D + 2S = 2W - D$$
$$W_L = D + \frac{2}{3}S = \frac{2}{3}W + \frac{1}{3}D$$
$$W_H + 3W_L = 4W$$

を達成する．株式の空売りはできないことより，$0 \leq S = W - D$ であるから，預金額 D の範囲は $0 \leq D \leq W$ となる（$D \geq 0$ としていたことに注意せよ）．したがって，$D \geq 0$ のときの実行可能な W_H と W_L の組み合わせの範囲は，

$$W_H + 3W_L = 4W, \quad W \leq W_H \leq 2W, \quad \frac{2}{3}W \leq W_L \leq W$$

となる．

$D < 0$ のとき，ポートフォリオ (D, S) は，

$$W_H = \frac{6}{5}D + 2S = 2W - \frac{4}{5}D$$

$$W_L = \frac{6}{5}D + \frac{2}{3}S = \frac{2}{3}W + \frac{8}{15}D$$

$$2W_H + 3W_L = 6W$$

を達成する．破産できないことより，$2W - 4D/5 \geq 0$，$2W/3 + 8D/15 \geq 0$ でなければならないので，預金額 D の範囲は $0 > D \geq -5W/4$ となる（$D < 0$ としていたことに注意せよ）．したがって，$D < 0$ のときの実行可能な W_H と W_L の組み合わせの範囲は，

$$2W_H + 3W_L = 6W, \quad 2W < W_H \leq 3W, \quad 0 \leq W_L < \frac{2}{3}W$$

となる．

これを図示したのが図 6.4 の太線である．点 A は全額預金した場合（$D = W$），点 B は預金額がゼロの場合（$D = 0$），線分 BF は銀行借入をした場合にあたる．点 F は破産しない中で借入額が最大の場合（$D = -5W/4$）にあたる．預金金利と借入金利に差があるために，点 B で実行可能な W_H と W_L の組み合わせを表す線が折れている．

(4) この個人の期待効用関数 $\frac{5}{8}\log W_H + \frac{3}{8}\log W_L$ について，預金額がゼロであるときの $(W_H, W_L) = (2W, 2W/3)$ における限界代替率は 5/9 である．よって，図 6.4 の点 B での限界代替率は 5/9 である．また，線分 AB の傾きは $-1/3$，線分 BF の傾きは $-2/3$ であり，$1/3 < 5/9 < 2/3$ より，最適ポートフォリオ (D^{**}, S^{**}) に対応する資産額の組は $(W_H^{**}, W_L^{**}) = (2W, 2W/3)$ となる（期待効用関数 $\frac{5}{8}\log W_H + \frac{3}{8}\log W_L$ はコブ・ダグラス効用関数 $W_H^5 W_L^3$ の単調変換であるから，限界代替率は逓減することに注意せよ）．図 6.4 の点 B は，預金額ゼロに対応するので，最適ポートフォリオは $(D^{**}, S^{**}) = (0, W)$ である．

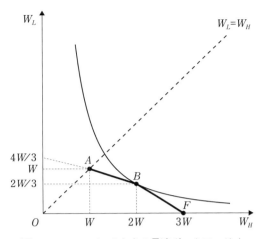

図 6.4 $b = 6/5$ のときの最適ポートフォリオ

●問題 6.6 の解答 問題→ 169 頁

(1) $\mathcal{L}_0 = [W, \frac{W}{8}; p, 1-p]$, $U(\mathcal{L}_0) = p \log W + (1-p) \log \frac{W}{8}$.

(2) $\mathcal{L}_1$ は，$[W-I, W-I; p, 1-p]$ または $[W-I; 1]$ と表せる．したがって，$U(\mathcal{L}_1) = \log(W-I)$.

(3) この個人が保険に加入するのは，$U(\mathcal{L}_1) \geq U(\mathcal{L}_0)$ のときである．これは，$\log(W-I) \geq \log(\frac{W}{8^{1-p}})$ より，$W - I \geq \frac{W}{8^{1-p}}$，すなわち，$I \leq W\left(1 - \frac{1}{8^{1-p}}\right)$ となる．$p = 2/3$ のとき，この条件は $I \leq W/2$ となる．

●問題 6.7 の解答 問題→ 169 頁

(1) 個人 A が保険に x 口加入することをくじで表すと，
$$\mathcal{L} = \left[100 - px, 100 - 60 + 3x - px; \frac{2}{3}, \frac{1}{3}\right]$$
である．よって，期待効用は，
$$U(\mathcal{L}) = \frac{2}{3}\log(100 - px) + \frac{1}{3}\log(100 - 60 + 3x - px)$$
である．期待効用最大化の 1 階条件 $\frac{dU(\mathcal{L})}{dx} = 0$ は，
$$\frac{-2p}{3(100 - px)} + \frac{3 - p}{3(40 + (3-p)x)} = 0$$
となるから，$x^D(p) = \frac{100 - 60p}{p(3-p)}$ を得る．

186   第 II 部　ゲーム理論と情報・インセンティヴ

(2) 保険会社 B が保険 x 口を販売したときの利潤をくじで表すと，

$$\left[px, px - 3x; \frac{2}{3}, \frac{1}{3} \right]$$

である．よって，このくじの期待値である期待利潤は $\frac{2}{3}px + \frac{1}{3}(px - 3x) = (p-1)x$ となる．したがって，期待利潤を最大にする販売口数である $x^S(p)$ は，$p < 1$ のとき 0，$p = 1$ のとき任意の口数，$p > 1$ のとき ∞ である．

(3) 需要曲線は供給曲線の水平部分（高さ 1）と交わるので，$p^* = 1$, $x^* = x^D(1) = \frac{100 - 60 \cdot 1}{1 \cdot (3-1)} = 20$.

《コメント》

均衡では，保険金 $3 \cdot 20 = 60$（万円）が損害 60（万円）をすべてカバーしている．すなわち，保険を介して，リスク回避的な個人に代わって，リスク中立的な保険会社がすべてのリスクを引き受けている．また，均衡では，保険金の期待値 $\frac{1}{3} \cdot 60 = 20$（万円）が保険料 $1 \cdot 20 = 20$（万円）と等しくなる．こうした保険を保険数理的に公平な保険と言う．

●問題 6.8 の解答　　　　　　　　　　　　　　　　　　　問題→ 170 頁

(1) 投資をくじで表せば，$\mathcal{L}_1 = [1000 + \frac{\alpha}{n}, 1000 - \frac{\beta}{n}; \frac{1}{2}, \frac{1}{2}]$ となり，投資をしないことをくじで表わせば，$\mathcal{L}_0 = [1000; 1]$ となる．よって，投資が行われるための条件は，

$$U(\mathcal{L}_1) = \frac{1}{2}\log\left(1000 + \frac{\alpha}{n}\right) + \frac{1}{2}\log\left(1000 - \frac{\beta}{n}\right) \geq \log 1000 = U(\mathcal{L}_0)$$

$$\Leftrightarrow \log\left(1000 + \frac{\alpha}{n}\right)\left(1000 - \frac{\beta}{n}\right) \geq \log 1000^2$$

$$\Leftrightarrow \left(1000 + \frac{\alpha}{n}\right)\left(1000 - \frac{\beta}{n}\right) \geq 1000^2$$

$$\Leftrightarrow \frac{1}{n} \leq \frac{1000(\alpha - \beta)}{\alpha\beta}$$

となる．

(2) $n = 2$, $\alpha = 1600$, $\beta = 1000$ の場合，$\frac{1000(\alpha-\beta)}{\alpha\beta} = \frac{1000(1600-1000)}{1600 \cdot 1000} = \frac{3}{8} < \frac{1}{2} = \frac{1}{n}$. したがって，(1) より，投資が行われない．

(3) $\alpha > \beta$ が成り立つなら，(1) で求めた投資が行われるための条件は $n \geq \frac{\alpha\beta}{1000(\alpha-\beta)}$ となり，n が十分大きければ条件が満たされ，投資が行われることがわかる．

《コメント》

この結果は，公共投資の損益をグループで共有するような場合，グループは参加人数が十分に大きければ，あたかも投資の期待値のみを気にする，つまりリスク中立的であるか

のように振る舞うことを示している．経済学における多くのモデルで個人がリスク回避的であることが仮定される一方で，政府や企業のようなグループ主体はリスク中立的であることが仮定されることを正当化するものと捉えることができる．このことは，Arrow, K.J. and R.C. Lind (1970) "Uncertainty and the evaluation of public investment decisions," *The American Economic Review* 60: 364–378 によって明らかにされた．

●問題 6.9 の解答　　　　　　　　　　　　　　　　　　　　　　　　問題→ 170 頁

(1) 企業 A は両者の費用関数を知っているので，不確実性に直面していない．

　(a) 限界費用 100 が実現した場合の利潤は，$\{1000 - (x_A^H + x_B)\}x_A^H - 100x_A^H$ であり，利潤最大化の 1 階条件 $1000 - 2x_A^H - x_B - 100 = 0$ より，

$$BR_A^H(x_B) = 450 - \frac{x_B}{2} \tag{6.6}$$

が得られる．

　(b) 同様にして，

$$BR_A^L(x_B) = 475 - \frac{x_B}{2} \tag{6.7}$$

が得られる．

(2) 企業 B は企業 A の限界費用について不確実性に直面している．企業 A の限界費用が 100 の場合の企業 B の利潤 π_B^H は $\{1000 - (x_A^H + x_B)\}x_B - 100x_B$ となる．また，企業 A の限界費用が 50 の場合の企業 B の利潤 π_B^L は $\{1000 - (x_A^L + x_B)\}x_B - 100x_B$ となる．期待利潤は，$0.5\pi_B^H + 0.5\pi_B^L$ なので，$\{1000 - (0.5x_A^H + 0.5x_A^L + x_B)\}x_B - 100x_B$ となる．

　これより最大化の 1 階条件 $1000 - 2x_B - (0.5x_A^H + 0.5x_A^L) - 100 = 0$ から，企業 B の最適反応関数は

$$BR_B(x_A^H, x_A^L) = 450 - \frac{x_A^H + x_A^L}{4} \tag{6.8}$$

となる．

　平均の生産量 $\bar{x}_A = 0.5x_A^H + 0.5x_A^L$ に対する最適反応として書き直すと，$BR_B(\bar{x}_A) = 450 - \bar{x}_A/2$ となる．

(3) 式 (6.6)，(6.7)，(6.8) より，

$$x_A^H = \frac{1825}{6}, \ x_A^L = \frac{1975}{6}, \ x_B = \frac{875}{3}$$

が（ベイジアン・）ナッシュ均衡であることがわかる．

《コメント》

実は，この均衡は最適反応曲線を描くことによって図示できる．実際に図示したのが図 6.5 である．まず，$BR_A^H(x_B)$, $BR_A^L(x_B)$, $BR_B(\bar{x}_A)$ を描く．$BR_A^H(x_B)$ と $BR_A^L(x_B)$ の平均値をとった間の破線と，$BR_B(\bar{x}_A)$ との交点で企業 B の生産量 x_B が決まる．x_A^H と x_A^L は，BR_A^H と BR_A^L 上の x_B に対応した点で定まる．x_A^H と x_A^L の平均生産量 $\bar{x}_A$ に対して，x_B が最適反応となっていることに注意せよ．

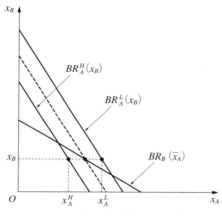

図 6.5　最適反応曲線による図解

●問題 6.10 の解答　　　　　　　　　　　　　　　　　　　　　問題→ 171 頁

(1) (a) 限界費用 400 が実現した場合の企業 A の利潤は $(1200-2p_A^H+p_B)(p_A^H-400)$ である．p_A^H についての利潤最大化の 1 階条件 $-2(p_A^H-400)+(1200-2p_A^H+p_B)=0$ より，

$$BR_A^H(p_B) = 500 + \frac{p_B}{4}$$

を得る．

(b) 限界費用 200 が実現した場合の企業 A の利潤は $(1200-2p_A^L+p_B)(p_A^L-200)$ である．p_A^L についての利潤最大化の 1 階条件 $-2(p_A^L-200)+(1200-2p_A^L+p_B)=0$ より，

$$BR_A^L(p_B) = 400 + \frac{p_B}{4}$$

を得る．

(2) 企業 B の期待利潤は，

第 6 章　不確実性と情報の非対称性　　189

$$0.5(1200 - 2p_B + p_A^H)(p_B - 300) + 0.5(1200 - 2p_B + p_A^L)(p_B - 300)$$

である．p_B についての期待利潤最大化の 1 階条件より，

$$BR_B(p_A^H, p_A^L) = 450 + \frac{p_A^H + p_A^L}{8}$$

を得る．

(3) (1), (2) より，$((p_A^H, p_A^L), p_B) = ((650, 550), 600)$ が（ベイジアン・）ナッシュ均衡である．

●問題 6.11 の解答　　　　　　　　　　　　　　　　　　　問題→ 171 頁

(1) 各労働者のタイプが観察可能なので，それぞれのタイプに対する契約を各タイプに強制できる．したがって，誘因両立制約は不要であり，参加制約のみを考慮に入れればよい．そこで最大化問題は，

$$\max_{((h_G, w_G), (h_B, w_B))} \quad \frac{1}{2}(\sqrt{h_G} - w_G) + \frac{1}{2}(\sqrt{h_B} - w_B)$$

$$\text{subject to} \quad w_G - \theta_G h_G \geq 0$$

$$w_B - \theta_B h_B \geq 0$$

と定式化できる．企業にとって最適な人的資本を選ばせた上で，それにちょうど見合うような賃金，すなわち参加制約を等号で満たすような賃金を選択すれば，企業は利潤を最大化できる．つまり，最適契約において，参加制約は等号で成立する．すなわち，$w_i = \theta_i h_i$ $(i = G, B)$ が成り立つ．これを目的関数に代入した利潤最大化問題は，

$$\max_{(h_G, h_B)} \frac{1}{2}(\sqrt{h_G} - \theta_G h_G) + \frac{1}{2}(\sqrt{h_B} - \theta_B h_B)$$

となる．この 1 階条件 $1/(2\sqrt{h_i}) = \theta_i$ $(i = G, B)$ から，$h_i^* = 1/(4\theta_i^2)$ が得られ，$w_i = \theta_i h_i$ より，$w_i^* = 1/(4\theta_i)$ が得られる．したがって，最適契約は，

$$((h_G^*, w_G^*), (h_B^*, w_B^*)) = \left(\left(\frac{1}{4\theta_G^2}, \frac{1}{4\theta_G} \right), \left(\frac{1}{4\theta_B^2}, \frac{1}{4\theta_B} \right) \right)$$

となる．

(2) 労働者のタイプが観察不可能な場合，情報の非対称性が存在しなかったときには必要のなかった誘因両立制約が必要になる．誘因両立制約は「自らのタイプを誠実に報告する誘因」を意味する．

　利潤最大化問題は，

190 第 II 部 ゲーム理論と情報・インセンティヴ

$$\max_{((h_G, w_G), (h_B, w_B))} \quad \frac{1}{2}(\sqrt{h_G} - w_G) + \frac{1}{2}(\sqrt{h_B} - w_B)$$

$$\text{subject to} \quad w_G - \theta_G h_G \geq 0$$

$$w_B - \theta_B h_B \geq 0$$

$$w_G - \theta_G h_G \geq w_B - \theta_G h_B$$

$$w_B - \theta_B h_B \geq w_G - \theta_B h_G$$

で与えられ，下の 2 本の式が誘因両立制約を表している．最初の誘因両立制約はタイプ G の労働者の誘因両立制約である．左辺の「自分のタイプに提示されている契約 (h_G, w_G) を選択した場合の効用」が，右辺の「嘘をつき，タイプ B に提示されている契約 (h_B, w_B) を選択した場合の効用」以上になっていることを表現している．二つ目の誘因両立制約はタイプ B についての誘因両立制約である．

《コメント》

　ここでは各タイプが自分のタイプを誠実に報告するような契約のみを考えている．このような契約以外にも望ましい契約が存在するかもしれないが，誠実に報告するような契約は最適な契約の一つであるということが知られている（顕示原理あるいは表現原理）．

(3) 式 (6.1) および式 (6.2) を目的関数に代入した利潤最大化問題は，

$$\max_{(h_G, h_B)} \frac{1}{2}(\sqrt{h_G} - \theta_G h_G - (\theta_B - \theta_G)h_B) + \frac{1}{2}(\sqrt{h_B} - \theta_B h_B)$$

で与えられる．この 1 階条件を求めると，

$$\frac{1}{2\sqrt{h_G}} = \theta_G$$

$$\frac{1}{2\sqrt{h_B}} = 2\theta_B - \theta_G$$

の 2 本の等式が得られる．これを解くと，

$$(h_G^{**}, h_B^{**}) = \left(\frac{1}{4\theta_G^2}, \frac{1}{4(2\theta_B - \theta_G)^2} \right)$$

が得られる．これらを式 (6.1) および式 (6.2) に代入すると，

$$w_B^{**} = \theta_B h_B^{**} = \frac{\theta_B}{4(2\theta_B - \theta_G)^2}$$

$$w_G^{**} = w_B^{**} + \theta_G(h_G^{**} - h_B^{**}) = \frac{1}{4\theta_G} + \frac{\theta_B - \theta_G}{4(2\theta_B - \theta_G)^2}$$

が得られる．$\theta_G < \theta_B < \theta_B + (\theta_B - \theta_G)$ より，$h_G^{**} > h_B^{**}$ であることが確認でき，制約 $h_G \geq h_B$ が満たされていることが事後的に確認できる．したがって，以上で得られる $((h_G^{**}, w_G^{**}), (h_B^{**}, w_B^{**}))$ がタイプが観察不可能な場合の最適契約となる．

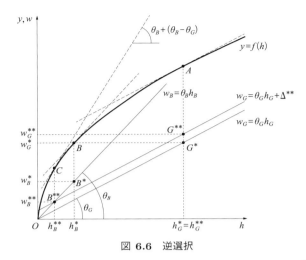

図 6.6 逆選択

(4) 問題文で指示された通りに作図すると，図 6.6 が得られる．この作図のポイントをいくつか挙げておこう．

- 最善解での契約は以下のように図示する．
    - h_i^* は，$w_i = \theta_i h_i$ と生産関数 $f(h)$ の接線の傾き $f'(h)$ が等しくなる点（つまり点 A および点 B）で与えられる．
    - 最善解では参加制約が等号で満たされるので，タイプ i の最適な賃金は $w_i = \theta_i h_i$ の線上で与えられる．
    - したがって，最善解でのタイプ G およびタイプ B に対する契約は，それぞれ点 G^* および B^* で表される．
- 次善解での契約については，以下のように図示する．
    - (3) で求めた h_B に関する 1 階条件より，$f'(h_B) = 2\theta_B - \theta_G > \theta_B$ が得られる．点 C がこれを満たす点であり，この水準で h_B^{**} が求まる．また，タイプ B は参加制約を等号で満たすので $w_B = \theta_B h_B$ の線上で賃金 w_B^{**} が決まる．したがって，次善解でのタイプ B に対する契約は，点 B^{**} で表される．
    - (3) で求めた h_G に関する 1 階条件より，タイプ G の努力水準は最善解と同じである（$h_G^{**} = h_G^*$）ことがわかる．$\Delta^{**} = w_B^{**} - \theta_G h_B^{**}$ とする．これはタイプ G がタイプ B のふりをした場合に得られる効用であり，情報レントと呼ばれる．タイプ G の誘因両立制約は等号で成立することから，賃金は $w_G = \Delta^{**} + \theta_G h_G$ の線上で与えられる（タイプ B の次善解における契約を表す点 B^{**} を通る，傾き θ_G の直線がこの

直線に該当する）．したがって，次善解でのタイプ G に対する契約は，点 G^{**} で表される．

(5) (a) 正しい．$h_G^{**} = h_G^*$，$h_B^{**} < h_B^*$ となっている．

(b) 正しい（ただし本問では留保効用はゼロと仮定されていることに注意せよ）．図中の $\Delta^{**} = w_B^{**} - \theta_G h_B^{**}$ が情報レントである．

(c) 正しい．タイプ G が誠実に自分のタイプを報告した場合の契約は点 G^{**}，タイプ B であると偽った場合の契約は点 B^{**} であるが，これらは共に同じ無差別曲線 $w_G = \Delta^{**} + \theta_G h_G$ 上にある．したがってタイプ G にとって両者は無差別である．他方，タイプ B が誠実に報告した場合の契約は点 B^{**}，タイプを偽った場合の契約は点 G^{**} であるが，点 G^{**} は点 B^{**} を通る無差別曲線の右下方にある．したがって，タイプ B がタイプを偽ると効用水準は低下する．

●問題 6.12 の解答　　　　　　　　　　　　　　　　　　問題→ 173 頁

(1) μ_0 は $\underline{\theta}$ 以上 $\overline{\theta}$ 以下の範囲の一様分布の期待値であるから，$\mu_0 = (\underline{\theta}+\overline{\theta})/2$．品質が μ_0 より大きい車の売り手は，その品質より低い価格でしか売れないので，車を売らずに中古車市場から退出する．よって，残った車の品質の範囲は $\underline{\theta}$ 以上，μ_0 以下である．

(2) 残った車の品質は $\underline{\theta}$ 以上 μ_0 以下の範囲の一様分布になるから，$\mu_1 = (\underline{\theta}+\mu_0)/2 = (3\underline{\theta} + \overline{\theta})/4$ であり，市場に残る車の品質の範囲は $\underline{\theta}$ 以上，μ_1 以下となる．

(3) プロセスを n 回繰り返したとき，市場に残った中古車の品質は，プロセスを $n-1$ 回繰り返したときの品質の期待値を μ_{n-1} とすると，$\underline{\theta}$ 以上 μ_{n-1} 以下の範囲の一様分布に従う．よって，プロセスを n 回繰り返したときの品質の期待値 μ_n は，

$$\mu_n = \frac{\underline{\theta} + \mu_{n-1}}{2} = \frac{(2+1)\underline{\theta} + \mu_{n-2}}{2^2} = \frac{(2^2 + 2 + 1)\underline{\theta} + \mu_{n-3}}{2^3} =$$
$$\cdots = \frac{(2^{n-1} + \cdots + 2 + 1)\underline{\theta} + \mu_0}{2^n} = \frac{(2^n - 1)\underline{\theta} + \mu_0}{2^n} = \underline{\theta} + \frac{\overline{\theta} - \underline{\theta}}{2^{n+1}}$$

となる．ここで，等比数列の和の公式より $2^{n-1} + \cdots + 2 + 1 = \frac{1 \cdot (2^n - 1)}{2 - 1}$ であることを用いている．最後の式の形より明らかに，μ_n は n について減少し，$\lim_{n \to \infty} \mu_n = \underline{\theta}$ となる．

《コメント》

中古車市場では，売り手は自分の販売する車の品質に関して私的情報を持つため，買い手との間に情報の非対称性が存在する．買い手は市場の車の品質の平均までしか支払

第 6 章　不確実性と情報の非対称性　　193

わないため，より高品質の車をもつ売り手は市場を去り，それがさらに買い手にとっての車の品質の平均を下げてしまう．(3) で見たように，このプロセスを続けると一番低品質 θ の車しか市場に残らない．このように，高品質の車が低品質の車によって逆に淘汰される現象を「逆選択」もしくは「レモンの原理」という．

●**問題 6.13 の解答**　　　　　　　　　　　　　　　　　　　　問題→ 174 頁

(1) K 氏の努力水準が観察可能（かつ立証可能）な場合，S 社は，いったん K 氏を契約に参加させてしまえば，努力水準 e_H を強制することができる．したがって，S 社は参加制約のみを制約とした利潤最大化問題

$$\max_{(w_G, w_B)} \quad p_H(y_G - w_G) + (1 - p_H)(y_B - w_B)$$

$$\text{subject to} \quad p_H\sqrt{w_G} + (1 - p_H)\sqrt{w_B} - c \geq \bar{u}$$

を解くことになる．このとき，w_G，w_B が低いほど S 社の期待利潤は増加するのだから，参加制約は等号で成立する．したがって，ラグランジュ関数 $\mathcal{L}(w_G, w_B, \lambda)$ は，

$$\mathcal{L}(w_G, w_B, \lambda) = p_H(y_G - w_G) + (1 - p_H)(y_B - w_B)$$
$$+ \lambda\{p_H\sqrt{w_G} + (1 - p_H)\sqrt{w_B} - (c + \bar{u})\}$$

となる．1 階条件は，制約式と，

$$-p_H\left(1 - \lambda\frac{1}{2\sqrt{w_G}}\right) = 0$$

$$-(1 - p_H)\left(1 - \lambda\frac{1}{2\sqrt{w_B}}\right) = 0$$

である．この二つの式により，

$$\frac{\lambda}{2} = \sqrt{w_G} = \sqrt{w_B}$$

が成立するので，最適契約では，$w_G = w_B = w$ が成立する．したがって，参加制約は $\sqrt{w} = c + \bar{u}$ と変形できることから，$w^* = w_G^* = w_B^* = (c + \bar{u})^2$ が得られる．

(2) 努力水準が観察不可能な場合，K 氏に努力水準 e_H を強制することができない．そこで，賃金 (w_G, w_B) を適切に調節することによって，K 氏に e_H を選ぶ誘因を与える必要がある．

そこで，S 社の利潤最大化問題は，

$$\max_{(w_G, w_B)} \quad p_H(y_G - w_G) + (1 - p_H)(y_B - w_B)$$

$$\text{subject to} \quad p_H\sqrt{w_G} + (1 - p_H)\sqrt{w_B} - c \geq \bar{u}$$

$$p_H\sqrt{w_G} + (1 - p_H)\sqrt{w_B} - c \geq p_L\sqrt{w_G} + (1 - p_L)\sqrt{w_B}$$

で与えられる．観察可能な場合との違いは，誘因両立制約（二つ目の制約式）が加わっていることである．

この利潤最大化問題について，以下の点を考慮する必要がある．

- 情報の非対称性がない場合とは異なり，最適契約 (w_G^{**}, w_B^{**}) は，$w_G^{**} > w_B^{**}$ を満たす．
- 参加制約および誘因両立制約は等号で成立する．

つまり，曲がヒットしてもしなくても同じ報酬しか受け取れないのであれば K 氏は自主的には努力しないので，w_G を高めに設定することで努力に報いる必要があり，また，この場合でも適切に w_G, w_B を減らすことで，両方の制約を等号で成立させることが可能である．

これを踏まえると，制約条件は，

$$p_H\sqrt{w_G} + (1 - p_H)\sqrt{w_B} = \bar{u} + c$$

$$p_L\sqrt{w_G} + (1 - p_L)\sqrt{w_B} = \bar{u}$$

と書き換えることができる．この 2 本の方程式を $\sqrt{w_G}$ と $\sqrt{w_B}$ の連立方程式と見ると，その答えは一つしか存在しない．その解だけが制約を満たすのだから，利潤最大化問題の解はこの連立方程式の解から導出される以下の (w_G^{**}, w_B^{**}) である．

$$w_G^{**} = \left(\bar{u} + \frac{1 - p_L}{p_H - p_L}c\right)^2$$

$$w_B^{**} = \left(\bar{u} - \frac{p_L}{p_H - p_L}c\right)^2$$

(3) 以上の結果は，図 6.7 のように描ける．

破線 $w_B = w_G$ 上ではエージェントである K 氏の賃金が一定，すなわちリスク中立的なプリンシパル S 社がすべてのリスクを負担しており，効率的なリスク・シェアリングがなされている．(1) の努力水準が観察可能な状況の下ではこのような賃金契約が達成される．努力水準 $e = e_H, e_L$ の場合に参加制約を等号で満たす効用水準を表す無差別曲線をそれぞれ I_H, I_L とする．このとき，K 氏は参加制約を等

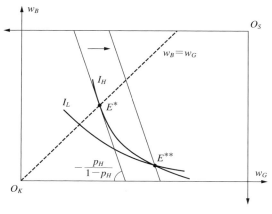

図 **6.7** モラル・ハザード

号で満たす水準である点 E^* の賃金を受け取ることになる．つまり点 E^* の賃金水準は $(c+\bar{u})^2$ である．

他方，(2) では努力水準が観察不可能である．このとき点 E^* のような賃金契約では，努力すると効用が厳密に減少するため，K 氏に努力水準 e_H を選ばせることはできない．(2) で説明したように，この場合の最適な賃金契約は参加制約と誘因両立制約を等号で満たす．誘因両立制約を等号で満たす賃金水準は，

$$p_H\sqrt{w_G} + (1-p_H)\sqrt{w_B} - c = p_L\sqrt{w_G} + (1-p_L)\sqrt{w_B}$$
$$\implies (p_H - p_L)(\sqrt{w_G} - \sqrt{w_B}) = c > 0$$

および $p_H > p_L$ から，$w_G > w_B$ であることがわかる．このことから，参加制約と誘因両立制約が同時に等号で満たされる点は，破線より右下の，I_H 上にある点 E^{**} のような点であることがわかる．誘因両立制約が等号で満たされることから，I_L は点 E^{**} を通らねばならない．また，$p_H > p_L$ より，$p_H/(1-p_H) > p_L/(1-p_L)$ であるので，任意の点における限界代替率は，努力した場合の方が，努力しなかった場合よりも大きいことがわかる．したがって，点 E^{**} では，I_L が I_H より緩やかになっている．参加制約と誘因両立制約を同時に等号で満たす点 E^{**} は努力水準が観察不可能な場合の最適な賃金契約（次善解）なので，点 E^{**} は (2) の結果を表している．点 E^{**} は明らかに $w_B = w_G$ 上にはなく，したがって効率的なリスク・シェアリングはなされていない．

196　第 II 部　ゲーム理論と情報・インセンティヴ

《コメント》

　点 E^*, 点 E^{**} それぞれを通る傾き $-p_H/(1-p_H)$ の直線は S 社の無差別曲線であり左下にあるほど期待利潤が大きい．点 E^* の下での無差別曲線の方が左下にあり，次善解の期待利潤が最善解の場合よりも低下することを表している．

●問題 6.14 の解答　　　　　　　　　　　　　　　　　　　問題→ 175 頁

(1) 借り手の期待利潤は，安全なプロジェクトを選んだとき $0.9 \cdot (200 - 80) = 108$ であり，危険なプロジェクトを選んだとき $0.6 \cdot (250 - 80) = 102$ である．よって，借り手は安全なプロジェクトを選ぶ．

(2) 借り手の期待利潤は，安全なプロジェクトを選んだとき $0.9 \cdot (200 - 110) = 81$ であり，危険なプロジェクトを選んだとき $0.6 \cdot (250 - 110) = 84$ である．よって，借り手は危険なプロジェクトを選ぶ．

(3) 2 人とも安全なプロジェクトを選んだときの借り手 1 人の期待利潤は，

$$0.9^2 \cdot (200 - 110) + 0.9 \cdot 0.1 \cdot (200 - 110 - c) = 81 - 0.09c$$

となる．これは，2 人とも成功する確率が 0.9^2, 2 人とも成功したときの利潤が $(200 - 110)$, 自身が成功し，もう 1 人が失敗する確率が $0.9 \cdot 0.1$, 自身が成功し，もう 1 人が失敗したときの利潤が $(200 - 110 - c)$ となるからである．同様に，2 人とも危険なプロジェクトを選んだときの借り手 1 人の期待利潤は，

$$0.6^2 \cdot (250 - 110) + 0.6 \cdot 0.4 \cdot (250 - 110 - c) = 84 - 0.24c$$

である．

(4) (3) より，2 人が安全なプロジェクトを選ぶような c の範囲は $81 - 0.09c > 84 - 0.24c$, すなわち，$c > 20$ である（c は 900 以下である限り，2 人とも安全なプロジェクトを選んだときの借り手 1 人の期待利潤は $81 - 0.09c \geq 0$ となることに留意せよ）．

《コメント》

　貸し手は，借り手が成功確率が高いプロジェクトを選ぶかを監視できないため，利子が高いと借り手が危険なプロジェクトを選ぶというモラル・ハザードが発生する．連帯責任費用の導入は，借り手に安全なプロジェクトを選ぶインセンティヴを与える．プロジェクトの成功確率を p とすると，自身が成功し，もう 1 人の借り手が失敗する確率は $p(1-p)$ であり，これは $0.5 < p < 1$ の範囲で単調減少である．よって，p の大きい安

全なプロジェクトを選ぶ方が，p の小さい危険なプロジェクトを選ぶより期待連帯責任費用は小さくなる．そこで，連帯責任費用が十分に大きいと利子が高い場合でも借り手は安全なプロジェクトを選ぶようになる．

この原理を活用して，ムハマド・ユヌスの設立したグラミン銀行は，バングラデシュの貧困層に融資をしても高い返済率を実現した（ムハマド・ユヌスとグラミン銀行は 2006 年にノーベル平和賞を受賞）．本問で，プロジェクトが失敗したときに借り手が破産すると仮定したが，これは低所得者への融資であることをモデル化しているためである．また，連帯責任をとるグループが 2 人とも同種のプロジェクトを選ぶのは，近くに住むよく知る者同士でグループを形成させるため，彼らが「相互監視」していて，自身が安全なプロジェクトを選ぶときには相手にも安全なプロジェクトを選ばせるためである．グラミン銀行のマイクロ・クレジットやモデルの含意については，黒崎卓・山形辰史 (2017)『開発経済学　貧困削減へのアプローチ［増補改訂版］』日本評論社を参照されたい．

●問題 6.15 の解答　　　　　　　　　　　　　　　　　　　問題→ 176 頁

(1) 参加者 i は相手の参加者 j より高い額を入札すれば（$x_i > x_j$ ならば），オークションに勝ち $v_i - x_j$ を得て，相手の方が入札額が高ければ（$x_i < x_j$ ならば），何も得られず，相手と同じ額を入札すれば（$x_i = x_j$ ならば），$1/2$ の確率で $v_i - x_j$ を得，$1/2$ の確率で何も得られない．よって，

$$\pi_i(x_i, x_j, v_i) = \begin{cases} v_i - x_j & x_i > x_j \text{の場合} \\ \frac{1}{2}(v_i - x_j) & x_i = x_j \text{の場合} \\ 0 & x_i < x_j \text{の場合} \end{cases}$$

である．

(2) (a) (1) で得た $\pi_i(x_i, x_j, v_i)$ に $x_j = b_j^*(v_j) = v_j$ を代入すると，

$$\pi_i(x_i, b_j^*(v_j), v_i) = \begin{cases} v_i - v_j & v_j < x_i \text{の場合} \\ \frac{1}{2}(v_i - v_j) & v_j = x_i \text{の場合} \\ 0 & v_j > x_i \text{の場合} \end{cases}$$

である．

(b) (a) より[3]，

---

3) 積分計算については神谷和也・浦井憲 (1996)『経済学のための数学入門』東京大学出版会を参照されたい．

$$E_{v_j}(\pi_i(x_i, b_j^*(v_j), v_i))$$

$$= \int_0^1 \pi_i(x_i, b_j^*(v_j), v_i) dv_j$$

$$= \int_0^{x_i} \pi_i(x_i, b_j^*(v_j), v_i) dv_j + \int_{x_i}^1 \pi_i(x_i, b_j^*(v_j), v_i) dv_j$$

$$= \int_0^{x_i} (v_i - v_j) dv_j + \int_{x_i}^1 0 dv_j = \left[v_i v_j - \frac{v_j^2}{2} \right]_0^{x_i} = v_i x_i - \frac{x_i^2}{2}$$

が得られる.

(c) 最大化の 1 階条件

$$\frac{\partial E_{v_j}(\pi_i(x_i, b_j^*(v_j), v_i))}{\partial x_i} = v_i - x_i = 0$$

より，$x_i = v_i = b_i^*(v_i)$ が利得を最大化する入札額であることがわかる．したがって，(b_1^*, b_2^*) がナッシュ均衡であることがわかった.

(3) 参加者 i は相手の参加者 j より高い額を入札すれば（$x_i > x_j$ ならば），オークションに勝ち $v_i - x_i$ を得て，相手の方が入札額が高ければ（$x_i < x_j$ ならば），何も得られず，相手と同じ額を入札すれば（$x_i = x_j$ ならば），1/2 の確率で $v_i - x_i$ を得，1/2 の確率で何も得られない．よって，

$$\pi_i(x_i, x_j, v_i) = \begin{cases} v_i - x_i & x_i > x_j \text{の場合} \\ \frac{1}{2}(v_i - x_i) & x_i = x_j \text{の場合} \\ 0 & x_i < x_j \text{の場合} \end{cases}$$

である.

(4) (a) (3) で得た $\pi_i(x_i, x_j, v_i)$ に $x_j = b_j^*(v_j) = v_j/2$ を代入すると，

$$\pi_i(x_i, b_j^*(v_j), v_i) = \begin{cases} v_i - x_i & v_j < 2x_i \text{の場合} \\ \frac{1}{2}(v_i - x_i) & v_j = 2x_i \text{の場合} \\ 0 & v_j > 2x_i \text{の場合} \end{cases}$$

である.

(b) (a) より，$x_i \leq 1/2$ の場合，

$$E_{v_j}(\pi_i(x_i, b_j^*(v_j), v_i))$$

$$= \int_0^1 \pi_i(x_i, b_j^*(v_j), v_i) dv_j$$

$$= \int_0^{2x_i} \pi_i(x_i, b_j^*(v_j), v_i)dv_j + \int_{2x_i}^1 \pi_i(x_i, b_j^*(v_j), v_i)dv_j$$

$$= \int_0^{2x_i} (v_i - x_i)dv_j + \int_{2x_i}^1 0dv_j = [(v_i - x_i)v_j]_0^{2x_i} = 2(v_i - x_i)x_i$$

であり，$x_i \geq 1/2$ の場合，

$$E_{v_j}(\pi_i(x_i, b_j^*(v_j), v_i)) = \int_0^1 \pi_i(x_i, b_j^*(v_j), v_i)dv_j = \int_0^1 (v_i - x_i)dv_j$$

$$= [(v_i - x_i)v_j]_0^1 = v_i - x_i$$

である．したがって，

$$E_{v_j}(\pi_i(x_i, b_j^*(v_j), v_i)) = \begin{cases} 2(v_i - x_i)x_i & x_i \leq \frac{1}{2} \text{の場合} \\ v_i - x_i & x_i \geq \frac{1}{2} \text{の場合} \end{cases}$$

である．

(c) $x_i \leq 1/2$ の範囲では，最大化の 1 階条件

$$\frac{\partial E_{v_j}(\pi_i(x_i, b_j^*(v_j), v_i))}{\partial x_i} = 2(v_i - 2x_i) = 0$$

を満たす $x_i = v_i/2$ が $x_i \leq 1/2$ を満たしているので，$x_i = v_i/2$ が利得を最大化する入札額であり，このとき $v_i^2/2$ だけの利得を得る．$x_i \geq 1/2$ の範囲では，明らかに $x_i = 1/2$ が利得を最大化する入札額であり，このとき $v_i - 1/2$ だけの利得を得る．$v_i^2/2 - (v_i - 1/2) = (1 - v_i)^2/2 \geq 0$ なので，$x_i = v_i/2 = b_i^*(v_i)$ は利得を最大化する入札額であることがわかる．したがって，(b_1^*, b_2^*) がナッシュ均衡であることがわかった．

(5) 封印入札の 2 位価格オークションのナッシュ均衡では，全参加者が真の価値に等しい額を入札するので，真の価値が最も高い参加者が落札する．また，封印入札の 1 位価格オークションのナッシュ均衡では，全参加者が真の価値の半額を入札するので，やはり真の価値が最も高い参加者が落札する．したがって，いずれのオークションのナッシュ均衡でも，真の価値が最も高い参加者が落札するオークションになっているので，効率的なオークションであると言える．

(6) 封印入札の 2 位価格オークションのナッシュ均衡では，真の価値が最も高い参加者が，次点の人の真の価値に等しい金額を支払うことになる．つまり，「2 番目に高い真の価値」の期待値が売り手の期待収入になるので，ヒントに与えられた公式および $n = 2$，$p = 2$ より，$1/3$ が期待収入となる．

また，封印入札の 1 位価格オークションのナッシュ均衡では，真の価値が最も高

い参加者が，その真の価値の 1/2 倍の金額を支払うことになる．つまり，「1 番高い真の価値」の期待値の 1/2 倍が売り手の期待収入になるので，ヒントに与えられた公式および $n = 2$, $p = 1$ より，$(1/2) \cdot (2/3) = 1/3$ が期待収入となる．

　以上により，いずれのオークションでも期待収入は 1/3 で等しいことがわかる．収入同値定理の一つの具体例を確認することができる．

《コメント》

　一般的なベイジアン・ゲームでは，プレイヤー i の利得は，行動の組を $\boldsymbol{x} = (x_1, \ldots, x_n)$，タイプの組を $\boldsymbol{\theta} = (\theta_1, \ldots, \theta_n)$ として，$u_i(\boldsymbol{x}, \boldsymbol{\theta})$ と表される．ベイジアン・ゲームでのプレイヤー i の戦略は，自身の私的情報 θ_i に応じて行動 $s_i(\theta_i)$ を指定する関数 s_i である．戦略の組 $(s_1^*, \ldots, s_n^*)$ が（ベイジアン・）ナッシュ均衡であるとは，「各 i について，$\boldsymbol{\theta}$ についての期待値 $E_{\boldsymbol{\theta}}(u_i(s_i(\theta_i), (s_j^*(\theta_j))_{j \neq i}, \boldsymbol{\theta}))$ を最大化する s_i が s_i^* となっている」ことを言う．この定義では，関数についての最大化を考えねばならず，解くことが困難である．しかし，戦略の組 $(s_1^*, \ldots, s_n^*)$ が「各 i と各 θ_i について，$\boldsymbol{\theta}_{-i}$ についての期待値（θ_i を条件とした条件付期待値）$E_{\boldsymbol{\theta}_{-i}}(u_i(x_i, (s_j^*(\theta_j))_{j \neq i}, \boldsymbol{\theta}))$ を最大化する x_i が $s_i^*(\theta_i)$ である」という条件を満たすならば，$(s_1^*, \ldots, s_n^*)$ がナッシュ均衡であることが容易に示される．(2) と (4) では，この事実を暗黙のうちに用いている．

第 7 章

外部性と公共財

　外部性と公共財の理論では，市場の普遍性が満たされていない場合に，どのような問題が起こり，それはどのように解決することができるのか検討する．外部不経済を伴う財の生産を市場に任せておけば，その生産量は社会的に効率的な水準から見て過大になってしまう．しかし，外部性の出し手と受け手との間で交渉が行われれば，それが理想的な形で機能する限り，効率的な資源配分を実現することができる．また，外部性の出し手への課税や補助金交付によっても，効率的な資源配分を実現することができる．一方，公共財の生産を市場に任せておけば，その生産量は社会的に効率的な水準から見て過小になってしまう．これをただ乗り問題と言う．しかし，リンダール・メカニズムを用いれば，効率的かつ応益原則を満たす資源配分を実現することができる．また，クラーク・メカニズムを用いれば，情報の非対称性が存在した場合でも，効率的な資源配分を実現することができる．

【キーワード】
市場の普遍性　外部性　排除費用　コースの定理　外部性の内部化
ピグー税（補助金）　公共財　排除不可能性　非競合性　サミュエルソン条件
ただ乗り問題　リンダール・メカニズム　クラーク・メカニズム

【基本的事項の確認】

■問題 以下の各問いに答えよ．選択肢のあるものについては適切な語句を選択し，空欄のあるものについては適切な語句を補充せよ．

(1) 外部性とは何か説明せよ．

(2) 外部経済のある財の生産は社会的に {(a) 過小，最適，過大} な水準になる．また，外部不経済のある財の生産は社会的に {(b) 過小，最適，過大} な水準になる．

(3) コースの定理とは何か説明せよ．

(4) 外部性の発生源への税（補助金）を，〔　　　　〕税（補助金）と呼ぶ．

(5) 消費の排除不可能性とは何か説明せよ．

(6) 消費の非競合性とは何か説明せよ．

(7) 排除費用が {(a) ゼロ，無限大} で，混雑費用が {(b) ゼロ，無限大} である財を純粋公共財，排除費用が {(c) ゼロ，無限大} で，混雑費用が {(d) ゼロ，無限大} である財を私的財と呼ぶ．また，排除費用が {(e) 小さく，大きく}，混雑費用が {(f) 小さい，大きい} 財をクラブ財，排除費用が {(g) 小さく，大きく}，混雑費用が {(h) 小さい，大きい} 財をコモンズと呼ぶ．

(8) 公共財の最適供給条件について述べよ．

(9) リンダール均衡とは，政府がリンダール価格と呼ばれる公共財の価格を導入するときに，各消費者の公共財需要量が一致し，政府の収支が均衡するようなリンダール価格と資源配分の組のことを言う．リンダール均衡では，{(a) パレート効率的な，パレート効率的でない} 資源配分が実現する．各消費者は，リンダール価格に応じて公共財の費用を分担することになっている．リンダール価格は，各消費者にとって，{(b) 共通の，異なり得る} 価格であり，この分担方法は {(c) 応益原則，応能原則} にそったものになっている．

第 7 章　外部性と公共財　　203

リンダール均衡を実現するためのリンダール・プロセスという仕組みでは，各消費者はリンダール価格の下での公共財需要量を申告することになっている．この申告は，{(d) 戦略的操作可能，戦略的操作不可能} であることが知られている．

(10) クラーク・メカニズムでは，各消費者は自分の公共財に対する評価を申告する．政府は，公共財供給量を各消費者の申告限界評価額の総和が限界費用に等しくなる水準に，各消費者の費用負担額を公共財供給の費用からその消費者 {(a) 自身，以外} の公共財に対する申告評価額を差し引いた残額に決定する．このとき，各消費者は虚偽の申告をするインセンティヴを {(b) 持たない，持つ}．また，実現する配分は {(c) 非効率的，効率的}，政府の収支は {(d) 赤字，ゼロ，黒字} となる．

● 解答

(1) 外部性とは「ある経済主体の行動が，市場での取引を通じずに別の経済主体の経済環境に影響を与える」という性質である．

(2) (a) 過小　(b) 過大

(3) コースの定理とは「外部性の出し手と受け手との間で交渉が行われれば，それが理想的な形で機能する限り，授権のあり方にかかわらず，常にパレート効率的な資源配分を実現する」という定理である．

(4) ピグー

(5) 消費の排除不可能性とは「権利を持たない経済主体による当該財の消費を排除することが困難である」という性質である．

(6) 消費の非競合性とは「複数の経済主体が当該財を同時に消費できる」という性質である．言いかえると，複数で消費をしたときの混雑費用が非常に小さいということである．

(7) (a) 無限大　(b) ゼロ　(c) ゼロ　(d) 無限大　(e) 小さく　(f) 小さい
　　　(g) 大きく　(h) 大きい

(8) 公共財の最適供給条件は，「各消費者の公共財の私的財で測った限界代替率の合

204　　第 II 部　ゲーム理論と情報・インセンティヴ

計が限界変形率と等しくなる」ことであり，サミュエルソン条件と呼ばれる．

(9) (a) パレート効率的な　(b) 異なり得る　(c) 応益原則　(d) 戦略的操作可能

(10) (a) 以外　(b) 持たない　(c) 効率的　(d) 赤字

【問　題】

■**問題 7.1**（★コースの定理）　　　　　　　教科書の関連箇所→ 7.2 節
　ある工場の生産に伴う排水が環境を悪化させることで住民に被害を与えている．工場は生産物価格 $p = 120$ を所与として行動しており，工場の生産量が x のとき，工場の費用は $C(x) = x^2$，住民の損害額は $D(x) = x^2$ である．このとき，以下の問いに答えよ．

(1) 限界利潤と限界外部損害を求め，図示せよ．社会の総余剰を最大化する生産量 x^* と，そのときの企業の利潤と住民の損害額を求めよ．また，企業の利潤を最大化する生産量 x^0 と，そのときの企業の利潤と住民の損害額を求めよ．

(2) 住民が工場の生産（排水）を差し止める権利を有しているとする．このとき，住民と工場との間で交渉が行われれば，それが理想的な形で機能する限り，工場の生産量と，工場と住民の所得移転額はどのようになるか．

解答→ 211 頁

■**問題 7.2**（排出割り当て・排出権取引）　　　教科書の関連箇所→ 7.3 節
　二つの工場 A，B の生産に伴う煤煙が住民に被害を与えている．二つの工場は同じ財を生産しており，その生産物価格 2 を所与として行動している．工場 $i = A, B$ の生産量が x_i のとき，工場 i の費用は $C_i(x_i) = \frac{1}{2\theta_i} x_i^2$ $(\theta_i > 0)$，住民の損害額は $D(x_A, x_B) = x_A + x_B$ である．このとき，以下の問いに答えよ．

(1) 社会の総余剰を最大化する各工場 i の生産量 x_i^* を求めよ．

(2) 各工場 i が利潤を最大化するときの生産量 x_i^0 を求めよ．

(3) 政府は，社会的に望ましい生産水準を実現するため，各工場に生産量の割り当てを行おうと考えている．ところが，政府は，市場供給曲線は知っているが，各工場の技術水準についての情報を知らないため，総余剰を最大にする両工場の合計生産量 $x_A^* + x_B^*$ は把握しているが，個別の最適生産量 x_i^* は把握できていない．そこで，政府は，工場 A，B への生産量（排出）割り当ての組として，$\bar{x}_A + \bar{x}_B = x_A^* + x_B^*$ を満たす適当な $(\bar{x}_A, \bar{x}_B)$ を設定することにした．工場は，割り当て量を，その価格 p を所与として，自由に売買できる．このとき，均衡で実現する割り当て取引の価格 p^Q と各企業の生産量 x_i^Q を求めよ．　　　　　　　　　　　　　　　　　　　解答→212頁

■**問題 7.3**（★ピグー税・補助金）　　　　　教科書の関連箇所→ 7.4 節
　ある企業の生産に伴う粉塵が環境を悪化させることで町民に損害を与えている．企業は生産物価格 $p > 80$ を所与として行動しており，企業の生産量が x のとき，企業の費用は $C(x) = x^2$，町民の損害額は $D(x) = 80x$ である．このとき，以下の問いに答えよ．

(1) 社会の総余剰を最大化する生産量 x^* を求めよ．

(2) 企業の利潤を最大化する生産量 x^0 を求めよ．

(3) 生産量 1 単位あたり t の税を課す場合，企業の利潤を最大化する生産量 x^T を求めよ．さらに，t がいくらなら x^T と x^* が一致するか求めよ．

(4) x^0 からの生産量削減 1 単位あたり s の補助金を与える場合，企業の利潤を最大化する生産量 x^S を求めよ．さらに，s がいくらなら x^S と x^* が一致するか求めよ．　　　　　　　　　　　　　　　　　　　　　　　　　　解答→213頁

■**問題 7.4**（排出割り当てとピグー税）　　　教科書の関連箇所→ 7.3, 7.4 節
　生産 1 単位につき廃液を 1 単位排出する二つの工場 A，B を考える．二つの工場は同じ財を生産しており，その生産物価格 $p = 150$ を所与として行動している．工場 $i = A, B$ の生産量が x_i のとき，工場 A，B の生産にかかる費用はそれぞれ $C_A(x_A) = \frac{5}{4}x_A^2$，$C_B(x_B) = \frac{5}{6}x_B^2$ である．廃液の限界外部損害は 30（生産 1 単位あたり 30 で一定）だとする．このとき，以下の問いに答えよ．

206　第 II 部　ゲーム理論と情報・インセンティヴ

(1) 社会の総余剰を最大化する工場 i の生産量 x_i^* を求めよ.

(2) 政府は，廃液の限界外部損害額は知っているが，各企業の生産費用は知らないとする. このとき，(1) で求めた生産量を達成できるのは，排出割り当てとピグー税のどちらであるかを考察せよ. ただし，政府が排出量を割り当てた後に，二つの工場は排出権を売買できないものとする.　解答→ 213 頁

■**問題 7.5**（★ピグー税・補助金の長期的効果）

教科書の関連箇所→ 3.3，7.4 節

　ある産業の生産に伴う公害が環境を悪化させることで国民に損害を与えている. この産業には同一の技術を持った企業が無数おり，参入退出は自由であるとする. ある企業の生産量が $x > 0$ のとき，この企業の費用は $C(x) = x^2 + 1$ （ただし，固定費用はサンク費用ではなく，$C(0) = 0$ とする），この企業による国民の損害額は $D(x) = 3x/4$ である. また，価格が p のとき，市場需要は $X^D(p) = 20 - 4p$ である. このとき，以下の問いに答えよ.

(1) 自由放任の場合の長期均衡での価格 p^L，各参入者の生産量 x^L，参入者数 n^L，市場取引量 X^L を求めよ.

(2) 生産量 1 単位あたり 3/4 の税を課す場合の長期均衡での価格 p^T，各参入者の生産量 x^T，参入者数 n^T，市場取引量 X^T を求めよ.

(3) x^L からの生産量削減 1 単位あたりに 3/4 の補助金を与える場合の長期均衡での価格 p^S，各参入者の生産量 x^S，参入者数 n^S，市場取引量 X^S を求めよ.　解答→ 214 頁

■**問題 7.6**（複雑な状況下のピグー税）　教科書の関連箇所→ 7.4，7.5 節

　ある工場が化学製品を生産している. 当該の化学製品には，生産量 1 につき 0.5 の量の汚染物質が含まれ，第三者に被害が出ることが知られている. 工場は生産物価格 $p = 100$ を所与として行動しており，工場の生産量が x のとき，工場の費用は $C(x) = x^2/2$ である. 汚染物質が引き起こす被害額は，汚染量を e とすると，$D(e) = 10e$ で表される. このとき，以下の問いに答えよ.

(1) 以下のそれぞれの場合について，社会の総余剰を最大化する税の水準を

第 7 章　外部性と公共財　　207

求めよ.

(a) 汚染量 1 単位あたり t の税を課す場合

(b) 生産量 1 単位あたり T の税を課す場合

(2) さらに，この工場は汚染削減活動ができ，その活動量 1 につき汚染量は 0.7 だけ減らせるものとする．工場の削減活動量が a のとき，削減活動にかかる費用は $2a^2$ とする．以下のそれぞれの場合について，社会の総余剰を最大化する税・補助金の水準を求めよ.

(a) 汚染量 1 単位あたり t の税を課す場合

(b) 生産量 1 単位あたり T の税を課し，削減活動量 1 単位あたり S の補助金を与える場合

解答→215頁

■**問題 7.7**（★公共財の私的供給）　　　　　教科書の関連箇所→ 7.8 節

消費者 $i = A, B$ は，公共財を G 単位，私的財を x_i 単位消費することで $u_i(G, x_i) = G x_i$ だけの効用を得るものとする．消費者 i は私的財を $\bar{x}_i$（$\bar{x}_B < 2\bar{x}_A < 4\bar{x}_B$）単位初期保有しているものとする．公共財を 1 単位生産するためには私的財を 1 単位投入しなければならないものとする．このとき，以下の問いに答えよ.

(1) サミュエルソン条件（公共財の最適供給条件）を求めよ.

(2) 公共財が私的に供給される場合のナッシュ均衡を求めよ．また，ナッシュ均衡における公共財の総供給量，各消費者の私的財消費量を求めよ.

(3) (2) のナッシュ均衡における資源配分がサミュエルソン条件を満たさないことを確認せよ.

(4) $(\bar{x}_A, \bar{x}_B) = (10, 10), (11, 9), (12, 8), (13, 7)$ の場合について，(2) のナッシュ均衡における公共財の総供給量，各消費者の私的財消費量を計算せよ.

解答→217頁

■**問題 7.8**（双方向の外部性）

教科書の関連箇所→ 7.1, 7.2, 7.6, 7.7, 7.8 節

プレイヤー A と B が環境を犠牲にしつつ経済活動を行っている．両者は

208 第 II 部 ゲーム理論と情報・インセンティヴ

環境を共有しており，あるプレイヤーの経済活動は，自分の環境を悪化させるのみならず，相手の環境も悪化させる．プレイヤー $i = A, B$ の経済活動量が x_i のとき，環境の犠牲量は $E = x_A + x_B$ である．プレイヤー i の利得は $u_i(E, x_i) = x_i - E^2/2$ であるとする．このとき，以下の問いに答えよ．

(1) パレート効率的な経済活動の合計量を求めよ．

(2) 各プレイヤーが自分の利得を最大化するとき，ナッシュ均衡における経済活動の合計量を求めよ． 解答→218頁

■**問題 7.9**（生産補助の下での公共財の私的供給）

教科書の関連箇所→7.7, 7.8 節

消費者 $i = A, B$ は，公共財を G 単位，私的財を x_i 単位消費することで $u_i(G, x_i) = G^2 x_i$ だけの効用を得るものとする．消費者 i は私的財を 12 単位初期保有しているものとする．公共財を 1 単位生産するためには私的財を 1 単位投入しなければならないものとする．いま，政府が公共財の生産に補助を行っており，消費者 i の公共財供給量が g_i のとき，消費者 i は sg_i 単位の私的財を補助として受取るものとする．ここで，s は $0 \leq s < 1$ を満たす補助率である．また，政府は公共財の生産の補助 $sg_A + sg_B = s(g_A + g_B)$ を税で賄っており，消費者 i は $0.5s(g_A + g_B)$ 単位の私的財を税として支払うものとする．このとき，以下の問いに答えよ．

(1) サミュエルソン条件（公共財の最適供給条件）を求めよ．

(2) 公共財が私的に供給される場合のナッシュ均衡を求めよ．また，ナッシュ均衡における公共財の総供給量，各消費者の私的財消費量を求めよ．

(3) 補助率 s を上げると (2) のナッシュ均衡における公共財の総供給量が増えることを示せ．

(4) (2) のナッシュ均衡における資源配分がサミュエルソン条件を満たさないことを確認せよ． 解答→219頁

第 7 章　外部性と公共財　　209

■**問題 7.10**（公共財の私的供給と人口）　　　教科書の関連箇所→ 7.8 節

　消費者 $i = 1, \ldots, n$ は，公共財を G 単位，私的財を x_i 単位消費することで $u_i(G, x_i) = Gx_i$ だけの効用を得るものとする．消費者 i は私的財を $\bar{x}$（$\bar{x} > 0$）単位初期保有しているものとする．公共財を 1 単位生産するためには私的財を 1 単位投入しなければならないものとする．このとき，以下の問いに答えよ．

(1) 公共財が私的に供給される場合のナッシュ均衡を求めよ．また，ナッシュ均衡における公共財の総供給量，各消費者の私的財消費量を求めよ．

(2) 消費者の数 n が増えていくと (1) のナッシュ均衡における公共財の総供給量と各消費者の公共財供給量がどのように変化するか考察せよ．

解答→ 221 頁

■**問題 7.11**（逐次手番の公共財の私的供給）　　　教科書の関連箇所→ 7.8 節

　問題 7.7 の設定で，消費者 A が公共財供給量を決定した後，消費者 B が公共財供給量を決定する状況を考える．ただし，$\bar{x}_B < \bar{x}_A < 3\bar{x}_B$ とする．このとき，以下の問いに答えよ．

(1) 公共財が私的に供給される場合の部分ゲーム完全均衡を求めよ．また，部分ゲーム完全均衡によって実現する各消費者の公共財供給量，公共財の総供給量，各消費者の私的財消費量を求めよ．

(2) (1) の部分ゲーム完全均衡における各消費者の公共財供給量，公共財の総供給量，各消費者の私的財消費量と，問題 7.7 のナッシュ均衡における各消費者の公共財供給量，公共財の総供給量，各消費者の私的財消費量を比較せよ．

解答→ 222 頁

■**問題 7.12**（★リンダール均衡）　　　教科書の関連箇所→ 7.9 節

　消費者 $i = A, B$ は，公共財を G 単位，私的財を x_i 単位消費することで，$u_i(G, x_i) = G^{\theta_i} x_i$（$\theta_i > 0$）だけの効用を得るものとする．消費者 i は私的財を 1 単位初期保有しているものとする．公共財を 1 単位生産するためには私的財を 1 単位投入しなければならないものとする．このとき，以下の問いに答えよ．

210　第 II 部　ゲーム理論と情報・インセンティヴ

(1) サミュエルソン条件（公共財の最適供給条件）を求めよ.

(2) 消費者 i にとってのリンダール価格を t_i とする. すなわち, 消費者 i の公共財 1 単位あたりの（私的財で測った）負担額を t_i とする. このとき, 公共財に対する需要関数および私的財に対する需要関数を求めよ.

(3) リンダール均衡を求めよ.

(4) (3) のリンダール均衡における資源配分がサミュエルソン条件, 応益原則を満たすことを確認せよ.　　　　　　　　　　　　　　　　　解答→ 223 頁

■**問題 7.13**（クラーク・メカニズム）　　　　　教科書の関連箇所→ 7.10 節

消費者 $i = A, B$ は, 公共財を G 単位, 私的財を x_i 単位消費することで, $u(G, x_i; \theta_i) = 2\theta_i\sqrt{G} + x_i$ $(\theta_i > 0)$ だけの効用を得るものとする. 消費者 i は私的財を 1 単位初期保有しているものとする. 公共財を 1 単位生産するためには私的財を 1 単位投入しなければならないものとする. このとき, 以下の問いに答えよ.

(1) サミュエルソン条件（公共財の最適供給条件）を求めよ.

(2) $\theta_A > \theta_B$ とする. 公共財が私的に供給される場合の, ナッシュ均衡を求めよ.

(3) パラメーター θ_i を消費者 i の私的情報とする. クラーク・メカニズムにおいて, 各消費者 i に自分のパラメーター $\hat{\theta}_i$ を申告させるとき, 公共財の総供給量と消費者 i の費用負担額がどのように決まるか述べよ.

(4) (3) のクラーク・メカニズムにおける支配戦略均衡を求めよ. 支配戦略均衡における資源配分がサミュエルソン条件を満たすこと, 政府の財政収支が赤字になることを確認せよ.　　　　　　　　　　　　　　　　解答→ 225 頁

【解　答】

● 問題 7.1 の解答　　　　　　　　　　　　　　　　　　　　問題→ 204 頁

(1) 限界利潤は $p - C'(x) = 120 - 2x$，限界外部損害は $D'(x) = 2x$ となり，これらを図示したのが図 7.1 である．

社会の総余剰を最大化する生産量は $p - C'(x^*) = D'(x^*)$ を満たす $x^* = 30$ となる．このとき，工場の利潤は $px^* - C(x^*) = 2700$（図 7.1 の $a+b$），住民の損害額は $D(x^*) = 900$（図 7.1 の b）となる．

工場の利潤を最大化する生産量は $p - C'(x^0) = 0$ を満たす $x^0 = 60$ となる．このとき，工場の利潤は $px^0 - C(x^0) = 3600$（図 7.1 の $a+b+c$），住民の損害額は $D(x^0) = 3600$（図 7.1 の $b+c+d$）となる．

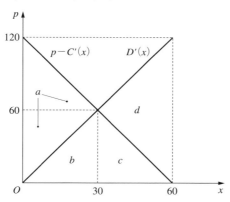

図 7.1　限界利潤と限界外部損害

《コメント》
$x^0 > x^*$ より，自由放任にしたときの生産量は社会的に最適な生産量よりも過剰になっていることがわかる．これは，工場が住民の限界被害 D' を考慮に入れないで行動することによる（1 階条件を比べよ）．

(2) まず，生産量を 0 から 1 単位増加させることを認めるかどうかの交渉を考える．住民は，これを認めると損害額の増分は $D'(0) = 0$ であるから，工場から住民への所得移転が 0 以上ならばこれを認めたほうが良い．工場は，これが認められると利潤の増分は $p - C'(0) = 120$ であるから，工場から住民への所得移転が 120 以下ならばこれが認められたほうが良い．したがって，$D'(0) = 0$ 以上，$p - C'(0) = 120$ 以下の工場から住民への所得移転でまとまる．

212　第 II 部　ゲーム理論と情報・インセンティヴ

　　このような 1 単位ごとの交渉が同様に続いていくとすると，生産量を x から 1 単位増加させることを認めるかどうかの交渉は，$D'(x)$ 以上，$p - C'(x)$ 以下の工場から住民への所得移転でまとまる．

　　以上より，住民と工場との間で交渉が行われれば，$D'(x) \leq p - C'(x)$ が成立する限り交渉がまとまり，工場の生産量は $x^* = 30$，工場から住民への所得移転額は図の b 以上，$a + b$ 以下，すなわち，900 以上，2700 以下となる．

●問題 **7.2** の解答　　　　　　　　　　　　　　　　　　　　　　問題→ 204 頁

(1) 社会の総余剰は $2x_A - C_A(x_A) + 2x_B - C_B(x_B) - D(x_A, x_B)$ なので，社会の総余剰最大化の 1 階条件は，

$$0 = 2 - \frac{dC_A(x_A)}{dx_A} - \frac{\partial D(x_A, x_B)}{\partial x_A} = 2 - \frac{1}{\theta_A}x_A - 1$$

$$0 = 2 - \frac{dC_B(x_B)}{dx_B} - \frac{\partial D(x_A, x_B)}{\partial x_B} = 2 - \frac{1}{\theta_B}x_B - 1$$

である．したがって，社会の総余剰を最大化する生産量は $x_i^* = \theta_i$ となる．

(2) 工場の利潤は $2x_i - C_i(x_i)$ なので，工場の利潤最大化の 1 階条件は，

$$0 = 2 - C_i'(x_i) = 2 - \frac{1}{\theta_i}x_i$$

である．したがって，工場の利潤を最大化する生産量は $x_i^0 = 2\theta_i$ となる．

(3) x_i だけ生産するということは，割り当てからの超過分 $x_i - \bar{x}_i$ を市場から購入する（$x_i - \bar{x}_i$ が負のときは余剰分を市場で売却する）ことを意味する．したがって，x_i だけ生産するときの工場 i の利潤は，$2x_i - C_i(x_i) - p(x_i - \bar{x}_i)$ である．均衡では，工場の利潤最大化の 1 階条件と割り当ての取引の需給の一致，すなわち，

$$0 = 2 - C_i'(x_i) - p = 2 - \frac{1}{\theta_i}x_i - p$$

$$x_A + x_B = \bar{x}_A + \bar{x}_B$$

が満たされねばならない．したがって，$\bar{x}_A + \bar{x}_B = x_A^* + x_B^* = \theta_A + \theta_B$ に注意すると，均衡での割り当て取引の価格は $p^Q = 1$，工場 i の生産量は $x_i^Q = \theta_i$ となる．

《コメント》

　　政府と工場との間に情報の非対称性が存在し，社会的に最適な割り当て量を配分できない場合でも，割り当て量の取引（排出権取引）が可能であるならば，社会的に最適な生産量が実現することが確認できる．これは割り当て量の取引価格が $p^Q = 1$ となり，ちょうど限界外部損害 $\frac{\partial D(x_A, x_B)}{\partial x_i} = 1$ と同じだけの費用を工場に認識させ内部化することができるためである．無論，こうした取引の成立には，排出量（生産量）が立証可能な

第 7 章　外部性と公共財　　213

形で監視できることが前提であり，現実にこの前提が満たされているかは，慎重に見極める必要がある．

●**問題 7.3 の解答**　　　　　　　　　　　　　　　　　　　　　　問題→ 205 頁

(1) 社会の総余剰は $px - C(x) - D(x)$ なので，社会の総余剰最大化の 1 階条件は，

$$0 = p - C'(x) - D'(x) = p - 2x - 80$$

である．したがって，社会の総余剰を最大化する生産量は $x^* = \frac{p-80}{2}$ である．

(2) 企業の利潤は $px - C(x)$ なので，企業の利潤最大化の 1 階条件は，

$$0 = p - C'(x) = p - 2x$$

である．したがって，企業の利潤を最大化する生産量は $x^0 = \frac{p}{2}$ である．

(3) 企業の利潤は $px - C(x) - tx$ なので，企業の利潤最大化の 1 階条件は，

$$0 = p - C'(x) - t = p - 2x - t$$

である．したがって，企業の利潤を最大化する生産量は $x^T = \frac{p-t}{2}$ となる．ゆえに，$t = 80$ とすれば $x^T = \frac{p-80}{2} = x^*$ となる．

(4) 企業の利潤は $px - C(x) + s(x_0 - x)$ なので，企業の利潤最大化の 1 階条件は，

$$0 = p - C'(x) - s = p - 2x - s$$

である．したがって，企業の利潤を最大化する生産量は $x^S = \frac{p-s}{2}$ となる．ゆえに，$s = 80$ とすれば $x^S = \frac{p-80}{2} = x^*$ となる．

《コメント》

外部不経済のある財の生産は，自由放任下では，社会的には過大な水準となる．しかし，少なくとも短期的には，ピグー税・補助金を用いれば，企業の生産が社会的に最適な水準となるようにできることがわかる．

●**問題 7.4 の解答**　　　　　　　　　　　　　　　　　　　　　　問題→ 205 頁

(1) 社会の総余剰は $px_A - C_A(x_A) + px_B - C_B(x_B) - 30(x_A + x_B)$ なので，社会の総余剰最大化の 1 階条件は，

$$0 = p - C'_A(x_A) - 30 = 120 - \frac{5}{2}x_A \tag{7.1}$$

$$0 = p - C'_B(x_B) - 30 = 120 - \frac{5}{3}x_B \tag{7.2}$$

214　第 II 部　ゲーム理論と情報・インセンティヴ

である．したがって，社会の総余剰を最大化する生産量は $x_A^* = 48$, $x_B^* = 72$ となる．

(2) 以下の理由によりピグー税が望ましい．排出割り当てによって社会的に最適な生産量を達成するには，政府が各企業に $x_A = 48$, $x_B = 72$ を割り当てなければならない．しかし，この割当量は式 (7.1) と (7.2) に含まれる限界費用 $C_A'(x_A)$ と $C_B'(x_B)$ の情報を使って計算しており，各企業の生産費用 $C_A(x_A)$ と $C_B(x_B)$ を政府が知らなければ得られない．一方，ピグー税では，両企業の排出/生産に限界外部損害と同じ水準の税 $t = 30$ を課せば，社会的に最適な生産量が達成される．なぜなら，このとき企業 i の利潤は $px_i - C_i(x_i) - tx_i$ なので，企業 A, B の利潤最大化の 1 階条件は，それぞれ，

$$0 = p - C_A'(x_A) - t = 120 - \frac{5}{2}x_A$$
$$0 = p - C_B'(x_B) - t = 120 - \frac{5}{3}x_B$$

となる．したがって，企業は自らの利潤を最大化するインセンティヴに従い $x_A = 48$, $x_B = 72$ を選ぶ．

《コメント》

教科書 7.3, 7.4 節の記述にしたがって，「限界削減費用均等化」の概念で説明することもできる．社会的に最適な生産量では，式 (7.1), (7.2) より，$p - C_A'(x_A) = p - C_B'(x_B) = 30$ が成立する必要がある（限界削減費用均等化）．両工場の生産費用 C_A, C_B が異なるため，最適な排出/生産量も均一ではなく，したがって，排出割り当てでは個別の排出源の情報である C_A, C_B を知って，各工場ごとに異なる排出量を割り当てる困難を解決しなければならない．ピグー税では，企業の利潤最大化の条件として，限界削減費用均等化 $p - C_A'(x_A) = p - C_B'(x_B) = t$ が常に成立する．

●問題 **7.5** の解答　　　　　　　　　　　　　　　　問題→ 206 頁

(1) この場合，

$$p^L = 2x^L \qquad \text{（各参入者の利潤最大化）}$$
$$n^L x^L = 20 - 4p^L \qquad \text{（需給の一致）}$$
$$p^L x^L = (x^L)^2 + 1 \qquad \text{（各参入者の利潤がゼロ）}$$

が満たされなければならない．したがって，長期の均衡では，$p^L = 2$, $x^L = 1$, $n^L = 12$, $X^L = n^L x^L = 12$ となる．

第 7 章 外部性と公共財　　215

(2) この場合,

$$p^T = 2x^T + \frac{3}{4} \qquad (各参入者の利潤最大化)$$

$$n^T x^T = 20 - 4p^T \qquad (需給の一致)$$

$$p^T x^T = (x^T)^2 + 1 + \frac{3}{4}x^T \qquad (各参入者の利潤がゼロ)$$

が満たされなければならない. したがって, 長期の均衡では, $p^T = 11/4$, $x^T = 1$, $n^T = 9$, $X^T = n^T x^T = 9$ となる.

(3) この場合,

$$p^S = 2x^S + \frac{3}{4} \qquad (各参入者の利潤最大化)$$

$$n^S x^S = 20 - 4p^S \qquad (需給の一致)$$

$$p^S x^S = (x^S)^2 + 1 - \frac{3}{4}(x^L - x^S) \qquad (各参入者の利潤がゼロ)$$

が満たされなければならない (ただし, $x^S < x^L$ を仮定している). したがって, 長期の均衡では, $p^S = 7/4$, $x^S = 1/2$, $n^S = 26$, $X^S = n^S x^S = 13$ となる.

《コメント》

表 7.1 は自由放任, ピグー税, ピグー補助金の場合の結果をまとめたものである. 短期的には, 限界外部損害だけのピグー税・補助金のどちらでも, 企業の生産が社会的に最適な水準となることが知られている. しかしながら, 長期的には, それらの効果は全く異なることがよくわかる. 特に, ピグー補助金がむしろ生産 (公害) 拡大につながっていることに注意しておこう.

表 7.1　ピグー税・補助金の長期的効果

	自由放任	ピグー税	ピグー補助金
p	2	11/4	7/4
x	1	1	1/2
n	12	9	26
X	12	9	13
消費者余剰	18	81/8	169/8
外部効果	-9	$-27/4$	$-39/4$
企業の利潤	0	0	0
政府の収入	0	27/4	$-39/4$
社会厚生	9	81/8	13/8

●問題 **7.6** の解答　　　　　　　　　　　　　　　　　　　　　　問題→ 206 頁

(1) 社会の総余剰 $px - C(x) - D(e)$ を, 題意より汚染量は $e = 0.5x$ であることに注意しつつ, x について最大化する. 最大化の 1 階条件は,

216　第 II 部　ゲーム理論と情報・インセンティヴ

$$0 = p - C'(x) - 0.5D'(e) = 100 - x - 5 \tag{7.3}$$

である．したがって，社会の総余剰を最大化する生産量は $x^* = 95$ となる．

(a) 工場の汚染量 $0.5x$ に税 t が課されることに注意すると，利潤は $px - C(x) - t(0.5x)$ となる．よって，工場の利潤最大化の 1 階条件は，

$$0 = p - C'(x) - 0.5t = 100 - x - 0.5t \tag{7.4}$$

である．この利潤最大化条件式 (7.4) を，社会的な最適条件式 (7.3) と見比べると，$t = 10$ のとき一致する．工場は利潤最大化条件を満たすように x を選択するはずなので，$t = 10$ のとき社会の総余剰は最大化される．

(b) 工場の生産量 x に税 T が課されることに注意すると，利潤は $(p - T)x - C(x)$ となる．よって，工場の利潤最大化の 1 階条件は，

$$0 = p - T - C'(x) = 100 - T - x \tag{7.5}$$

である．先と同様に，この利潤最大化条件を社会的な最適条件 (7.3) と見比べると，$T = 5$ のとき一致する．よって，$T = 5$ のとき，総余剰を最大化する生産量が達成できる．

(2) 削減活動を考慮すると，社会の総余剰は $px - C(x) - D(e) - 2a^2$ で，題意より汚染量は $e = 0.5x - 0.7a$ である．x に加えて a についても社会の総余剰を最大化すると，1 階条件は式 (7.3) に加えて，

$$0 = 0.7D'(e) - 4a = 7 - 4a \tag{7.6}$$

となる．したがって，社会の総余剰を最大化する生産量と削減活動量は $(x^*, a^*) = (95, 7/4)$ となる．

(a) 削減活動による費用がかかる一方で，工場の汚染量は $0.5x - 0.7a$ になることに注意すると，利潤は $px - C(x) - t(0.5x - 0.7a) - 2a^2$ となる．よって，x に加えて a についても工場の利潤を最大化すると，1 階条件は式 (7.4) に加えて，

$$0 = 0.7t - 4a$$

となる．これらの利潤最大化の 2 条件を，社会的な最適条件式 (7.3) および式 (7.6) と見比べると，$t = 10$ のときすべて一致する．よって，$t = 10$ のとき，社会の総余剰を最大化する生産量と削減活動量が達成される．

(b) 工場の削減活動量 a にも補助金 S があることに注意すると，利潤は $(p - T)x - C(x) + Sa - 2a^2$ となる．よって，x に加えて a についても工場の利潤を最大化す

ると，1 階条件は式 (7.5) に加えて，

$$0 = S - 4a$$

となる．先と同様に，これらの利潤最大化の 2 条件を，社会的な最適条件式 (7.3)，式 (7.6) と見比べると，$T = 5$ かつ $S = 7$ のときすべて一致する．よって，$T = 5$ かつ $S = 7$ のとき，社会の総余剰を最大化する生産量と削減活動量が達成される．

《コメント》

(1) の (a) のように汚染量に課税する場合，一般にはその排出活動を直接モニタリングするのは難しい．しかし，本問のように製品の生産量と排出量に一定の関係があれば，(1) の (b) からわかるように，当該製品の取引に適切に課税することで，ピグー税は市場ベース化されて，より容易にモニタリングできるものになる．また (2) の (a) で見たように，生産量削減以外の汚染削減活動があっても，ピグー税は単独で最適な状態を達成できる．しかし，(2) の (b) からわかるように，これを市場ベース化した場合は，製品への課税だけではなく削減活動への補助金を組み合わせる必要が出てくる．製品への課税は，生産量と関係ない汚染削減にはインセンティヴを与えないためである．

● 問題 7.7 の解答   問題 → 207 頁

(1) 消費者 i の公共財の私的財で測った限界代替率は $MRS^i_{Gx}(G, x_i) = \frac{\partial u_i / \partial G}{\partial u_i / \partial x_i} = x_i / G$ であるから，サミュエルソン条件は，

$$\frac{x_A}{G} + \frac{x_B}{G} = 1$$

である．

(2) 消費者 i の公共財供給量を g_i とする．消費者 B が g_B だけの公共財を供給する場合，消費者 A が直面する問題は，

$$\max_{g_A} (g_A + g_B)(\bar{x}_A - g_A)$$

である．効用最大化の 1 階条件から，消費者 A の最適反応関数 $BR_A(g_B)$ は，

$$BR_A(g_B) = \frac{\bar{x}_A - g_B}{2}$$

である．同様に，消費者 B の最適反応関数 $BR_B(g_A)$ は，

$$BR_B(g_A) = \frac{\bar{x}_B - g_A}{2}$$

である．したがって，ナッシュ均衡は，

$$(g_A^N, g_B^N) = \left(\frac{2\bar{x}_A - \bar{x}_B}{3}, \frac{2\bar{x}_B - \bar{x}_A}{3} \right)$$

である．これらを図示したのが図 7.2 である．また，ナッシュ均衡における公共財の総供給量は $G^N = g_A^N + g_B^N = (\bar{x}_A + \bar{x}_B)/3$, 消費者 i の私的財消費量は $x_i^N = \bar{x}_i - g_i^N = (\bar{x}_A + \bar{x}_B)/3$ である．

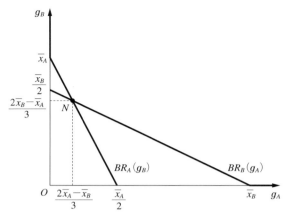

図 7.2 公共財の私的供給

(3) 明らかに，
$$\frac{x_A^N}{G^N} + \frac{x_B^N}{G^N} = 2$$
である．すなわち，ナッシュ均衡における資源配分はサミュエルソン条件を満たさない．

(4) どの場合も，ナッシュ均衡における公共財の総供給量は $G^N = 20/3$, 消費者 i の私的財消費量は $x_i^N = 20/3$ となる．

《コメント》

公共財が私的に供給される場合のナッシュ均衡はサミュエルソン条件を満たさない．これは自らが供出した公共財が他者に与える正の外部性を考慮しないために，個々人の公共財供給量が過少になり，ただ乗り問題が起こるためである．したがって，これを改善するための何らかの政策がないか，というのが公共財供給の重要な問題である．

(4) は，(内点解を保証した) 所得再分配政策を検討したものであるが，公共財の総供給量や各消費者の私的財消費量に影響を与えることはできず，経済厚生にも影響を与えないことがわかる．これは所得再分配政策の中立性と呼ばれる有名な命題である．

●問題 7.8 の解答   問題→ 207 頁

(1) パレート効率的な資源配分を与える問題は，
$$\max_{(E, x_A, x_B)} u_A(E, x_A) \quad \text{subject to} \quad u_B(E, x_B) = \bar{u}_B, \ E = x_A + x_B$$

第 7 章　外部性と公共財　　219

である．それぞれの制約条件のラグランジュ乗数を λ, μ とすると，1 階条件は，

$$0 = \frac{\partial u_A}{\partial E} + \lambda \frac{\partial u_B}{\partial E} + \mu = -E - \lambda E + \mu$$

$$0 = \frac{\partial u_A}{\partial x_A} - \mu = 1 - \mu$$

$$0 = \lambda \frac{\partial u_B}{\partial x_B} - \mu = \lambda - \mu$$

である．第 2，第 3 式より $\lambda = \mu = 1$ が得られ，第 1 式より $-2E = -1$ が得られ，求める合計経済活動量は $x_A + x_B = 1/2$ である．

(2) プレイヤー $i = A, B$ の利得最大化の 1 階条件は $0 = 1 - (x_A + x_B)$ $(i = A, B)$ である．したがって，$x_A + x_B = 1$ となるすべての組み合わせはナッシュ均衡であり，求める経済活動の合計量は $x_A + x_B = 1$ となる．

《コメント》

　お互いに相手の環境を悪化させるという双方向の外部性があるとき，相手への影響を考慮しない結果，当該の経済活動は過剰となる．実は，本問は公共財の解釈でも説明できる．共有する環境はだれもが等しく享受する非競合・非排除な公共財であり，したがってその犠牲 E は誰もが等しく避けられない非競合・非排除な負の公共財である．事実，(1) の最大化問題はサミュエルソン条件を導出する問題（教科書 p. 329 の式 (7.6)）の特殊ケースとなっており，$-2E = -1$ はサミュエルソン条件である（限界代替率は $\frac{\partial u_i / \partial E}{\partial u_i / \partial x_i} = -E$，環境犠牲と経済活動の限界変形率は -1）．負の公共財 E の削減努力を，お互い相手にただ乗りして，過剰供給になってしまうのである．このように，公共財は本質的に外部性の理論とつながっている．

●問題 **7.9** の解答　　　　　　　　　　　　　　　　　　　　問題→ 208 頁

(1) 消費者 i の公共財の私的財で測った限界代替率は $MRS_{Gx}^i(G, x_i) = 2x_i/G$ であるから，サミュエルソン条件は，

$$\frac{2x_A}{G} + \frac{2x_B}{G} = 1$$

である．

(2) 消費者 i の公共財供給量を g_i とする．このとき，公共財の総供給量は $G = g_A + g_B$ である．また，消費者 A は 12 単位の私的財を初期保有しているが，g_A 単位の私的財を公共財の生産に投入し，sg_A 単位の私的財を補助として受取り，$0.5s(g_A + g_B)$ 単位の私的財を税として支払うから，消費者 A の私的財消費量は $x_A = 12 - g_A + sg_A - 0.5s(g_A + g_B)$ である．したがって，消費者 B が g_B だけの公共財を供給する場合，消費者 A が直面する問題は，

220 第 II 部 ゲーム理論と情報・インセンティヴ

$$\max_{g_A} (g_A + g_B)^2 (12 - g_A + sg_A - 0.5s(g_A + g_B))$$

である．効用最大化の 1 階条件から，消費者 A の最適反応関数 $BR_A(g_B)$ は，

$$BR_A(g_B) = \frac{48 - (2 + s)\,g_B}{3\,(2 - s)}$$

である．同様に，消費者 B の最適反応関数 $BR_B(g_A)$ は，

$$BR_B(g_A) = \frac{48 - (2 + s)\,g_A}{3\,(2 - s)}$$

である．したがって，ナッシュ均衡は，

$$(g_A^N, g_B^N) = \left(\frac{24}{4 - s}, \frac{24}{4 - s}\right)$$

である．また，ナッシュ均衡における公共財の総供給量は，

$$G^N = g_A^N + g_B^N = \frac{48}{4 - s}$$

であり，また，消費者 i の私的財消費量は，

$$x_i^N = 12 - g_i^N + sg_i^N - 0.5s\left(g_A^N + g_B^N\right) = \frac{12\,(2 - s)}{4 - s}$$

である．

(3)

$$\frac{dG^N}{ds} = \frac{48}{(4 - s)^2} > 0$$

であるから，補助率 s が増えると (2) のナッシュ均衡における公共財の総供給量 G^N が増える．

(4) 明らかに，

$$\frac{2x_A^N}{G^N} + \frac{2x_B^N}{G^N} = 2 - s > 1$$

となるため，(2) のナッシュ均衡における資源配分はサミュエルソン条件を満たさない．

《コメント》

本問は，生産補助の下での公共財の私的供給を検討したものであるが，補助率を上げることで公共財の総供給量が増えることがわかる．この事実は Andreoni, J. and T. Bergstrom (1996) "Do government subsidies increase the private supply of public goods?" *Public Choice* 88: 295–308 によって示された．

●問題 7.10 の解答

問題→ 209 頁

(1) 消費者 i の公共財供給量を g_i とする．消費者 i が直面する問題は，

$$\max_{g_i} \left(g_i + \sum_{j \neq i} g_j \right) (\bar{x} - g_i)$$

である．効用最大化の 1 階条件から，消費者 i の最適反応関数 $BR_i(g_1, \ldots, g_{i-1}, g_{i+1}, \ldots, g_n)$ は，

$$BR_i(g_1, \ldots, g_{i-1}, g_{i+1}, \ldots, g_n) = \frac{\bar{x} - \sum_{j \neq i} g_j}{2}$$

である．ナッシュ均衡における消費者 i の公共財供給量を g_i^N とする．このとき，

$$g_i^N = \frac{\bar{x} - \sum_{j \neq i} g_j^N}{2}$$

すなわち，$g_i^N = \bar{x} - \sum_{j=1}^n g_j^N$ である．この式の右辺は i に依存しないから $g_1^N = \cdots = g_i^N = \cdots = g_n^N$ となることに注意すると，$g_i^N = \bar{x} - n g_i^N$，すなわち，$g_i^N = \bar{x}/(n+1)$ となる．したがって，ナッシュ均衡は，

$$(g_1^N, \ldots, g_i^N, \ldots, g_n^N) = \left(\frac{\bar{x}}{n+1}, \ldots, \frac{\bar{x}}{n+1}, \ldots, \frac{\bar{x}}{n+1} \right)$$

である．また，ナッシュ均衡における公共財の総供給量は $G^N = \sum_{i=1}^n g_i^N = (n\bar{x})/(n+1)$，消費者 i の私的財消費量は $x_i^N = \bar{x} - g_i^N = (n\bar{x})/(n+1)$ である．

(2)

$$\frac{\partial G^N}{\partial n} = \frac{\bar{x}}{(n+1)^2} > 0$$

$$\lim_{n \to \infty} G^N = \lim_{n \to \infty} \frac{n\bar{x}}{n+1} = \bar{x}$$

より，消費者の数 n が増えていくと (1) のナッシュ均衡における公共財の総供給量 G^N は増えていくが $\bar{x}$ に収束することがわかる．また，

$$\frac{\partial g_i^N}{\partial n} = -\frac{\bar{x}}{(n+1)^2} < 0$$

$$\lim_{n \to \infty} g_i^N = \lim_{n \to \infty} \frac{\bar{x}}{n+1} = 0$$

より，消費者の数 n が増えていくと (1) のナッシュ均衡における各消費者の公共財供給量 g_i^N は減っていき 0 に収束することがわかる．

222 第 II 部 ゲーム理論と情報・インセンティヴ

《コメント》

各消費者の効用関数,初期保有,生産技術が同じときには,消費者の数が増えていくと,公共財の総供給量は増えていくが,ある水準に収束し,各消費者の公共財供給量は減っていきゼロに収束する.この事実は Chamberlin, J. (1974) "Provision of collective goods as a function of group size," *The American Political Science Review* 68: 707–716 と McGuire, M. (1974) "Group size, group homogeneity, and the aggregate provision of a pure public good under Cournot behavior," *Public Choice* 18: 107–126 によって示された.

●問題 7.11 の解答 問題→ 209 頁

(1) 消費者 i の公共財供給量を g_i とする.消費者 A が g_A だけの公共財を供給する場合,消費者 B が直面する問題は,

$$\max_{g_B} (g_A + g_B)(\bar{x}_B - g_B)$$

である.効用最大化の 1 階条件から,消費者 B の均衡戦略 $BR_B(g_A)$ は,

$$BR_B(g_A) = \frac{\bar{x}_B - g_A}{2}$$

である.消費者 B の均衡戦略を所与としたとき,消費者 A が直面する問題は,

$$\max_{g_A} \left(g_A + \frac{\bar{x}_B - g_A}{2} \right) (\bar{x}_A - g_A)$$

である.効用最大化の 1 階条件から,消費者 A の均衡戦略 g_A^S は,

$$g_A^S = \frac{\bar{x}_A - \bar{x}_B}{2}$$

となる.また,部分ゲーム完全均衡によって実現する消費者 A の公共財供給量は $g_A^S = (\bar{x}_A - \bar{x}_B)/2$,消費者 B の公共財供給量は $g_B^S = BR_B(g_A^S) = (3\bar{x}_B - \bar{x}_A)/4$,公共財の総供給量は $G^S = g_A^S + g_B^S = (\bar{x}_A + \bar{x}_B)/4$,消費者 A の私的財消費量は $x_A^S = \bar{x}_A - g_A^S = (\bar{x}_A + \bar{x}_B)/2$,消費者 B の私的財消費量は $x_B^S = \bar{x}_B - g_B^S = (\bar{x}_A + \bar{x}_B)/4$ となる.

(2) 消費者 A の公共財供給量については,

$$g_A^S = \frac{\bar{x}_A - \bar{x}_B}{2} < \frac{2\bar{x}_A - \bar{x}_B}{3} = g_A^N$$

となり,消費者 B の公共財供給量については,

$$g_B^S = \frac{3\bar{x}_B - \bar{x}_A}{4} > \frac{2\bar{x}_B - \bar{x}_A}{3} = g_B^N$$

第 7 章　外部性と公共財　　223

となり，公共財の総供給量については，

$$G^S = \frac{\bar{x}_A + \bar{x}_B}{4} < \frac{\bar{x}_A + \bar{x}_B}{3} = G^N$$

となり，消費者 A の私的財消費量については，

$$x_A^S = \frac{\bar{x}_A + \bar{x}_B}{2} > \frac{\bar{x}_A + \bar{x}_B}{3} = x_A^N$$

となり，消費者 B の私的財消費量については，

$$x_B^S = \frac{\bar{x}_A + \bar{x}_B}{4} < \frac{\bar{x}_A + \bar{x}_B}{3} = x_B^N$$

が成り立つ．ただし，右上付き文字が S のものが部分ゲーム完全均衡におけるもの，右上付き文字が N のものがナッシュ均衡におけるものである．

《コメント》

逐次手番の部分ゲーム完全均衡における公共財の総供給量は同時手番のナッシュ均衡における公共財の総供給量以下になることが知られている．詳しくは，Varian, H.R. (1994) "Sequential contributions to public goods," *Journal of Public Economics* 53: 165–186 を見よ．

●問題 7.12 の解答　　　　　　　　　　　　　　問題→ 209 頁

(1) 消費者 i の公共財の私的財で測った限界代替率は $MRS_{Gx}^i(G, x_i) = \theta_i x_i/G$ であるから，サミュエルソン条件は，

$$\frac{\theta_A x_A}{G} + \frac{\theta_B x_B}{G} = 1$$

である．

(2) 消費者 i の公共財需要量を G_i とすると，消費者 i が直面する問題は，

$$\max_{(G_i, x_i)} \quad G_i^{\theta_i} x_i$$

$$\text{subject to} \quad t_i G_i + x_i = 1$$

である．ラグランジュ乗数法の 1 階条件は，λ をラグランジュ乗数として，

$$0 = \theta_i G_i^{\theta_i - 1} x_i - \lambda t_i$$

$$0 = G_i^{\theta_i} - \lambda$$

$$0 = 1 - t_i G_i - x_i$$

となる．したがって，公共財に対する需要関数，私的財に対する需要関数は，

224 第 II 部 ゲーム理論と情報・インセンティヴ

$$G_i^D(t_i) = \frac{\theta_i}{1 + \theta_i} \frac{1}{t_i}$$

$$x_i^D(t_i) = \frac{1}{1 + \theta_i}$$

である.

(3) リンダール均衡におけるリンダール価格の組は,

$$\frac{\theta_A}{1 + \theta_A} \frac{1}{t_A} = \frac{\theta_B}{1 + \theta_B} \frac{1}{t_B} \qquad \text{(公共財需要量の一致)}$$

$$t_A + t_B = 1 \qquad \text{(政府の収支均衡)}$$

を満たすから,

$$(t_A^L, t_B^L) = \left(\frac{\theta_A(1 + \theta_B)}{\theta_A + 2\theta_A\theta_B + \theta_B}, \frac{\theta_B(1 + \theta_A)}{\theta_A + 2\theta_A\theta_B + \theta_B} \right)$$

となる. したがって, リンダール均衡における資源配分は,

$$(G^L, x_A^L, x_B^L) = \left(\frac{\theta_A + 2\theta_A\theta_B + \theta_B}{(1 + \theta_A)(1 + \theta_B)}, \frac{1}{1 + \theta_A}, \frac{1}{1 + \theta_B} \right)$$

となる.

(4) リンダール均衡において,

$$\frac{\theta_A x_A^L}{G^L} + \frac{\theta_B x_B^L}{G^L} = \frac{\theta_A(1 + \theta_B)}{\theta_A + 2\theta_A\theta_B + \theta_B} + \frac{\theta_B(1 + \theta_A)}{\theta_A + 2\theta_A\theta_B + \theta_B} = 1$$

である. すなわち, リンダール均衡における資源配分はサミュエルソン条件を満たす. また,

$$t_i^L = \frac{\theta_i(1 + \theta_j)}{\theta_A + 2\theta_A\theta_B + \theta_B} = \frac{MRS_{Gx}^i(G^L, x_i^L)}{MRS_{Gx}^A(G^L, x_A^L) + MRS_{Gx}^B(G^L, x_B^L)} \quad (i \neq j)$$

である. すなわち, 各消費者は公共財生産費用 G^L を, 社会全体の公共財に対する限界代替率の和に占める自分の限界代替率の比率だけ負担している.

《コメント》

　政府は, 消費者の公共財需要量が一致し, 収支が均衡するようにリンダール価格を設定することによって, パレート効率性と応益原則を満たす望ましい配分を達成することができる. 通常, 政府は消費者の真の公共財需要関数を知らないため, 適切なリンダール価格の設定は, 政府が消費者に公共財需要量を申告させるリンダール・プロセスによって可能になる. しかし, このプロセスが有効なのは, 消費者が真の公共財需要関数を申告する場合に限っての話である. 実は一般には, 消費者は真の公共財需要関数を申告するインセンティヴを持たない. これを確認しておこう.

　以下, 議論の単純化のために, $\theta_A = \theta_B = 1$ とする. 各消費者が真の需要関数 $G_i^D(t_i) = 1/(2t_i)$ を申告する場合, リンダール・プロセスの結果得られるリンダール価格の組は

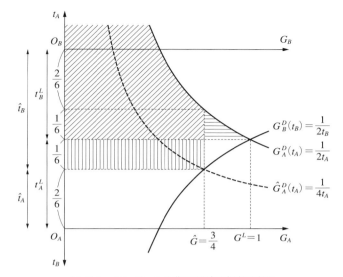

図 **7.3** リンダール均衡の戦略的操作可能性

$(t_A^L, t_B^L) = (1/2, 1/2)$，配分は $(G^L, x_A^L, x_B^L) = (1, 1/2, 1/2)$ である．したがって，消費者 A の消費者余剰は図 7.3 の斜線と横線の領域の面積で表される．しかし，消費者 A が虚偽の需要関数 $\hat{G}_A^D(t_A) = 1/(4t_A)$ を申告する場合，リンダール・プロセスの結果得られるリンダール価格の組は $(\hat{t}_A, \hat{t}_B) = (1/3, 2/3)$，配分は $(\hat{G}, \hat{x}_A, \hat{x}_B) = (3/4, 3/4, 1/2)$ である．したがって，消費者 A の消費者余剰は斜線と縦線の領域の面積で表される．明らかに，消費者 A は，虚偽の需要関数を申告することで，消費者余剰を増やせることがわかる．

●問題 **7.13** の解答   問題→ 210 頁

(1) 消費者 i の公共財の私的財で測った限界代替率は $MRS_{Gx}^i(G, x_i) = \theta_i/\sqrt{G}$ であるから，サミュエルソン条件は，

$$\frac{\theta_A}{\sqrt{G}} + \frac{\theta_B}{\sqrt{G}} = 1$$

である．

(2) 消費者 i の公共財供給量を g_i とする．消費者 j $(\neq i)$ が g_j だけの公共財を供給する場合，消費者 i が直面する問題は，

$$\max_{g_i} u(g_i + g_j, 1 - g_i; \theta_i)$$

である．ここで，

に注意する．

$$\frac{\partial u\left(g_i + g_j, 1 - g_i; \theta_i\right)}{\partial g_i} = -1 + \frac{\theta_i}{\sqrt{g_i + g_j}} \tag{7.7}$$

$$\frac{\partial^2 u\left(g_i + g_j, 1 - g_i; \theta_i\right)}{\partial g_i^2} = -\frac{\theta_i}{2}\left(g_i + g_j\right)^{-\frac{3}{2}} < 0 \tag{7.8}$$

に注意する．(i) $g_j \leq \theta_i^2$ の場合，$g_i = \theta_i^2 - g_j \geq 0$ のとき，式 (7.7) が 0 となる．よって，2 階条件式 (7.8) より，最適反応は $g_i = \theta_i^2 - g_j$ である．(ii) $g_j > \theta_i^2$ の場合，式 (7.7) は常に負．よって，最適反応は $g_i = 0$ である．したがって，消費者 i の最適反応関数 $BR_i(g_j)$ は，

$$BR_i\left(g_j\right) = \begin{cases} \theta_i^2 - g_j & g_j \leq \theta_i^2 \text{ の場合} \\ 0 & g_j > \theta_i^2 \text{ の場合} \end{cases}$$

である．したがって，$\theta_A > \theta_B$ よりナッシュ均衡における各消費者の公共財供給量は，$\left(g_A^N, g_B^N\right) = (\theta_A^2, 0)$ となる．

(3) 公共財の総供給量は，申告された公共財の限界評価額の和 $\hat{\theta}_A/\sqrt{G} + \hat{\theta}_B/\sqrt{G}$ が公共財の限界費用 1 と等しくなるように決定されるため，

$$G(\hat{\theta}_A, \hat{\theta}_B) = (\hat{\theta}_A + \hat{\theta}_B)^2$$

となる．消費者 i の費用負担額は，上の公共財の総供給量にかかる費用 $G(\hat{\theta}_A, \hat{\theta}_B)$ から，自分以外（消費者 j）の評価額 $2\hat{\theta}_j\sqrt{G(\hat{\theta}_A, \hat{\theta}_B)}$ を差し引いたものであるため，

$$T_i(\hat{\theta}_A, \hat{\theta}_B) = (\hat{\theta}_A + \hat{\theta}_B)^2 - 2\hat{\theta}_j(\hat{\theta}_A + \hat{\theta}_B) \quad (j \neq i)$$

となる．

(4) (3) で求めたクラーク・メカニズムにおける消費者 i の利得は，

$$u(G(\hat{\theta}_A, \hat{\theta}_B), 1 - T_i(\hat{\theta}_A, \hat{\theta}_B); \theta_i)$$
$$= 2\theta_i(\hat{\theta}_A + \hat{\theta}_B) + 1 - (\hat{\theta}_A + \hat{\theta}_B)^2 + 2\hat{\theta}_j(\hat{\theta}_A + \hat{\theta}_B)$$
$$= -(\hat{\theta}_i - \theta_i)^2 + (\hat{\theta}_j + \theta_i)^2 + 1 \qquad (j \neq i)$$

となる．これは，$\hat{\theta}_j$ にかかわらず，$\hat{\theta}_i = \theta_i$ のときかつそのときのみ最大になる．したがって，消費者 i の支配戦略は $\hat{\theta}_i = \theta_i$，支配戦略均衡は $(\hat{\theta}_A, \hat{\theta}_B) = (\theta_A, \theta_B)$ となる．

支配戦略均衡における公共財の総供給量は $G^C = G(\theta_A, \theta_B) = (\theta_A + \theta_B)^2$，すなわち，サミュエルソン条件を満たす．消費者 i の費用負担額は $T_i^C = T_i(\theta_A, \theta_B) = (\theta_A + \theta_B)^2 - 2\theta_j(\theta_A + \theta_B)$ である．したがって，

$$T_A^C + T_B^C - G^C = -(\theta_A + \theta_B)^2 < 0$$

すなわち，政府の財政収支は赤字になる．

索　引

■ア　行

1 回逸脱の原理　107, 130, 131
一般均衡分析　65, 66
エージェント　161
エッジワース・ボックス　72, 73
エンゲル曲線　3
エンゲル係数　13
応益原則　202, 210
応能原則　202
オークション　161, 163, 176
オファー・カーブ　73

■カ　行

外部性　201, 202
価格効果　5
価格支配力　135
価格消費曲線　3, 14
下級財　3, 5, 12
確実性等価　161, 165
寡占　135
可変費用　39, 40, 42
可変費用曲線　45
カラ脅し　107
カルテル　141
完全競争　65, 68
完備性　4, 7
機会費用　35, 44, 54
技術的限界代替率　39
期待効用　162, 164
期待効用理論　161
ギッフェン財　3, 5, 13, 16

規模に関する収穫　39, 42, 45, 61
逆選択　161, 163, 171, 173
供給関数　39, 41–43
供給曲線　45, 47
協力ゲーム　124, 133
均衡経路　128
クールノー極限定理　135, 147, 148
クールノー・ゲーム　135, 136, 138, 139, 170
クラーク・メカニズム　201, 203, 210
クラブ財　202
繰り返しゲーム　116
ゲームの樹　107, 108, 114
ゲーム理論　107
限界外部損害　204
限界効用　4, 9
限界収入　136
限界生産性　39, 41
限界代替率　3, 4, 9, 10
限界代替率逓減の法則　4
限界費用　39, 42
限界費用曲線　45, 47
限界費用料金規制　135, 137
限界変形率　65, 76
研究開発　143
コア　67
交換経済　65, 66, 72–75
公共財　201, 207–209
交互提案ゲーム　117
厚生経済学の第 1 基本定理　65, 67
厚生経済学の第 2 基本定理　65, 67, 78
効用関数　3, 4, 8
効用最大化　3, 5, 10

コースの定理　201, 202, 204
固定費用　39, 40, 42, 44, 139
コブ・ダグラス関数　19, 26, 41
個別需要　135, 140
コミットメント　135, 136, 139, 160
コモンズ　202
混雑費用　202

■サ　行

最適反応　107, 108, 111, 138, 140, 170,
　171
差別化された財　140
サミュエルソン条件　201, 202, 207, 208,
　210
参加制約　161
サンクト・ペテルブルクのパラドックス
　165
サンク費用　39, 41, 44
参入阻止　135, 139, 151
残余需要　135
CES 関数　19
シェリング・ポイント　110
死荷重　71
シグナリング　161
資源配分　72, 73
市場の普遍性　65, 68, 201
私的財　202, 210
支配戦略　108
支配戦略均衡　107, 108, 112, 210
奢侈財　3, 13
囚人のジレンマ　121
収入同値定理　163
縮約ゲーム　109
シュタッケルベルク・ゲーム　135, 136,
　139
需要関数　3, 5, 10, 11
需要曲線　3, 14
需要の価格弾力性　3, 5, 11
需要の所得弾力性　3, 10
条件付き債権　161, 163
消費計画　4, 7, 10

消費者余剰　65, 66, 68–70, 137, 141, 143
情報集合　107, 108
情報レント　173
消耗戦　111
食事客のジレンマ　112
所得効果　3, 5, 14, 15
所得再分配政策の中立性　218
所得消費曲線　3
推移性　4, 7
垂直的合併　142
水平的合併　141
ストック　43
スルツキー方程式　32
生産可能性フロンティア　65, 76, 78
生産関数　39–41
生産経済　65, 76
生産者余剰　65, 66, 68–70, 137, 141
生産中止価格　39, 41, 44, 45
生産量条件付要素需要関数　39, 40, 43
正常財　3, 5, 13
製品差別化　135
絶対的リスク回避度　161, 162
競り上げ式公開オークション　163
選好関係　3, 4, 7
戦略　107, 108, 114, 200
戦略型ゲーム　107, 108, 110, 114
戦略的操作可能　203
戦略的代替　135, 136, 149
戦略的補完　135, 136, 153
相対的リスク回避度　161, 162, 166
総余剰　65, 66, 68, 70, 137, 141, 143,
　204–206
粗代替財　5, 13, 14
粗補完財　5, 13, 14
損益分岐価格　39, 41, 44, 45

■タ　行

代替効果　3, 5, 14, 15
代替財　5, 14
代表的消費者　75
ただ乗り　201

短期　39, 40, 42, 45, 47
単調性　4, 8
単調変換　9
チキン・ゲーム　110, 113
長期　39, 40, 42, 47
長期の市場均衡　71
通常財　3, 13
展開型ゲーム　107, 108, 113
等費用曲線　60
等量曲線　60
独占　135, 137, 142
凸性　4, 8
トリガー戦略　116, 128, 141

■ナ　行

内部化　201
ナッシュ均衡　107, 108, 111, 113, 114, 138–141, 143, 171, 200, 207–210
ナッシュ交渉解　124, 133
二重マージンの問題　158
ニュメレール　65
ニュメレール財　74
ノイマン・モルゲンシュテルン効用関数　162, 164

■ハ　行

排出割り当て　204, 205
排除費用　201, 202
排除不可能性　201, 202
バックワード・インダクション　107, 109
パレート効率　65, 72, 77, 79, 121, 202, 208
パレート集合　65, 66, 79
非競合性　201, 202
ピグー税　201, 202, 205, 206
ピグー補助金　201, 202, 205
必需財　3, 13
費用関数　39, 40, 42
費用曲線　45, 47
費用最小化　39, 40, 42

封印入札の1位価格オークション　163, 177
封印入札の2位価格オークション　163, 176
フォーカル・ポイント　110
不完全競争　135, 136
物品税　71
部分均衡分析　65, 66, 68
部分ゲーム　109, 114
部分ゲーム完全均衡　107, 109, 114, 117, 130, 139–141, 143, 209
プリンシパル　161
プレイヤー　107, 108
フロー　43
平均可変費用　44
平均可変費用曲線　45
平均費用　39, 42, 44
平均費用曲線　45, 47
平均費用料金規制　135, 137, 138
ベルトラン・ゲーム　135, 136, 140, 171
偏微分　7
包絡線定理　53
ポートフォリオ選択　167, 168
補完財　5, 14
保険　169
ホテリング・ゲーム　112

■マ　行

マークアップ率　136
マーシャルの外部性　65, 66
マイクロ・クレジット　175
マッチング・ペニー　110
むかでゲーム　114
無差別曲線　3, 4, 7
モラル・ハザード　161, 163, 174

■ヤ・ラ・ワ行

誘因両立制約　161
要求ゲーム　113
要素需要関数　39, 41, 42

余暇　15
予算制約　3, 5, 10
予算線　14

ラグランジュ関数　5, 23
ラグランジュ乗数　23
ラグランジュ乗数法　4, 9
利己性　4
利潤最大化　39, 41, 42
リスク愛好　162, 164
リスク回避　161, 162, 164
リスク・シェアリング　161, 169, 175
リスク中立　161, 164
リスク中立的　162
リスク・プレミアム　161, 165
利得関数　107, 108, 111
利得行列　108, 111, 114

留保効用　172
両性の争い　114
リンダール価格　202, 210
リンダール均衡　202, 209
リンダール・プロセス　203
リンダール・メカニズム　201
ル・シャトリエの原理　49, 53
レオンチェフ関数　19, 21, 60
レオンチェフ効用関数　22
レモンの原理　173
連続性　4
ロビンソン・クルーソー経済　77

割引因子　36, 116
割引現在価値　18
ワルラス均衡　65, 66, 74–78
ワルラスの法則　65, 66, 88

編者・執筆者紹介

[編者]

奥野（藤原）正寛（おくの（ふじわら）・まさひろ）　東京大学名誉教授．（公財）アジア福祉教育財団理事長．1947 年生まれ．1969 年東京大学経済学部卒業．スタンフォード大学大学院（Ph.D.）．ペンシルバニア大学客員講師，イリノイ大学，横浜国立大学経済学部助教授，東京大学経済学部助教授，同大学院・経済学研究科教授，流通経済大学経済学部教授，武蔵野大学経済学部教授を歴任．主要著書：『ミクロ経済学 I・II』（共著，岩波書店，1985–88 年），『ミクロ経済学入門（新版）』（日本経済新聞社，1990 年），『経済システムの比較制度分析』（共編著，東京大学出版会，1996 年），『経済学入門』（日本評論社，2017 年）．

[執筆者]　（五十音順）

猪野弘明（いの・ひろあき）　1978 年生まれ．2002 年東京大学経済学部卒業．2008 年東京大学大学院経済学研究科博士課程修了．博士（経済学）．現在関西学院大学経済学部教授．主要論文："Optimal environmental policy for waste disposal and recycling when firms are not compliant," in: *Journal of Environmental Economics and Management* 62 (2), 290–308 (2011).

井上朋紀（いのうえ・ともき）　1976 年生まれ．1998 年慶應義塾大学経済学部卒業．2005 年慶應義塾大学大学院経済学研究科博士課程単位取得退学．博士（経済学）．現在明治大学政治経済学部専任講師．主要論文："Indivisible commodities and an equivalence theorem on the strong core," in: *Journal of Mathematical Economics* 54, 22–35 (2014).

加藤　晋（かとう・すすむ）　1981 年生まれ．2004 年大阪大学経済学部卒業．2009 年東京大学大学院経済学研究科博士課程修了．博士（経済学）．現在東京大学社会科学研究所准教授．主要著書：『社会科学における善と正義：ロールズ『正義論』を超えて』（共編著，東京大学出版会，2015 年）．

川森智彦（かわもり・ともひこ）　1979 年生まれ．2002 年東京大学経済学部卒業．2008 年東京大学大学院経済学研究科博士課程修了．博士（経済学）．現在名城大学経済学部教授．主要論文："Coalition-then-allocation legislative bargaining," in: *Journal of Mathematical Economics* 99, 102582 (2022).

矢野智彦（やの・ともひこ）　1981 年生まれ．2003 年早稲田大学第一文学部卒業．2006 年東京大学大学院経済学研究科修士課程修了．ウィスコンシン大学マディソン校経済学部（Ph.D.）．現在 NERA エコノミックコンサルティング・ディレクター．

山口和男（やまぐち・かずお）　1979 年生まれ．2002 年青山学院大学国際政治経済学部卒業．2012 年東京大学大学院経済学研究科博士課程修了．博士（経済学）．現在立正大学経済学部講師．主要論文："Spatial bargaining in rectilinear facility location problem," in: *Theory and Decision* 93(1), 69–104 (2022).

（現所属は 2023 年 8 月 31 日現在）

ミクロ経済学演習　第2版

2008 年 11 月 20 日	初　版第 1 刷
2018 年 9 月 28 日	第 2 版第 1 刷
2023 年 9 月 15 日	第 2 版第 4 刷

［検印廃止］

編　者　　奥野 正寛
<small>おくの まさひろ</small>

著　者　　猪野 弘明・井上 朋紀・加藤 晋
<small>いの ひろあき　いのうえ ともき　かとう すすむ</small>
　　　　　川森 智彦・矢野 智彦・山口 和男
<small>かわもり ともひこ　やの ともひこ　やまぐち かずお</small>

発行所　　一般財団法人　東京大学出版会

代表者　吉見 俊哉

153–0041 東京都目黒区駒場 4–5–29

https://www.utp.or.jp/

電話 03–6407–1069　　Fax 03–6407–1991

振替 00160–6–59964

印刷所　　三美印刷株式会社
製本所　　牧製本印刷株式会社

ⓒ2018 Masahiro Okuno-Fujiwara, *et al.*

ISBN 978–4–13–042150–8 Printed in Japan

JCOPY 〈出版者著作権管理機構 委託出版物〉

本書の無断複写は著作権法上での例外を除き禁じられています．複写される場合は，そのつど事前に，出版者著作権管理機構（電話 03–5244–5088, FAX 03–5244–5089, e-mail: info@jcopy.or.jp）の許諾を得てください．

奥野正寛編著	ミクロ経済学	A5 判・368 頁	3500 円
竹野太三著	経済学の基礎　価格理論 Elements of Price Theory	A5 判・320 頁	3200 円
青木昌彦 奥野正寛編著	経済システムの比較制度分析 ［オンデマンド版］	A5 判・368 頁	3500 円
細野　薫著	金融危機のミクロ経済分析	A5 判・344 頁	4800 円
山重慎二著	家族と社会の経済分析 日本社会の変容と政策的対応	A5 判・320 頁	3800 円
小西秀樹著	公共選択の経済分析	A5 判・320 頁	4500 円
川越敏司著	実験経済学	A5 判・296 頁	3800 円
鈴村興太郎著	厚生経済学と経済政策論の対話 福祉と権利，競争と規制，制度の設計と選択	A5 判・404 頁	5200 円
大瀧雅之 宇野重規編 加藤　晋	社会科学における善と正義 ロールズ『正義論』を超えて	A5 判・376 頁	5800 円
大瀧雅之編 加藤　晋	ケインズとその時代を読む 危機の時代の経済学ブックガイド	A5 判・272 頁	3000 円

ここに表示された価格は本体価格です．ご購入の
際には消費税が加算されますのでご了承下さい．